बेमिसाल कथाकार जोड़ी रवीन्द्र कालिया और ममता कालिया की समूचे भारतीय कथा साहित्य में अमिट जगह है। साथ रहते और लिखते हुए भी दोनों एक-दूसरे से भिन्न गद्य और कहानियाँ लिखते रहे और हिन्दी कथा साहित्य को समृद्ध करते रहे। रवीन्द्र कालिया संस्मरण लेखन के उस्ताद रहे हैं। *ग़ालिब छुटी शराब* हो या सृजन के सहयात्रियों पर लिखे गये उनके संस्मरण हों, उन्हें बेमिसाल लोकप्रियता मिली। उन संस्मरणों में जो तटस्थता और अपने को भी न बख़्शने का ज़िन्दादिल हुनर था वह इसलिए सम्भव हो पाया कि वह अपने निजी जीवन में भी उतने ही ज़िन्दादिल रहे। *रविकथा* इन्हीं रवीन्द्र कालिया के जीवन की ऐसी रंग-बिरंगी दास्तान है जो ममता जी ही सम्भव कर सकती थीं। पढ़ते हुए हम बार-बार भीगते और उदास होते हैं, हँसते और मोहित होते हैं। *रविकथा* एक ऐसी दुनिया में हमें ले जाती है जो जितनी हमारी जानी-पहचानी है उतनी ही नयी-नवेली भी।

ऐसा इसलिए नहीं होता कि वे रवीन्द्र कालिया को नायक बनाने की कोई अतिरिक्त कोशिश करती हैं बल्कि इसलिए होता है कि इस किताब के नायक 'रवि' का जीवन और साहित्य को देखने का नज़रिया उन्हें एक अलग कोटि में खड़ा करता है। किसी भी स्थिति में हार न मानना, यथार्थ को देखने का उनका विटी नज़रिया, डूबे रहकर भी निर्लिप्त बने रहने का कठिन कौशल उन्हें सहज ही ऐसा व्यक्तित्व देता है जो एक साथ लोकप्रिय है तो उतना ही निन्दकों की निन्दा का विषय भी। यह अलग बात है कि वे निन्दकों की निन्दा में भी रस ले लेते हैं। यह किताब सम्पादक रवीन्द्र कालिया के बारे में भी बताती है कि काम करने का उनका जुनून तब भी जस का तस बना रहता है जब वे अस्पताल से तमाम डॉक्टरी हिदायतों के साथ बस लौट ही रहे होते हैं। यूँ ही कोई रवीन्द्र कालिया नहीं बन जाता। वह कैसे बनता है, *रविकथा* इसी का आख्यान है।

यह किताब एक साथ निजी और सार्वजनिक रंग रखती है। इसमें एक तरफ़ तो हिन्दी की साहित्यिक संस्कृति का आत्मीय वर्णन मिलता है तो दूसरी तरफ़ *रविकथा* में दाम्पत्य जीवन के भी अनेक ऐसे प्रसंग हैं जो बराबरी की बुनियाद पर ही महसूस किये जा सकते हैं। यह किताब रवीन्द्र कालिया और ममता कालिया के निजी जीवन की दास्तान भी है। यहाँ निजी और सार्वजनिक का ऐसा सुन्दर मेल है कि इसे उपन्यास की तरह भी पढ़ा जा सकता है। इसमें एक कद्दावर लेखक पर उतने ही कद्दावर लेखक द्वारा लिखे गये जीवन प्रसंग हैं जिनके बीच में एक-दूसरे के लिए प्रेम, सम्मान और बराबरी की ऐसी डोर है कि एक ही पेशे में रहने के बावजूद उनका दाम्पत्य कभी उस तनी हुई रस्सी में नहीं बदलता जिसके टूटने का ख़तरा हमेशा बना रहता है।

रविकथा को इसके खिलते हुए गद्य के लिए भी पढ़ा जाना चाहिए। हर हाल में पठनीय किताब।

—मनोज कुमार पाण्डेय

'रवीन्द्र कालिया के रूप में एक ऐसा अनोखा पुरुष था जो अपनी खिल्ली उड़ाते हुए बताता—'ममता की लोकप्रियता अपरम्पार है, मैं कहीं नहीं ठहरता। मुझको तो बहुत से लोग ममता कालिया के पति के रूप में जानते हैं।'

विशेष बात यह कि खानपान, रहन-सहन जैसी जीवन-शैलीगत चीज़ों के अलावा रवीन्द्र कालिया के यहाँ आधुनिकता विचारों में गहरे अनुस्यूत थी।'

—अखिलेश

अन्दाज़-ए-बयाँ उर्फ़

रवि कथा

ममता कालिया

वाणी प्रकाशन

वाणी प्रकाशन
4695, 21-ए, दरियागंज, नयी दिल्ली 110 002

फ़ोन : +91 11 23273167 फ़ैक्स : +91 11 23275710

शाखाएँ

अशोक राजपथ, पटना 800 004, बिहार

कॉफ़ी हाउस कैम्पस, महात्मा गांधी मार्ग, इलाहाबाद 211 001, उत्तर प्रदेश

महात्मा गांधी अन्तरराष्ट्रीय हिन्दी विश्वविद्यालय, वर्धा 442 001, महाराष्ट्र

सुल्तानिया रोड, मोतिया पार्क, भोपाल 462 001, मध्य प्रदेश

www.vaniprakashan.com
marketing@vaniprakashan.in
sales@vaniprakashan.in

ANDAAZ-E-BAYAN URF RAVI KATHA
by Mamta Kalia

ISBN : 978-93-89915-64-8
Memoirs

पेपरबैक प्रथम संस्करण, सितम्बर 2020
पेपरबैक द्वितीय संस्करण, नवम्बर 2020

मूल्य : ₹ 299

थॉमसन प्रेस (इंडिया) लि. में मुद्रित

वाणी प्रकाशन का लोगो मक़बूल फ़िदा हुसेन की कूची से

आमुख

एक जीवन काल का प्रेम होता है, हँसता, खेलता, खिलखिलाता, कभी उद्दण्ड, कभी उद्दाम। उसमें मान-मनौवल, मनुहार और मुखर उलाहने होते हैं। उसमें संवाद होता है और विवाद भी। वहाँ रूठना, मनाना और फिर रूठना चलता है।

दूसरा जीवनोपरान्त प्रेम होता है। दो में से एक सुग्गा उड़ गया। दोनों ने मिलकर नीड़ का निर्माण किया, एक अकेला रह गया सूने, निबिड़ नीड़ में। उड़ने वाले पंछी ने उससे कहा, 'बस इतना था मेरे पास तुम्हें देने के लिए।' यही प्रेम, स्मृति का वितान तान मेरे आकाश को भर देता है। मैं रवि को अपने आसपास बोलते, उठते-बैठते और चलते-फिरते देख लेती हूँ। यादों में बसे इस रवि से मेरा प्रेम उस जीते-जागते रवि की तुलना में कहीं ज़्यादा है। यह रवि पूरी तरह मेरा है। यह रवि कभी मुझे अकेला नहीं छोड़ता। इसे नौकरी पर नौ से पाँच बाहर नहीं जाना होता। इसको शाम को दारू नहीं पीनी होती। यह मेरे किसी काम में मीनमेख नहीं निकालता। हम एक-दूसरे की आँखों में आँखें डाल घण्टों बैठे रह सकते हैं। ऐसे ख़ुशक़िस्मत जोड़े बहुत थोड़े होते हैं जिनका दम साथ-साथ निकले। फ़साने की बात और है, हक़ीक़त कुछ और। रवि की छवि आँखों में लिए मैंने न जाने कितनी किताबें पढ़ डालीं, कितने काग़ज़ काले कर डाले। हर रात की सुबह बड़ी मुश्किल से उगी। हर वक़्त, हर घड़ी यही लगा रहता है—

'मेरे ख़यालों की रहगुज़र से
वो देखिए वो गुज़र रहे हैं।'

रवि ने जीवन जीने की कला में पूरे नम्बर नहीं पाये। लेकिन कौन पाता है पूरे नम्बर। शत-प्रतिशत नम्बर तो गणित में मिलते हैं। जीवन में नहीं।

जीवन तो सब थोड़ा गड़बड़, हड़बड़ जीते हैं। कभी हमारी बहस ज़्यादा उलझ जाती तो रवि कहते, 'चलो तुम्हारी बात सही लेकिन यह समझ लो मेरे जाने के बाद तुम बहुत कष्ट उठाओगी।' मैं उन्हें चिढ़ाती, 'वह नौबत नहीं आयेगी क्योंकि मैं तुमसे पहले रुख़सत हो जाऊँगी। मेरी माँ भी सुहागन गयी थीं।'

जब तक काल हमारा द्वार नहीं खटखटाता, हम या तो मौत का मखौल उड़ाते हैं या रोमान रचते हैं। रवि जालन्धर में हुई के.एल. सहगल की शवयात्रा का क़िस्सा सुनाते। तब वे स्कूल में पढ़ते थे। एक दिन टीचर ने कहा, 'आज पढ़ाई नहीं होगी। बहुत मशहूर गवैये का इन्तक़ाल हो गया है।'

स्कूल से वापसी में सहगल के जनाज़े के साथ लोग दर्द भरी आवाज़ में सहगल का ही नग़मा गाते जा रहे थे—'अब जी के क्या करेंगे जब दिल ही टूट गया।'

रवि उन दोस्तों की यादों में खो जाते जिन्हें वक़्त ने बेवक़्त उठा लिया। मैं कहती—

'तुम उदासी ओढ़ लेते हो।'

'ऐसा नहीं है'—रवि प्रतिवाद करते।

रवि एक नजूमी (भविष्यवक्ता) की तरह अपनी बात कहकर चुप साध लेते। बीमारी के बरसों में ये चुप्पियाँ लम्बी होती गयीं। मुझे उनके खिलखिलाते वक़्त याद आते। फ़िराक़ गोरखपुरी के शब्दों में कहूँ तो—

'अब अक्सर चुप-चुप सा रहे है
यूँ ही कभू लब खोले है
पहले फ़िराक़ को देखा होता
अब तो बहुत कम बोले है।'

'यह लाश-ए-बेकफ़न, असद-ए-खस्ता जाँ की है
हक़ मग्फ़िरत करे, अजब आज़ाद मर्द था'

ग़ालिब

1

इन दिनों वक़्त मेरे लिए गड्डमड्ड हो रहा है। एक साथ मैं तीन समय में चल-निकल रही हूँ। यह बारह सितम्बर सन् 2016 है, पिछले साल बारह सितम्बर को रवि मेरे पास थे। लो यह सन् 2011 का बारह सितम्बर कहाँ से आ गया। हम दोनों अपोलो हॉस्पिटल में डॉ. सुभाष गुप्ता के कक्ष में बैठे हैं। वे स्क्रीन पर रवि की सी.टी. स्कैन और पैट (Pet) स्कैन की अनगिनत छवियों का निरीक्षण कर रहे हैं। डॉक्टर ने मायूसी में सिर हिलाया, 'मि. कालिया आपके पास बस छह महीने का वक़्त बचा है। अपने हिसाब-किताब सँभाल लें। आपके जिगर में साढ़े तीन सेमी. का फोड़ा है।'

मैं तड़प जाती हूँ।

रवि रुआँसे चेहरे से हँस रहे हैं, 'डॉक्टर इस छह महीने में आज का दिन शामिल है या नहीं?'

डॉक्टर नहीं हँसते।

मैं कहती हूँ, 'डॉक्टर मेरा जिगर दुरुस्त है। आप मेरा आधा जिगर इनके लगा दें।'

डॉक्टर फिर सिर हिला देते हैं, 'वह चरण ये पार कर चुके हैं। अब प्रत्यारोपण नहीं हो सकता।'

डॉक्टर की सलाह है कि रवि को फ़ौरन हॉस्पिटल में दाख़िल हो जाना चाहिए।

रवि के सामने अठारह सितम्बर को होने वाले ज्ञानपीठ पुरस्कार का दायित्व है। उन्नीस सितम्बर को अगले ज्ञानपीठ की प्रवर समिति के चयन हेतु बैठक है। वे छुट्टी कैसे ले सकते हैं।

रवि डॉक्टर से वादा करते हैं, 'बीस सितम्बर की सुबह मैं आकर दाख़िल हो जाऊँगा।'

रवीन्द्र कालिया की जीवनशैली ने उनके जिगर को हरा दिया था पर उनके जज़्बे को हरा नहीं पायी। उन्नीस सितम्बर तक वे ऐसी रफ़्तार से कामों में लगे रहे कि किसी को पता ही नहीं चला कि उनकी सेहत ठीक नहीं। कौल के पक्के रवि बीस सितम्बर को अपोलो में दाख़िल हो गये। दफ़्तर से फ़ोन आये जा रहे थे। रवि को हर फ़ोन का ख़ुद जवाब देना था। एक बाँह में कई ड्रिप लटकाने के लिए कलाई में सूई लगाकर कैनुला (Canula) चिपका दिया गया। रवि दूसरे हाथ से फ़ोन सुनते रहे। थोड़ी देर में सिस्टर ने दूसरी बाँह भी क़ब्ज़े में ले ली। उनके दोनों फ़ोन बन्द कर दराज में रख दिये। अगले पाँच दिन बेढब जाँच-पड़ताल, निरीक्षण-परीक्षण; फिर-फिर परीक्षण और अन्त में एक समानान्तर डमी शल्यक्रिया। इतने सबसे केवल पुष्टि की गयी कि असली इलाज में रुग्ण स्थल तक कैसे पहुँचा जायेगा। ओरल कीमोथेरेपी की एक दवा जो शहर में बहुत मुश्किल से उपलब्ध हुई, रवि ने दो गोली खाने के बाद, इनकार कर दिया। अन्य बहुत-सी दवाओं के अम्बार लेकर हम घर लौटे।

रवि फिर दफ़्तर जाने लगे। संकट में दफ़्तर भी शरणस्थल बन जाता है। उनके दिमाग़ में 'नया ज्ञानोदय' और ज्ञानपीठ के प्रकाशनों के विषय में बेशुमार योजनाएँ थीं।

मैं लगातार चिन्तित रहती मगर चमत्कृत भी होती। रवि की प्रखरता में कोई अन्तर नहीं आया। उनके अन्दर रचनात्मक ऊर्जा का अजस्र स्रोत था। भूख लगनी बन्द हो गयी थी। पूरा दिन केवल साबूदाने और दलिये पर गुज़ार देते मगर फ़ोन पर कोई बात करे, तो वे बड़े जोश से बोलते, 'मैं ठीक हूँ, अपनी सुनाओ।' फ़ोन पर लम्बी बातचीत करना, सुडोकू खेलना और इंटरनेट पर पढ़ना उनके प्रिय काम थे। उन्होंने अपनी बीमारी की

बाबत इंटरनेट पर इतनी जानकारी हासिल कर ली थी कि मेरा और मित्रों का यह कहना कि 'तुम चिन्ता न करो एकदम ठीक हो जाओगे' सीमित अर्थ रखता था। portal vein अवरुद्ध होने का तात्पर्य, YYY90 उपचार की प्रक्रिया, विकिरण के दूरगामी प्रभाव, सब तो उन्होंने पढ़-जान लिये थे। मयनोशी तो अगस्त 2011 से ही छूट गयी थी जब पेट दर्द रहने लगा। अब उनकी शामें होमियोपैथी चिकित्सा के अध्ययन में डूबी रहतीं। कमाल की बात यह कि उन्होंने हर एलोपैथिक दवा का होमियोपैथिक विकल्प ढूँढ़ लिया था। होमियोपैथी और ज्योतिषशास्त्र में उनकी पुरानी दिलचस्पी थी। होमियोपैथिक दवाओं की अनिवार्यता हमारे जीवन में हमेशा बनी रही। पहले जब बच्चे छोटे थे, उन्हें भरसक होमियो दवाएँ देते रहे। बाद में पंजाब से माताजी हमारे पास रहने आ गयीं, उन्हें साँस, खाँसी, जोड़ों का दर्द आदि असाध्य बीमारियाँ थीं जो अंग्रेज़ी दवाओं से ज़्यादा उलझ जातीं। डॉक्टर एक बीमारी ठीक करते तो दूसरी उभर आती। तब रवि ने उनके इलाज के लिए इलाहाबाद नगर के मशहूर होमियोपैथ चिकित्सकों से मशविरा किया और स्वयं भी होमियोपैथी के समस्त ग्रन्थ ख़रीद लाये। हैनमैन, कैंट वग़ैरह की पुस्तकें वे हेमिंग्वे और कामू की किताबों जैसी तल्लीनता से पढ़ते। रवि की देखरेख में माताजी लम्बी उम्र पाकर पीड़ारहित प्रयाण कर सकीं।

दो नवम्बर से ग्यारह नवम्बर सन् 2011 में जब उनकी YYY90 रेडियो सर्जरी हुई तब भी होमियोपैथिक दवाओं का डिब्बा और किताब उनके साथ अपोलो हॉस्पिटल गयी। होश आने पर वहाँ की नर्सों और वार्ड ब्वॉय आदि से उनके मर्ज़ पूछकर किताब से अध्ययन करके मीठी गोलियाँ देना रवि का सबसे प्रिय काम था। बड़ा बेटा अनिरुद्ध कहता, 'पापा अपनी आँखों को आराम दीजिए, ये सब अस्पताल के लोग हैं, इन्हें अच्छे से अच्छा इलाज मिल जाता होगा।'

रवि कहते, 'मेरी दवा से इनकी बीमारी जड़ से मिट जायेगी यह तो सोच।'

11 नवम्बर 2011 को अपोलो हॉस्पिटल से छुट्टी मिली। रवि की ठसक यह कि अवशेष बिल का भुगतान मैं ख़ुद जाकर करूँगा। उनकी पहिया कुर्सी भुगतान काउंटर पर ले जाई गयी। अपना वीज़ा कार्ड निकालकर उन्होंने बिल चुकाया। वापसी के लिए कार में बैठते ही बोले, 'आज मेरी सालगिरह है। आज मैं पूरे दिन काम करूँगा। मुझे दफ़्तर छोड़ दो।'

मैंने प्रतिवाद किया, 'कमज़ोर हो गये हो, घर चलकर आराम करो।'

रवि अड़ गये, 'मेरे काम में अड़ंगा मत डालो, अपनी मर्ज़ी से जीने दो मुझे।'

अन्नू ने कहा, 'जैसी आपकी मर्ज़ी। आप पहले कुछ फल खा लीजिए।'

रवि ने कुछ नहीं खाया। दफ़्तर पहुँचकर ही उनके चेहरे पर रौनक लौटी।

पिछले साल सितम्बर के इन्हीं दिनों अखिलेश ने रवि से कहा कि वे 'तद्भव' के लिए इलाहाबाद पर संस्मरण लिख दें। यह उनका मन माफ़िक़ काम था। खुश हुए। मुझसे बोले, 'मैं इलाहाबाद पर पूरी किताब लिखना चाहता हूँ पर कुछ जगहों के नाम धुँधले याद पड़ रहे हैं। हमने कब छोड़ा था इलाहाबाद!'

'सन् 2003 में ग्यारह साल हो गये।'

'एक बार जाना पड़ेगा इलाहाबाद।'

'तो चलेंगे न। तुम जब कहो, चलें।'

रवि ने हामी नहीं भरी। अपने तकिये के नीचे काग़ज़ कलम रख लिए। रातों में आड़े-तिरछे कुछ शब्द, कुछ वाक़ये लिख लेते। नींद की गोली के बावजूद उन्हें नींद कम आती। कभी मेरी नींद खुल जाती तो मैं टोकती, 'अभी तक सोये नहीं।' वे चुपचाप काग़ज़ तकिए के नीचे रख देते। जैसे ही मेरी आँख लगती, वे फिर काग़ज़ निकालकर लिखने लगते।

तभी तो उनके जाने के बाद उनके सिरहाने से एक उपन्यास के पच्चीस पन्ने, एक संस्मरण के टुकड़े, एक अधूरी कहानी और आधे सवाये जुमलों का ख़ज़ाना मिला है। कभी किसी रचना के छपने की उन्हें जल्दी नहीं होती थी। खरामा-खरामा लिखते। अगर रचना पूरी हो जाती तो कोई लघु पत्रिका ढूँढ़ते जिसे रचना दी जाय। शायद यही वजह थी कि एक बार स्कूल में अन्नू से पूछा गया कि उसके माता-पिता क्या करते हैं तो उसने जवाब दिया, 'मेरे पिता साहित्यकार हैं, मेरी माँ व्यावसायिक लेखन करती हैं।' रवि का इस विश्लेषण से ख़ासा मनोरंजन हुआ। मैंने नाराज़ होकर अन्नू से इसकी वजह पूछी तो उसने कहा, 'आप रंग-बिरंगी पत्रिकाओं में लिखती हैं। पापा गम्भीर पत्रिकाओं में लिखते हैं।' आठवीं में पढ़ने वाले अन्नू को मैं क्या समझाती कि कड़की के दिनों में यही पत्रिकाएँ हमारी राहत-रूह थीं। जितने नियम से वहाँ से मानदेय के चेक मिलते इतने नियम से तो मुझे कॉलेज से वेतन भी नहीं मिलता।

कुछ दिन पहले टी.वी. पर सुने एक समाचार ने मुझे रुला दिया। समाचारवाचक ने एक चैनल पर कहा, 'भारत देश में ग़रीब होना एक अपराध है।' इसके साथ जो दृश्य दिखाया गया उसमें उड़ीसा का एक आदमी, दाना माँझी अपनी पत्नी की बेजान देह को अकेले उठाकर दस मील पैदल चला। रास्ते में लोग खड़े देखते रहे। कोई दौड़कर कन्धा देने नहीं आया।

इसके एक क़दम आगे जाकर मैं कहूँगी भारत में बीमार होना ही अपराध और अभिशाप है। इस वर्ष जब चार जनवरी की सुबह रवि की तबीयत बहुत ख़राब हो गयी, उन्हें अस्पताल ले जाना ज़रूरी हो गया। कड़ाके की ठण्ड थी। रवि अर्द्धचेतन अवस्था में थे। कार की बजाय एम्बुलेंस की ज़रूरत थी। पड़ोसी मित्र डी.एन.ठाकुर ने यशोदा अस्पताल का आपात-फ़ोन नम्बर दिया। इंटरनेट से एक-दो अन्य अस्पतालों के आपात नम्बर लिये। यशोदा अस्पताल ने कहा, 'एम्बुलेंस तो है पर डॉक्टर नहीं है। मरीज़ को भर्ती कर दीजिए। जब डॉक्टर आयेंगे, देख लेंगे।' एक दूसरे अस्पताल ने कहा, 'हमारे यहाँ डॉक्टर तो हैं पर एम्बुलेंस सब व्यस्त हैं, दोपहर बाद खाली होंगी।' दो अस्पतालों के आपात नम्बरों पर घण्टी जाती रही, किसी ने फ़ोन नहीं उठाया।

अन्त में किसी प्राइवेट एम्बुलेंस सर्विस का फ़ोन नम्बर मिला। उसने कहा, 'दफ़्तर जाने वालों का समय हो गया है। जगह-जगह जाम मिलेगा।'

अनिरुद्ध ने कहा, 'एम्बुलेंस को तो रास्ता देंगे लोग।'

ड्राइवर बोला, 'यह दिल्ली है, यहाँ मरते को रास्ता न दें लोग।' बड़ी मिन्नतें करके ड्राइवर को घर आने के लिए राज़ी किया। यह मारुति ओम्नी में बनाई गयी एम्बुलेंस थी जिसमें ऑक्सीजन सिलिंडर और मास्क तो था किन्तु सीट की लम्बाई कम थी। रवि की टाँगें उसमें समा नहीं रही थीं। मैं रास्ते-भर उनके घुटने पकड़कर उन्हें गिरने से सँभालती रही और उनके साथ अपने को भी दिलासा देती रही, 'अभी अस्पताल पहुँचकर सब ठीक हो जायगा रवि। थोड़ी हिम्मत और करो।'

नोएडा की सड़कें वाहनों से खचाखच भरी थीं। एम्बुलेंस के हूटर का उन पर कोई असर नहीं पड़ा। हूटर बजता रहा, हम जाम में फँसे रहे। अन्नू ने उतर-उतरकर लोगों से प्रार्थना की, 'मेरे पापा की हालत गम्भीर है, एम्बुलेंस को आगे निकलने दें।' किसी ने ध्यान नहीं दिया।

हमें सर गंगाराम अस्पताल पहुँचने में दो घण्टे लग गये। बाधाएँ अभी ख़त्म नहीं हुई थीं।

आपातृकक्ष में केवल उन रोगियों का उपचार किया जाता है जिनके बचने की आशा हो। बिस्तर ख़ाली नहीं है कहकर शेष रोगियों को वापस कर दिया जाता है।

संकट की उस घड़ी में डॉ. अर्चना कौल सिन्हा वरदान बनकर आगे आयीं। उन्होंने अपनी ज़िम्मेदारी पर रवि को उपचार दिलवाया। उन्हें तत्काल वेंटिलेटर और अन्य जीवनरक्षक उपकरणों पर रखा गया। आपातृकक्ष में केवल एक सम्बन्धी रोगी के पास जा सकता है। दोनों बेटे अनिरुद्ध और प्रबुद्ध अन्दर-बाहर खड़े-खड़े डॉक्टरों की आवाजाही और परीक्षण देखते रहे। मैं एक बार अन्दर जाती, वहाँ से बौखलाकर बाहर आती और पेड़ के नीचे बैठ जाती। ऐसे कातर समय सबसे पहले, मेरी दोस्त चित्रा मुद्गल सपरिवार पहुँची। अभी अवध के चले जाने के दुख से सँभली नहीं थी। गिरती-पड़ती चल रही थी पर आद्या, अनघा का हाथ थाम मुझ तक आयी। उसकी पुत्रवधू शैली दूर कैंटीन से हमारे लिए चाय लेकर आयी। मेरे लिए समय जैसे थिर खड़ा था। घड़ी की सूई न जाने कहाँ अटकी थी।

रात तक रवि की हालत के लिए जो बयान जारी हुआ उसके मुताबिक़ उनकी स्थिति गम्भीर मगर स्थिर थी। मन में आशा का संचार हुआ। अब समस्या दाख़िले की थी। सैकड़ों बिस्तरों वाले अस्पताल में रवि के लिए एक अदद बिस्तर उपलब्ध नहीं था। अस्पताल ने ही इसका समाधान ढूँढ़ा और अपने सहयोगी सिटी हॉस्पिटल के गहन चिकित्सा कक्ष में रवि को पहुँचाया। अन्नू ने हॉस्पिटल के पास एक होटल में कमरा ले लिया यह सोचकर कि हम बारी-बारी से आराम कर लेंगे। किसी का भी मन आई.सी.यू से हटने का नहीं था। हम आई.सी.यू. के बाहर नंगे तख़्त पर निःशब्द बैठे रहे। न जाने कहाँ से दोस्तों को रवि की बीमारी की ख़बर लग गयी। इतनी ठण्ड में रात भर दोस्त आते रहे—प्रांजल धर, कुमार अनुपम, प्रदीप सौरभ, चन्द्रकान्त, जितेन्द्र श्रीवास्तव, सन्तोष भारतीय। आधी रात की उड़ान से आनन्द कक्कड़ आ गये मुम्बई से। पुत्रवधू प्रज्ञा और पौत्र केशव शाम को ही पहुँच गये। सुबह तक अखिलेश, मनोज पाण्डेय, संजय कबीर, और असंख्य अन्य मित्र आये। किसी को विश्वास नहीं हो रहा था कि रवि पर समय भारी है।

अगले दिन यही स्थिति रही। मित्रों के आने से थोड़ा दिलासा मिलता जो गहन चिकित्सा कक्ष में झाँककर एक बार फिर टूटने लगता। मदन कश्यप, अनामिका, वन्दना राग, पंकज राग, गीताश्री सबने अपनी उपस्थिति से आसरा दिया। डॉ. स्कन्द सिन्हा नियम से आते, हमारे पेट में भोजन पहुँचाते और डॉक्टरों से रवि का हाल जानते। डॉ. स्कन्द और डॉ. अर्चना की वजह से सभी डॉक्टरों ने रवि पर बहुत ध्यान दिया।

6 जनवरी की सुबह एक आश्चर्य की तरह रवि को होश आ गया। डॉक्टर ने वेंटिलेटर हटा दिया, आँखों पर से टेप निकाला और रवि ने अपने चारों ओर का दृश्य निहारा। कमज़ोरी बहुत थी, पर चैतन्य थे। अन्नू ने कहा, 'पापा अपनी बाँहों से सारी नलियाँ, सुइयाँ हटाने के लिए ज़िद कर रहे हैं।' आई.सी.यू. में आगन्तुकों को जाने के लिए सुबह शाम केवल आधा घण्टे का समय मिलता है और एक-एक करके ही मरीज़ के पास जा सकते हैं। मैं गयी। रवि ने पहचाना। हलके से मुस्कराये। प्रज्ञा, केशव, अन्नू, मन्नू, अखिलेश, मनोज सब बारी-बारी से गये। हम चिकित्सा जगत के चमत्कार के आगे विस्मित, विमुग्ध थे। शाम को विभूतिनारायण राय और पद्‌माजी आये। अन्दर गये। उन्हें लगा पूरी चेतना लौटने में कुछ और वक़्त लगेगा। अगले दिन वे फिर आये और उन्होंने कहा, 'आज पहले से ज़्यादा सुधार है।'

डॉक्टर हमें कह रहे थे कि वे जल्द रवि को प्राइवेट वार्ड में भेज देंगे। डॉ. निर्मला जैन, लीलाधर मंडलोई, अजय तिवारी, भरत तिवारी, रविकान्त, वाजदा ख़ान, गोकर्ण सिंह, विज्ञान भूषण, शर्मा दम्पति, हर एक का आगमन हमारे अन्दर नयी आशा, ऊर्जा और आश्वासन पैदा करता रहा। 8 जनवरी की दोपहर तक रवि सचेत थे। सुबह मैंने रवि से कहा, 'रवि 'तद्‌भव' का अंक आने ही वाला है, अखिलेश ने बताया।'

रवि ने धीरे से कहा...'च'।

पास खड़ी नर्स ने कहा, 'पापा चाय माँगता?'

रवि बोले, 'चश्मा।'

मैं समझ गयी रवि 'तद्‌भव' देखना चाहते हैं। उनका चश्मा और मोबाइल मेरे पर्स में मौजूद थे लेकिन बिस्तर पर पड़ी नलियों, तारों के बीच

चश्मा उनकी आँखों पर लगाना मुमकिन नहीं था। फिर 'तद्भव' का नया अंक आया भी कहाँ था।

8 जनवरी की दोपहर डॉक्टर ने मुझे गहन चिकित्सा कक्ष में बुलाया। मैंने देखा रवि बिस्तर पर बैठे हाँफ रहे हैं। डॉक्टर से पूछा। उन्होंने कहा, वे अपने आप साँस नहीं ले पा रहे।

मेरा धैर्य टूट गया, 'आप देख क्या रहे हैं। उन्हें जीवनरक्षक मशीन पर रखिए, वेंटिलेटर लगाइए।'

एक बार फिर रवि को लिटाकर वही प्रक्रिया दोहराई गयी जो 4 जनवरी को शुरू की गयी थी। 8 की शाम, रात और 9 की सुबह ऐसी ही बीत गयीं। 9 जनवरी की दोपहर डॉक्टरों ने 'सॉरी' बोल दिया।

तो क्या रवि सिर्फ़ हम सबसे विदा लेने के लिए ढाई दिन होश में आये। हर एक को मुस्कराकर देखा, पहचाना। शाश्वत साहित्य में इसी को बुझने से पहले दीपक का आलोक कहा गया है।

10 जनवरी, रवि को लोधी रोड के विद्युत शवदाह स्थल पर लाये। यह जगह कुछ ऐसी अवस्थित है कि मुख्य सड़क से कहीं भी जाओ, यह मार्ग में पड़ती है। अनेक बार ऐसा हुआ कि रवि के मुँह से निकला, 'मेरा तो सारा काम यहीं कर देना।' मैंने हर बार बुरा माना। मैंने कहा, 'कालिया नाम होने का यह मतलब नहीं कि तुम काले लतीफ़े सुनाते रहो।'

रवि ने कहा, 'यहाँ कर्मकाण्ड का पाखण्ड नहीं है। उससे मुझे चिढ़ है।'

सभी स्नेही स्वजन, जनवरी का पाला झेलते हुए आये। उस रवि को विदा देने आये जिसके लिए दोस्त और दोस्ती, परिवार और गृहस्थी से भी ज़्यादा प्रगाढ़ और प्रिय थीं। राजीव कुमार ने मेरे हाथों में एक पत्रिका थमायी, यह 'तद्भव' की जनवरी 2016 की पहली प्रति थी जिसका पहला लेख था 'यह जो है इलाहाबाद', रचनाकार—रवीन्द्र कालिया।

क्या ऐसा ही होता है एक रचनाकार का प्रयाण? लिखा, अधलिखा; छपा, अनछपा; सब अधबीच छूट जाता है। काल की होड़ में काल अपनी विकराल विजय घोषित कर देता है। संस्मरण के अन्त में क्रमशः लिखा हुआ काल को नहीं दिखा।

‘फ़क़त निगाह से होता है फ़ैसला दिल का
न हो निगाह में शोख़ी तो दिलबरी क्या है।’

इक़बाल

2

उफ़ यह मैं किसके बारे में क्या लिख रही हूँ। दोस्तो मेरे अब तक के लिखे पर ‘डिलीट’ दबाओ। मुझे आपके साथ रवीन्द्र कालिया की तकलीफ़ भरी तिमाही का सफ़र करना है या उनके छैल-छबीले छियालीस साल का।

30 जनवरी सन् 1965 को जिस रवीन्द्र कालिया से ‘कहानी सवेरा’ गोष्ठी में चण्डीगढ़ में मेरा परिचय हुआ—वह बात-बात पर ठहाके लगाने वाला, अजीबोग़रीब क़िस्से सुनाने वाला, चेन स्मोकर और बेचैन बुद्धिजीवी था। क़द छह फ़ीट, तीखे नाक-नक्श, बेहद सुन्दर हँसी और हरदिल अजीज़। चण्डीगढ़ में डॉ. इन्द्रनाथ मदान से लेकर कमलेश्वर और राकेश तक, सब रवि से मुख़ातिब थे। जैसा शीर्षक से स्पष्ट है यह कहानी-गोष्ठी पंजाब विश्वविद्यालय के सभागार में सुबह के समय हुई। मेरे लिए हर परिचय नया था किन्तु सबके महत्त्व से मैं परिचित थी। वहाँ आचार्य हजारी प्रसाद द्विवेदी और डॉ. नामवर सिंह जैसे दिग्गज भी थे। नामवर जी ने मंच से मेरे आलेख की सराहना कर दी, मेरे लिए तो उस दिन यही बड़ा पुरस्कार बन गया। शाम को मैंने वापस दिल्ली जाने की इच्छा व्यक्त की। डॉ. मदान और राकेश जी ने मुझे समझाया कि अगले दिन चली जाना। डॉ. मदान ने कहा, ‘अभी तुम्हें सुखना झील दिखायेंगे।’

मैं अड़ गयी। मैं कॉलेज में बताकर नहीं आयी थी। छुट्टी का आवेदन

भी नहीं किया था यह सोचकर कि रविवार को सुबह गोष्ठी है तो मैं रात तक घर पहुँच ही जाऊँगी। मैं डॉ. इन्दु बाली के यहाँ ठहरी थी। वहाँ से अपनी अटैची लेकर आयी। सभी सीनियर रचनाकारों का बड़प्पन था कि मुझ जैसी चिरकुट, सिलबिल लेखिका को छोड़ने बस अड्डे तक आये।

ताज्जुब की तरह रवि ने घोषणा कर दी, 'मैं भी दिल्ली जा रहा हूँ।'

सब दोस्त हक्के-बक्के रह गये। रवि के हाथ में अपना कोई असबाब भी नहीं था। राकेश जी और कमलेश्वर जी ने उन्हें समझाने की कोशिश की, 'इन्हें चले जाने दो। शाम को महफ़िल का रंग जमेगा।' रवि नहीं माने, बस में सवार हो गये।

दिन-भर में जिस शख़्स ने मुझसे नहीं के बराबर बात की वह रवीन्द्र कालिया ही था जबकि बाद में मुझे पता चला कि मुझे चण्डीगढ़ गोष्ठी में बुलाने का प्रस्ताव रवि का ही था। इसकी कोई ख़बर उन्होंने मुझे न लगने दी। मैं जब बस में चढ़ी, मेरी बगल वाली सीट पर रवीन्द्र कालिया विराजमान थे।

मेरा मन संशय और दुविधा, शिकवा और शिकायत से भरा हुआ था। चण्डीगढ़ में दिन-भर में इस इन्सान ने मुझसे सबसे कम बात की थी। शनिवार शाम इन्दु बाली जी के घर मुझे स्थापित कर ये जैसे भूल गये थे कि मैं भी आयी हूँ। मेरे साथ जाने की कोई तुक नहीं थी इस वक़्त।

ख़ैर सफ़र शुरू हुआ। बस के शोर में अपने शब्दों की कमी महसूस नहीं हुई। सर्वेश्वर दयाल सक्सेना के शब्दों में–

'कितना अच्छा होता है
एक-दूसरे को बिना जाने
पास-पास होना
और उस संगीत को सुनना
जो धमनियों में बजता है।'

बातचीत की पहल रवि ने की, 'आप सिर्फ़ कविता लिखती और पढ़ती हैं?'

'नहीं, मैंने बहुत-सा गद्य-साहित्य पढ़ा है।'

'आपके प्रिय रचनाकार कौन-से हैं?'

'प्रेमचन्द, जैनेन्द्र कुमार, अज्ञेय और निर्मल वर्मा।'

'निर्मल वर्मा को आप कवि मानती हैं या कथाकार?'

'वे कहानी को कविता की तरह तरल और तन्मय बना देते हैं। 'जलती झाड़ी' और 'वे दिन' मेरी पसन्दीदा पुस्तकें हैं।'

रवि ने अज्ञेय और निर्मल वर्मा पर निशाना साधते हुए कलावादी और व्यक्तिवादी लेखन पर हमला बोल दिया। उन्होंने कहा हिन्दी कहानी इनकी अभिव्यक्ति से बहुत आगे निकल चुकी है। मुझे काफ़ी बुरा लगा कि रवीन्द्र कालिया मेरे समस्त नायक ध्वस्त किये जा रहे हैं। वे रुके नहीं, उन्होंने उनकी भाषा और भावभूमि को नकार दिया। रवि बोले, 'ये दोनों रचनाकार नकली स्थितियों पर बनावटी भाषा में लिखते हैं। इनकी भाषा में अनुवाद का स्वाद आता है।'

'आपको कौन-से रचनाकार पसन्द हैं?'

'मोहन राकेश, नागार्जुन, अमरकान्त, नामवर सिंह।'

'नामवर जी तो आलोचक हैं', मैंने कहा।

'इससे क्या। उन्होंने आलोचना को रचना की ऊँचाई दी है।'

तभी बस घरघराकर रुक गयी। करनाल आ गया था। पता चला बस ख़राब हो गयी है।

हमने बस अड्डे पर चाय पी। रवि चाय के साथ सिगरेट पीते रहे। चाय से कम और सिगरेट की चमक से ज़्यादा गर्मी निकल रही थी।

'आपने हेमिंग्वे पर ग़ौर किया है?' रवि ने पूछा।

हेमिंग्वे मेरे प्रिय लेखक थे। उनकी हर रचना बारम्बार पढ़ी थी। उन जैसी भाषा-शैली और पौरुषमय अभिव्यक्ति बिरले साहित्यकारों को मिलती है।

हम काफ़ी देर हेमिंग्वे पर बात करते रहे।

बस की मरम्मत हो गयी और बस फिर चल पड़ी।

तीखी हवा से कुछ राहत मिली बस में। दिल्ली पहुँचते-पहुँचते दस बज गये। रात, ठण्ड और ठिठुरन आपस में होड़ ले रही थीं। यह दिल्ली की ज़मीन का असर था कि हम दोनों अलग दिशा में वाहन ढूँढ़ने लगे। रवि के हाथ में कोई सामान नहीं था। मैं अटैची थामे हर स्कूटरवाले से पूछती रही, 'शक्ति नगर चलोगे?' सबने मना कर दिया। टैक्सीवालों ने भी मेरी बात पर कोई ध्यान नहीं दिया।

अब क्या हो?

स्कूटर-टैक्सीवालों की सामूहिक न के बाद भी मुझे उम्मीद थी अभी कोई चौथा वाहन आयेगा और मैं शक्ति नगर जा सकूँगी। रवि तब तक गये नहीं थे।

पास आकर बोले, 'लगता है रात सड़क पर काटनी पड़ेगी।'

यह पता नहीं चला कि यह भविष्यवाणी उन्होंने अपने लिए की थी या मेरे लिए।

'आपके मम्मी-पापा परेशान हो रहे होंगे।'

'उनकी परेशानी सुबह शुरू होगी। मैंने कहा था मैं सोमवार तक आऊँगी।'

'फिर वहाँ से क्यों चल दीं?'

'मुझे लेक्चर तैयार करना था।'

रवि ने दो-एक स्कूटरवालों से बात की। उनके इलाक़े सन्त नगर, करोल बाग, सब जाने को तैयार थे।

रवि ने तकल्लुफ़ निभाया, "एक बार नामवर सिंह हमारे कमरे पर रुक गये थे। हम लोगों ने एडजस्ट कर लिया था। उन्हें कोई तकलीफ़ नहीं हुई थी। आप वहाँ भी चल सकती हैं। या हम लोग वापस चण्डीगढ़ की बस में बैठ जायें?"

'प्यार शब्द घिसते-घिसते चपटा हो गया है
अब हमारी समझ में
सहवास आता है।'

ऐसी धाकड़ अकविता लिखने के बावजूद व्यावहारिक स्तर पर मैं बड़ी डरपोक क़िस्म की खरगोश लड़की थी। रात के बारह बजे एक लगभग अपरिचित लड़के के घर जाकर नामावरी हासिल करने का मेरे अन्दर क़तई हौसला नहीं था। उससे बेहतर था कि हम बन्द 'खैबर' की सीढ़ियों पर बैठ निर्मल वर्मा की 'परिन्दे' की समीक्षा करते।

कई युक्तियाँ सोची गयीं।

धर्मशाला?

होटल?

रेलवे स्टेशन का वेटिंग रूम?

पर कहीं भी जाने को कोई भी वाहन उपलब्ध नहीं था।

हम एक ख़ाली ऑटोरिक्शे में बैठ गये जो बस अड्डे पर खड़ा था। उसका मालिक ठण्ड से घबराकर कहीं दुबका हुआ होगा।

हम बहुत थक चुके थे।

ऑटो बर्फ़ का इग्लू बना हुआ था। उसकी छत पर थोड़ी-थोड़ी देर में कोहरा टपक रहा था। बाहर के अँधेरे में पिल्लों की पें-पें और सन्नाटे का मिश्रण एक अलग रसायन तैयार कर रहा था।

हम दोनों के बीच, मेरी पुरानी अटैची चीन की दीवार की तरह स्थापित थी जिस पर सिर रखकर एक झपकी ली जा सकती थी।

तभी।

कहीं से ऑटो का मालिक झल्लाता हुआ आया और सीधे बिगड़ने लगा। उसे हमारे वहाँ बैठने पर एतराज़ था।

रवि फ़ौरन नीचे उतरे।

इस आड़े वक़्त पंजाबी भाषा बड़ी काम आयी।

जल्द ही शान्त होकर उसने कहा, "घण्टा एक होर निकाल लो जी, फिर मैंने भी जाणा है।"

कौल का पक्का वह घण्टे-भर बाद आया। ठण्डे पड़े ऑटो को उसने किक मार कर जगाया और खड़-खड़-खड़ चल पड़ा।

अँधेरे में रास्ता क्या, शहर भी अपरिचित लग रहा था।

मैंने अपने को ऐसी बस्ती में पाया जहाँ सड़क के दोनों ओर मकानों की क़तारें थीं लेकिन कहीं रोशनी या जीवन का कोई चिह्न नहीं था।

ऑटो ड्राइवर पैसे लेकर चला गया।

रवि ने मेरी अटैची थाम रखी थी। एक दरवाज़े पर काफ़ी देर खटखटाने पर किसी ने खोला जो हमारे आगे-आगे सीढ़ी चढ़ गया।

यह हमदम था, रवि का चित्रकार दोस्त और रूम पार्टनर। उसने एक चिट्ठी रवि के हाथ में रख दी।

चिट्ठी इनकी छोटी बहन कमलेश की थी—इन्दर तुम चिट्ठी नहीं लिखते, न हमारी चिट्ठियों का जवाब देते हो। झाईजी को बेहद फिकर हो रही थी इसलिए आज हम आये। तुम बिना बताये चण्डीगढ़ चले गये हो। हम सबको बेआराम किया तुमने—कमलेश।

रवि चिट्ठी से थोड़ा विचलित हुए, फिर प्रकृतिस्थ हो गये।

हमदम ने अपनी रज़ाई समेटी और बगल के कमरे में चला गया।

रवि ने तुरन्त बिस्तर की चादर ठीक से बिछायी, रज़ाई पैताने रखी और बताया, 'बाथरूम बाहर बालकनी में है।'

बाथरूम में न रोशनी थी न पानी। अतः जैसी गयी वैसी ही लौट आयी।

तब तक रवि ज़मीन पर खेस बिछाकर लेट गये थे।

थकान और नींद ने समस्त चेतना सुन्न कर रखी थी।

मैं बिस्तर पर लेटते ही सो गयी, गहरी स्वप्नविहीन नींद।

बहुत रात गये ऐसा महसूस हुआ कोई मेरे बालों को छू रहा है।

मेरे होंठ कह रहे हैं, 'तुम्हें ठण्ड लग रही होगी।'

पता चला हम दोनों काँप रहे हैं।

सिर्फ़ ठण्ड से नहीं।

रात के उन थोड़े से घण्टों में हम एक-दूसरे के कोलम्बस हुए। उस वक़्त हमने नये देश-देशान्तर नहीं ढूँढ़े किन्तु तटबन्ध पहचान लिए। हम ऐसे नाविक थे जो तैरना नहीं, डूबना जानते थे।

'तेरे इश्क़ की इन्तिहा चाहता हूँ
मेरी सादगी देख क्या चाहता हूँ'

इक़बाल

3

इस नयी दोस्ती में रवि मुझसे लगातार चकित हुए और मैं रवि से विस्मित। यह इन्सान नामवर सिंह और मोहन राकेश के सिवा और किसी को अपना गुरु मानने को तैयार नहीं था। बी.ए. ऑनर्स में मोहन राकेश के सम्मोहन में फँसे रवीन्द्र कालिया को उनकी कहानियाँ कण्ठस्थ थीं। वे उनकी जीवन-शैली के भक्त थे लेकिन उनकी मर्ज़ी के ख़िलाफ़ वे चण्डीगढ़ की बस में सवार होकर मेरे साथ दिल्ली चल दिये।

नामवर जी की प्रज्ञा, प्रतिभा और प्रत्युत्पन्नमति के रवि ही क्या, समस्त बुद्धिजीवी कायल थे। नामवर जी अध्यक्ष के पद से गोष्ठी में, अन्त में कोई ऐसा वक्तव्य दे डालते कि सारी गोष्ठी खण्डित हो जाती। उनके पास अकाट्य तर्क होते।

मेरे साथ दोस्ती में रवि मस्तमौला आदमी थे। न कभी मेरा वेतन जानना चाहा न बैंक एकाउंट। अपने बारे में भी ऐसी कोई बात नहीं करते। लॉन्ड्री की धुली शर्ट-पैंट पहने वे जब मिलने के लिए आते तो इतने स्मार्ट लगते जैसे दफ़्तर से आ नहीं, जा रहे हों।

सबसे बड़ी बात, अभी तक उन्होंने अपने घर-परिवार, नौकरी और आर्थिक संघर्षों का कोई पुलिन्दा नहीं खोला था। लड़कियों को भावुक और विगलित करने के लिए जिस बाज़ीगरी का सहारा लोग लेते हैं, वह यहाँ सिरे से ग़ायब थी।

साहित्य के अध्ययन में रवि मेरे समस्त नायक ध्वस्त कर रहे थे। ऐसा लगता जैसे वे मेरे सारे कथा-पुरुषों को परास्त कर एक नये नायक की जगह बना रहे हैं।

रवि ने पहले दिन से उत्कट प्रेमी की भूमिका निबाही। हमारी मुलाक़ातों को एक सप्ताह भी नहीं बीता था कि रवि ने शादी का प्रस्ताव रख दिया। अब मुझे ख़याल आया—पापा! पापा जिस तरह मुझे तराश रहे थे उसमें प्यार, मुहब्बत और विवाह जैसी घिसी-पिटी परिपाटियों के लिए कोई जगह नहीं थी। दफ़्तर से लौटकर वे रोज़ मुझे इतनी बौद्धिक ख़ुराक़ पिलाते, इतनी पुस्तकों से लाद देते कि मुझे दिन-रात के चौबीस घण्टे कम पड़ जाते।

मन-ही-मन मुझे यह सोचकर अच्छा लगा कि रवि के लिए प्रेम में विवाह का फ्रेम अनिवार्य था। वे चालू फ़ॉर्मूले के अन्तर्गत निष्कर्षहीन निकटता के पक्ष में क़तई नहीं थे। मेरी मुश्किल यह थी कि पापा से यह बात कैसे कही जाय। रोज़ शाम ला बोहीम में रवि मेरी पेशी लेते, 'कल तुमने पापा से बताया?' मैं कहती, 'पापा ने मौक़ा ही नहीं दिया।'

रवि रूठ जाते। उनकी सिगरेट की खपत बढ़ जाती। वे गुमसुम बैठ जाते। कैपुचिनो कॉफ़ी पड़ी-पड़ी ठण्डी हो जाती। रवि कहते, 'तुम्हें किस बात का डर है। अगर वे हाँ कहें तो ठीक। अगर ना कहें तो तुम अपनी स्लीपरें पहनकर सीधी आ जाना 5055 सन्त नगर।' यह रवि का पता था। मैं कहती, 'पापा के नक्शे में मेरी शादी का मुक़ाम है ही नहीं।' रवि हताश होकर कहते, 'फिर 'गुफा' ही हमारी नियति है।' ला बोहीम रेस्तराँ में एक गर्भगृह जैसा अँधियारा एकान्त कक्ष और बना हुआ था जहाँ प्रेमी जोड़े या ख़ास मेहमान ही बैठते। रवि और मैं यहीं बैठा करते। कभी-कभी वहाँ जगह न मिलती तो यॉर्क रेस्तराँ के कोज़ीनुक में चले जाते। यह रवि की हिम्मत थी कि हमारी पूरी कोर्टशिप के दौरान रवि ने मेरे साथ अच्छी से अच्छी जगह शामें बितायीं, टैक्सी में मुझे घर छोड़ा और कभी रुपये पैसे का रोना नहीं रोया। मैं पर्स लेकर चलती थी, पर खोलती नहीं थी। मेरे मन में प्रेमी की पारम्परिक छवि ऐसे इन्सान की थी जो मेरे ऊपर दिल और जेब दोनों क़ुर्बान कर दे।

रवि के अन्दर साहस और संकल्प का ऐसा अतिरेक था कि तमाम अनसुलझे सवालों के बीच हमारी शादी हो गयी। उनके कई हितैषियों ने उन्हें रोकने की कोशिश की, मेरे हितैषियों ने मुझे समझाया कि यह लड़का

तुम्हें छह महीने में छोड़ देगा। शादी वाले दिन 12 दिसम्बर सन् 1965 की शाम मेरे एक हितैषी मेरी एक कविता दिखाते शामियाने में घूम रहे थे।

यह कविता त्रैमासिक पत्रिका 'क ख ग' के ताज़े अंक में मुखपृष्ठ पर बोल्ड अक्षरों में छपी थी–

'प्यार शब्द घिसते-घिसते चपटा हो गया है
अब हमारी समझ में
सहवास आता है।'

हितैषी कह रहे थे, 'यह शादी नहीं, बस कॉन्ट्रैक्ट है।' लेकिन लेखक जगत ने हमारा साथ दिया। रवि के सम्पर्क और दोस्तियाँ व्यापक थीं। मेरे पापा पुरानी पीढ़ी के साथ-साथ युवा पीढ़ी के भी निकट थे। शायद ही कोई ऐसा रचनाकार हो जो इस शादी में न आया हो। लेखक जगत के स्वागत-भाव ने हमें बहुत बल दिया। यह सब बताने का मक़सद यह है कि रवि एक आज़ाद तबीयत इन्सान थे। जब तक कोई उनकी आज़ादी में खलल नहीं डालता, वे दत्तचित्त अपना काम करते रहते। ऊर्जा इतनी कि दफ़्तर से आकर कहानी लिखने बैठ जाते। मन होता तो मेरे साथ समुद्र-तट की सैर कर आते। लौटकर कुछ देर हम दोनों अनुवाद का काम करते। रवि पंजाबी उपन्यास का हिन्दी रूपान्तरण ज़ुबानी बोलते और मैं लिखती जाती। यह काम इसलिए ज़रूरी था क्योंकि रवि ने अपनी शादी का सूट ए.के. हंगल से उधार सिलवाया था और उन्हें उसके पैसे चुकाने थे। उन दिनों शराब से उनका कोई वास्ता न था, हाँ सिगरेट पीते थे। मैं एस.एन.डी.टी. विश्वविद्यालय में पढ़ा रही थी। जीवन बढ़िया बीत रहा था।

ऐसे थे मेरे रवि। मुझ कवि के अन्दर न जाने कितनी कहानियाँ रच दीं। उनके माता-पिता, गुरु और दोस्तों ने मुझे हताशा से देखा और मन-ही-मन नापास किया। किसी को मेरा ठिगना क़द खल गया तो किसी को मेरा साँवला रंग। किसी को एतराज़ था मैं इतनी दुबली, मरियल क्यों हूँ तो किसी को लगता मुझे चाय भी बनाना नहीं आता। एक-एक कर रवि ने सारे एतराज़ ख़ारिज कर डाले। दोस्त तो पहले भी मेरे रहे पर किसी ने चाव से, गुरूर से अपने हाथ में मेरा हाथ पकड़ परचम की तरह लहराकर यह नहीं कहा, 'देख लो यह है मेरी पसन्द की लड़की। इससे मैं शादी करूँगा। यह मेरी दुनिया की सोहणी है।' केवल साहित्य जगत के लोगों ने हमारे रिश्ते

का समर्थन किया। मोहन राकेश थोड़े नाराज़ हुए लेकिन रवि ने इस मोर्चे पर उनकी नाराज़ी नज़रअन्दाज़ की। मोहन राकेश शादी के इलाक़े में दो बार टूटन के शिकार हुए थे। शायद उनकी नज़र में शादी और शिकस्त का कोई गहरा ताल्लुक था। लोगों की आशंकाओं का हम दोनों को कोई फ़र्क़ नहीं पड़ रहा था। हम कनॉट प्लेस के रेस्तराँ 'ला बोहीम' में बैठते, छुट्टी के दिन मेहरौली चले जाते और कुतुबमीनार की सीढ़ियों पर रवि मुझे पकड़कर चूम लेते।

इसी रवीन्द्र कालिया को थोड़ा मुड़कर देखें ज़रा।

देश को आज़ादी मिले 7 साल हो गये थे, लड़के को पैदा हुए सोलह। आज़ाद भारत में जहाँ जगह-जगह, नगर-नगर लोगों के अन्दर उत्साह और उमंग जोश मार रहा था, पंजाब के शहरों, क़स्बों और गाँवों में मायूसी और आशंका थी। हर घर का कोई न कोई हिस्सा दो देशों की तक़सीम में तबाह हुआ था। एक भाई लाहौर में दवाइयाँ बेचता था, दूसरा अमृतसर में रेशम के थान। एक का जालन्धर में हॉकी स्टिक बनाने का वर्कशॉप था तो दूसरे की करांची में कुलचे-छोले की रेहड़ी। भगदड़ मची। कोई ठिकाने पहुँचा तो कोई लापता हो गया। बहुत थोड़े कुटुम्ब सालम बचे। अपने बाल-बच्चों को लेकर सबके अन्दर ज़रूरत से ज़्यादा चौकसी का भाव आ गया।

जालन्धर के कोट लखपत में तब छत के ऊपर शौचालय बने हुए थे। दीवार की साढ़े तीन आड़ और बाक़ी में टीन की चादर का दरवाज़ा। अन्दर-बाहर बन्द करने के लिए एक लोहे का छपका जो दीवार में लगे कुन्दे में फँसा दिया जाता।

रवि को घर में सब रवि नहीं बल्कि इन्दर कहा करते। इन्दर का कमरा ऊपर था। कमरे का नाम इन्दर का कमरा था लेकिन वहाँ घर का बहुत-सा सामान रखा रहता। दीवार से सटे बड़े बक्से में घर-भर के रज़ाई-गद्दे थे; उसी की बगल में आलू, प्याज और मक्के की बोरियाँ।

इन्दर की चारपाई दूसरी दीवार की तरफ़ थी। चारपाई के सिरहाने एक छोटी-सी मेज़ थी जिस पर कोई-न-कोई किताब अधखुली, औंधी पड़ी

रहती। वहीं एक मढ़ी हुई तस्वीर थी जिसमें इन्दर के हाथ में प्रेमचन्द की छवि, वाद-विवाद प्रतियोगिता में प्राप्त पुरस्कार की तरह थी। यह इन्दर के जीवन का गर्व का क्षण था। तब तक वह प्रेमचन्द की कहानियाँ 'पंच परमेश्वर' और 'पूस की रात' पढ़ चुका था। रोज़ सुबह वह इस तस्वीर के दीदार से ही अपने दिन की शुरुआत करता।

इन्दर जागने के बाद थोड़ी टोह लेता रहता। जब वह मुतमईन हो जाता कि छत पर कोई नहीं है, वह एक हाथ में पानी का डब्बा और रद्दी अख़बार का पन्ना लेकर शौचालय में घुस जाता। इस समय तक, अन्दर बनी तीनों खुड्डियाँ इस्तेमाल की जा चुकी होतीं। इन्दर को उबकाई आती। वह अख़बार का पन्ना दो तह लगा कर पहली खुड्डी में गिरा देता। फिर वह इत्मीनान से बैठता।

ठीक इसी समय नीचे घर में उसकी पुकार मच जाती।

'इन्दर किथे है, ओनू सद्धो, दिन चढ़ूये सोना दलिद्दर दी निशानी है, होर की।'

'इन्दर मंजे ते नहीं है, मैं देख आयी झाईजी।' कमलेश ने कहा।

'किथे गया भूतनी दा' कहते पापाई गली में लपके।

तभी कमलेश को ख़याल आया।

लपककर ऊपर गयी और शौचालय की टीन खड़कायी, 'इन्दर, इन्दर।'

इन्दर चुप्प।

'मैं क्या, बोलदा नहीं, अन्दर सुत्ता पया है तू', कमलेश ने खड़काया।

खड़ खड़, भड़ भड़, खड़ खड़।

इन्दर का दिन तबाह हो गया। जल्दी से स्वच्छ होकर बाहर निकला।

कमलेश धम-धम नीचे उतर चुकी थी।

इन्दर दो छलाँग में उतरा और हैंडपम्प पर रखी लाइफबॉय की टिक्की से हाथ धोये।

'ऐन्ना रौला पाया, हले चा भी तैयार नहीं है।' इन्दर बुड़बुड़ाया।

झाईजी ने कहा, 'चा निकम्मी में की रक्खा है। तू सेब खा के दुद्ध पी तो सेहत बने तेरी।'

इन्दर ने माँ की तरफ़ झुँझलाकर देखा। 'सवेरे ते उठकर बस सेहत दे पिच्छे पै जाओ, मूड बने न बने।'

'सुत्ते उठदे ही लड़न लग पैना, चल छेती देनी, नहा धो के पिण्डा साफ़ कर। बाज़ार से सब्ज़ी ला के देईं।'

इन्दर का मूड कुछ ठीक हुआ।

बाहर निकलने का मतलब है वह स्टेशन जाकर अख़बार पलट लेगा। शायद 'मिलाप' में उसकी कहानी छपी हो या 'पंजाब केसरी' में अनुवाद। स्टेशन पर चाय भी बढ़िया मिलती है।

कोट लखपत पटेल चौक के पास था और पटेल चौक से सीधी सड़क स्टेशन जाती। बीच में उसका स्कूल पड़ता।

पैसे और झोला लेकर इन्दर पहले स्टेशन जाता। व्हीलर के स्टॉल पर अख़बार उलटता, पलटता। उसकी छुटपुट रचनाएँ छपनी शुरू हो गयी थीं। कभी उसका, उर्दू से हिन्दी में अनुवादित मैटर छप जाता। इन्दर अख़बार ख़रीदकर झोले में रख लेता। उसके घर में किसी को न हिन्दी आती थी न इस भाषा में दिलचस्पी थी। पापाई को लगता मुण्डा अपना करियर चौपट कर रहा है। हिन्दी में न नौकरी मिलेगी न इज़्ज़त। इन्दर के घर में उर्दू, अंग्रेज़ी और राजनीति विज्ञान की श्रेष्ठता सर्वोपरि।

डी.ए.वी. कॉलेज जालन्धर में पढ़ते हुए रवि का सामना कथाकार प्रोफ़ेसर मोहन राकेश से क्या हुआ, उनकी दुनिया ही बदल गयी। उस ज़माने में दो साल में इंटरमीडिएट और दो साल में बी.ए. हुआ करता था। मोहन राकेश की कहानी से रवि का परिचय हो चुका था। उन्होंने 'कहानी' पत्रिका में 'मवाली' पढ़ी थी लेकिन उन्हें पहचानते नहीं थे।

जालन्धर रेलवे स्टेशन पर यह मुलाक़ात भी इस तरह हुई कि रवि अपने घर से बिना बताये स्टेशन गये कि आज उपेन्द्रनाथ अश्क यहाँ उतरने वाले हैं। अश्कजी के छोटे भाई नरेन्द्र शर्मा ने वहाँ मौजूद मोहन राकेश से रवि का परिचय करवाया।

राकेश जी ने रवि को बी.ए. ऑनर्स में हिन्दी लेने के लिए प्रेरित किया। घर की समस्त नाखुशी के बीच रवि ने हिन्दी पढ़ी। यह सभी जानते हैं कि लिखने का शौक़ पढ़ने से ही शुरू होता है। रवि के शौक़ में इज़ाफ़ा करने के लिए हिन्दी, उर्दू, गुरमुखी की पत्रिकाएँ और पुस्तकें थीं। उर्दू रचनाओं

के अनुवाद हिन्दी पत्रिकाओं में काफ़ी छपा करते थे। वह उर्दू के भी उरूज का वक़्त था। इस काम से रवि अपना जेबख़र्च कमा लेते। लेकिन उन्हें सबसे अच्छा हिन्दी पढ़ना लगता। माई हीरां गेट रोड पर हिन्दी भवन सहित अन्य पुस्तक विक्रेताओं से वे किताबें कभी ख़रीदकर तो कभी उधार पर लेकर पढ़ते और अपने-आप को गढ़ते। उर्दू साहित्य में अच्छी पैठ होने की वजह से रवि की हिन्दी भाषा में एक सहज रवानगी पैदा हो गयी जो ताउम्र उनके साथ रही। रवि अपनी पीढ़ी के बारे में बड़े चाव और प्रेम से कहते कि उनकी पीढ़ी फ़क़ीरों की पीढ़ी थी। रवि के उद्‌गार पढ़ने लायक हैं।

'मेरा परिवार जालन्धर के पटेल चौक के पास गुरुद्वारे के पीछे रहता था। मेरे पिता रघुनाथ सहाय कालिया अध्यापक और मेहनती इन्सान थे। रात को जब हम सो जाते तब वह घर लौटते और जब हम जागते तो वह जा चुके होते। मैं कभी साइकिल पर उनके साथ बैठकर घण्टी बजाया करता था।

मेरा ननिहाल 20-22 किमी. दूर ब्यास पिण्ड में था। मेरे मामा नेता टाइप आदमी थे। गर्मियों की छुट्टियों में हमें ननिहाल ले जाने के लिए मामा खुद आते थे। बस अड्डे में सुबह से दोपहर का वक़्त हो जाता, लेकिन बस में सीटें नहीं मिल पाती थीं। मामा अपने 'पॉलिटिकल इनफ्लुएंस' का भी इस्तेमाल करते। किसी तरह सीट मिल जाती तो हमें ऐसा महसूस होता, जैसे हवाई जहाज़ में पहुँच गये हों। किशन चन्द की खुई के पास हम बस से उतर जाते थे और फिर खेतों से गुज़रते हुए ननिहाल पहुँच जाते। वहाँ पहुँचते ही नानी हम सभी भाई-बहनों को एक-एक रुपया देती थी, जो वह अनाज के बीच पोटली में छिपाकर रखती थी। उससे हम मूँग दाल के बड़े, बूढ़ी माँ का झाटा (इस मिठाई का नेशनल कलर ही पिंक है), चुस्की, मलाई की बर्फ़ जैसी चीज़ें ख़रीदकर खाते थे। अपने क्लास के लड़कों के पास जो भी नयी चीज़ें मैं देखता, वह ख़रीद लेता। किसी के पास रबड़ हो, और मेरे पास न हो तो मुझे 'हेठी' लगती थी। एक लड़के के पास शार्पनर देखकर मुझे पक्का विश्वास हो गया कि उसने घर से पैसे चुराकर ख़रीदा होगा। एक दिन मैंने उसके पिता को शार्पनर के बारे में बता दिया। उसका टका सा जवाब था कि, फिर क्या हुआ? मुझे तो उम्मीद थी कि वह मुझे शाबाशी देगा कि तूने बताकर अच्छा किया। उस घटना का मेरे दिमाग़ पर

गहरा असर हुआ। समाज में असमानता का अहसास भी पहली बार हुआ कि हर किसी के पास हर चीज़ नहीं हो सकती।

साईं दास स्कूल से पढ़ाई के बाद मैंने डी.ए.वी. कालेज में दाख़िला लिया था। बी.ए. (ऑनर्स) में मैं मोहन राकेश का अकेला छात्र था। उन्होंने ही बीयर से मेरा परिचय कराया था। राकेश जी ने उन दिनों 'आषाढ़ का एक दिन' लिखा था। मुझे याद है कि बीयर शॉप में राकेश जी ने यह रचना रेडियो ब्रॉडकास्ट करने के लिए हरिकृष्ण प्रेमी को दी थी। प्रेमी जी वहीं उसे पढ़ने लगे तो राकेश जी ने उन्हें डाँटा कि तुम इसे पढ़कर स्वीकृत करोगे। प्रेमी जी ने सफ़ाई दी, 'मैं देख रहा हूँ तुम कितना बढ़िया टाइप करते हो।'

राकेश जी मॉडल टाउन में रहते थे। शीला जी के साथ 'सेपरेशन' का मामला चल रहा था, इसलिए बहुत 'डिस्टर्ब' रहते थे। एक दिन मैं उनके घर गया तो देखा कि सभी दरवाज़े बन्द पड़े हैं। पता चला कि रो रहे थे। उनका जितना बुलन्द ठहाका था, अन्दर उतनी ही पीड़ा से भरे थे। रेस्तराँ में बैठकर जब वह ठहाके लगाते थे, तो रेस्तराँ के मालिक को धीरे हँसने के लिए चिट भेजनी पड़ती थी। इस बार जब मैं आया तो उसी राकेश का जालन्धर ढूँढ़ रहा था। मैं चाय में '(fussy) फसी' हूँ। इस शहर ने मुझे साहित्य के साथ-साथ चाय पीने की भी तमीज़ दी है। लेकिन उसी शहर में अब वह चाय नहीं मिलती, जो मैं पीना चाहता था। सिविल लाइंस में केपी की चाय पीने हम जाया करते थे, लेकिन अब वहाँ चाय नहीं मिलती है

हमारी कम्पनी का एक आदमी था, सुदर्शन फ़ाकिर। उसने नींद की गोलियों से हमारा परिचय कराया था। वह बिल्कुल मलंग था। उसकी प्रेमिका की किसी दूसरे से शादी हो गयी थी। फ़िरोज़पुर से वह उसी शादी का निमन्त्रण कार्ड लेकर आया था, उसे वह दीवान-ए-ग़ालिब में रखता था। उसका कमरा सराय के समान था, सिगरेट से भरी ऐश-ट्रे की तरह। वहाँ एक-एक कर सभी दोस्त टपकते रहते थे। अभी हाल के दिनों में क़रीब 40 साल बाद मैं मुम्बई में फ़ाकिर से मिला। मुम्बई में उसने एक फ़्लैट ले रखा है, जिसमें सिर्फ़ कबूतर रहते हैं। वह ख़ुद एक लॉज में रहता है। ज्वैलर हस्तीमल हस्ती के यहाँ मिलना तय हुआ। जब मैं ममता के साथ वहाँ पहुँचा तो वह गहरे लाल रंग की शर्ट पहनकर बैठा था। उसके कपड़े देखकर हम दोनों हैरान थे। पूछने पर उसने बताया कि ममता जी को आना

था, इसलिए मैं अपना 'सर्वश्रेष्ठ कपड़ा' पहनकर आया। शायरी से उसने काफ़ी शोहरत और पैसा कमाया, लेकिन अब भी फ़क़ीरी में रह रहा है। मुझे तो लगता है कि हमारा फ़क़ीरों का ही जेनरेशन था। सुरेश सेठ जैसे एक-दो प्रिंसिपल ज़रूर हो गये। अन्त में यही कहूँगा, बड़ी रौनकें हैं फ़कीरों के डेरे/कभी हमारे डेरे में आकर तो देखो...।'

'है ख़बर गर्म उनके आने की
आज ही घर में बोरिया न हुआ'

ग़ालिब

4

रवि के साथ अक्सर यह हुआ कि जब जीवन में सुख-चैन आया, कोई-न-कोई ज़लज़ला उठा और उन्हें जड़ से हिला गया। 'धर्मयुग' में अच्छी-भली बीत रही थी। पत्रिका के सबसे चर्चित पृष्ठ उनके पास थे। भारती जी उनसे स्नेह करते थे। मगर रवि अपने सहकर्मी स्नेह कुमार चौधरी की ख़ातिर भारती जी से टकरा गये। दूसरों के सवालों को लेकर खलबलाना हम दोनों की फ़ितरत में था। रवि ने यह नहीं सोचा कि चौधरी अपनी परेशानियों से खुद निपट लेगा। इन दोनों को इस्तीफ़ा देने को उकसाने में मेरी ग़लती भी बड़ी भारी थी। साल बीतते-न-बीतते उसी चौधरी ने प्रेस की पार्टनरशिप में रवि को ज़बरदस्त धक्का दे दिया। धन से अधिक मन की हानि से रवि हिल गये। मुम्बई से मन उचाट हो गया।

इलाहाबाद में अपना प्रेस जमाने और चलाने में नये क़िस्म के जीवट की ज़रूरत थी। जिनसे रवि ने क़िस्तों पर प्रेस लिया, वे बड़े कड़ियल, अड़ियल, सिद्धान्तवादी और आदर्शवादी प्रकाशक थे। श्री इन्द्रचन्द्र नारंग के एक भाई की स्वाधीनता संग्राम में हत्या हो गयी थी। वे स्वयं और उनकी पत्नी दोनों स्वाधीनता सेनानी थे किन्तु वे सरकार से पेंशन नहीं लेते थे। उनका कहना था, 'हम देश की आज़ादी के लिए जेल गये, अपने आदर्शों को नगद भुनाने के लिए नहीं।'

इसमें शक़ नहीं कि हमें इलाहाबाद में दुर्लभ और दिलदार दोस्त और सरपरस्त मिले। अश्क जी और कौशल्या अश्क ने उस वक़्त रवि को स्नेह और आतिथ्य का सम्बल दिया जब उन्हें इसकी सबसे अधिक ज़रूरत थी। मैं उन दिनों मुम्बई में एस.एन.डी.टी. के हॉस्टल में रहकर नौकरी कर रही थी, रवि इलाहाबाद में नये काम की चुनौतियों से जूझ रहे थे। अगर मशीनमैन ग़ैर-हाज़िर होता तो रवि मशीन चलाने लगते। चपरासी न होता तो खुद रिक्शे में जाकर स्याही के ड्रम लेकर आते। अल्पसंख्यकों के मुहल्ले रानी मण्डी में मुहर्रम के दिन 'हाय हुसैन-हाय हुसैन' का मातम सुनते बीतते। हिन्दी भवन और लोकभारती प्रकाशन के अलावा और कहीं से काम का भुगतान मिलना दुश्वार था। हर महीने प्रेस के क़र्ज़ की क़िस्त चुकाना, कारीगरों को तनख़्वाह देना, मकान का किराया भरना और बिजली का भारी बिल अदा करना रवि की ज़िम्मेदारी थी। इलाहाबाद जैसे लद्धड़ शहर से काम की इतनी उगाही होनी मुश्किल थी। रवि सुस्त और उदास रहने लगे। उन्हें अकेले प्रेस की गाड़ी खींचनी थी और जैसे-तैसे घर की भी। एक दिन वे जॉन्सनगंज चौराहे पर स्थित डॉ. के.सी. दरबारी के यहाँ अपना रक्तचाप दिखवाने गये तो पता चला कि उनका रक्तचाप बहुत मन्द है। डॉक्टर ने दवाई दी और सलाह कि कभी तबीयत बहुत गिरी हुई लगे तो एक पेग व्हिस्की ले लिया करें। रवि को यह सलाह इतनी पसन्द आयी कि डॉ. दरबारी उनके मित्र बन गये हालाँकि मैंने डॉ. दरबारी को कभी पीते नहीं देखा।

जब मैं छुट्टियों में बम्बई से घर आयी, रवि ने दिखाया, 'देखो मैंने ये सब ख़रीदा है।' घर में एक पलँग था, दो खपच्ची वाले रैक, एक पानी रखने का काँच का जग और दो शीशे के गिलास। देर शाम प्रेस बन्द करने के बाद रवि ने कहा, 'मुझे डॉक्टर ने बताया है कि दो पेग व्हिस्की लेनी ज़रूरी है नहीं तो मेरा दम घुट जायेगा।' मैं चकरायी, पर चुप रही। इससे पहले कभी-कभार ओबेरॉय के घर में रवि को पीते देखा था और हर बार मैंने नाक-भौं सिकोड़ी थी। ओबेरॉय की जीवन-शैली से मैं चिढ़ती थी। इसके बाद सिर्फ़ बैसाखी पर रवि को बीयर पीते देखा था।

दो-तीन दिन में मेरी छुट्टी ख़त्म हो गयी और मैं वापस चली गयी।

मुम्बई पहुँचकर भी रवि की फ़िक्र लगी रहती। पता नहीं कब, क्या खाते हैं, कैसे प्रेस चलाते हैं, कहीं सिर पर उधार तो नहीं चढ़ रहा।

दूरस्थ दाम्पत्य की सबसे बड़ी दिक़्क़त यह है कि यह कल्पना और अनुमान पर चलता है। उन दिनों आज की तरह मोबाइल फ़ोन का ज़माना नहीं था कि मिनट मिनट की जानकारी मिल सके। फ़ोन करना बहुत महँगा था। चिट्ठियों में प्रेम-भरी बातें लिखने के बाद हिदायतें लिखना नागवार लगता। साल-भर बाद जब नाटकीय षड्यन्त्र के तहत मेरी नौकरी छूट गयी और हारे हुए खिलाड़ी की तरह मैं वापस घर पहुँची, रवि ने स्टेशन पर सिगरेट का कश लेते हुए यही कहा, 'अच्छा है छूट गयी, छोड़ने में तुम्हें इससे ज़्यादा तकलीफ़ होती।'

एक भी क्षण रवि ने मुझे उदास नहीं रहने दिया। मेरे आने मात्र से वे इतने ख़ुश हो गये। इलाहाबाद के दोस्तों से मिलवाया, सड़कों का वैभव दिखाया, कॉफ़ी हाउस के चक्कर लगाये, घर से पैदल मद्रास कैफ़े तक घूमे, चौक के चप्पे-चप्पे से परिचित करवाया। दूसरे शब्दों में रवि ने एक बम्बईवाली को इलाहाबादी बनाने का काम हाथ में ले लिया।

नगर में आये दिन होने वाली गोष्ठियों ने भी हमारा मन लगाया। दोस्तों की सादगी और सहजता, साफ़गोई और बेतकल्लुफ़ी ऐसी थी कि हम वहीं के होकर रह गये।

रवि ने अपने सुराप्रेम के चाहे जितने क़िस्से लिखे हों, मैं जानती हूँ कि उन्होंने घर-परिवार के प्रति अपनी हर ज़िम्मेदारी निभायी। ऐसा कभी नहीं हुआ कि घर में राशन ख़त्म है और रवि रसपान में लगे हैं। सरकारी विज्ञापनों में उन दिनों एक पोस्टर छपता था—मद्यपान करने वाले परिवार और मद्यपान छोड़ देने वाले परिवार का। मद्यप आदमी अपनी पत्नी को पीटता दिखाया जाता था और उसके बच्चे रोते हुए। सुधरे हुए आदमी की पत्नी हँसती हुई और बच्चे खेलते-पढ़ते हुए दर्शाये जाते। रवि इस क़िस्म के मद्यप्रेमी नहीं थे। उनकी संघर्ष भरी दिनचर्या में शराब एक छोटा-सा अल्पविराम थी। मुझे लगता, बाक़ी दोस्त तो घर जाकर चैन से सो जायेंगे। रवि मशीनरूम में जाकर मशीन चलायेंगे। भगवान ने रवि को ऐसी क़द-काठी और रंग-रूप दिया था कि संघर्ष के निशान उनके व्यक्तित्व पर पता ही नहीं चलते। उनके ऊपर यह सदाबहार गाना बिल्कुल सटीक बैठता था,

'बरबादियों का सोग मनाना फिज़ूल था
बरबादियों का जश्न मनाता चला गया।
हर फ़िक्र को धुएँ में उड़ाता चला गया।'

सबसे बड़ी बात थी कि रवि अपनी मुफ़लिसी और तंगदस्ती में भी हमेशा ख़ुश और मस्त रहते। रानी मण्डी में रहते हुए उन्होंने अपनी यादगार कहानियाँ लिखीं। 'ख़ुदा सही सलामत है' जैसा महत्त्वपूर्ण उपन्यास लिखा और मुझे लगातार लिखने के लिए प्रेरित किया। कई बार लिखने का नशा बोतल के नशे को पछाड़ देता और रवि केवल चाय व सिगरेट के सहारे अपने कथा संसार में डूबे रहते। ऐसे समय प्रेस के प्रूफ़ पढ़ने का काम मैं अपने ज़िम्मे ले लेती। मशीनों के चक्के चलते रहते।

'बोल कि लब आज़ाद हैं तेरे
बोल ज़बाँ अब तक तेरी है'

फ़ैज़

5

देखा जाय तो रवि का समूचा जीवन साहित्य, संस्कृति और कला को समर्पित था। वे शुरू से मौलिक थे। जालन्धर में जब 'हिन्दी मिलाप' में काम करते थे, तभी लिखना शुरू कर दिया था। तब की उनकी एक कहानी का एक वाक्य उनके दोस्त सुरेन्द्र मोहन पाठक ने आज उद्धृत कर मुझे फेसबुक पर भेजा जिसे पढ़कर मैं ख़ासी आन्दोलित हुई। वैसे आज की यह 9 जनवरी 2019 बड़ी उदास और एकाकी थी। आज रवि को गये पूरे 3 साल हो गये। सुबह से यादों के बगूले मन में चक्कर काट रहे हैं। बाहरी हर आवाज़ काटने दौड़ रही है फोन किया पाठक जी ने। मन नहीं था बात करने का किन्तु आदतन फ़ोन उठाया तो अहा! उन्होंने रवि की एक आरम्भिक कहानी का टुकड़ा भेजा था। मन ऊपर तक भर आया। रवि के कितने ही दोस्तों, परिचितों, पाठकों ने उन्हें याद किया है। उनकी तस्वीर स्क्रीन पर लगाकर मुझे मेरा रवि सौंप दिया है कि इस तस्वीर से दिल बहलाओ। ऐसे में चमका सुरेन्द्र मोहन का सन्देश—

'पापा का आज जन्मदिन है
और दिल करता है उन्हें एक सुन्दर
प्रेमिका उपहार में दूँ'

—रवीन्द्र कालिया

ये चौंकाऊ जुमले रवि ने तभी लिखने शुरू कर दिये जब वे अठारह साल

के भी नहीं हुए थे। इसी तरह सत्यपाल आनन्द की शादी में मोहन राकेश अपने साथ रवि को भी ले गये। वहाँ पंजाबी के रचनाकार हीरानन्द सोज़ भी थे। रवि ने उनसे कहा, 'आपकी सूरत बिल्कुल हीरानन्द सोज़ जैसी है।'

उस व्यक्ति ने लपककर कहा, 'मैं हीरानन्द सोज़ ही हूँ।'

जब सोज़ साहब वहाँ से हटे रवि ने राकेश जी को बताया, 'मैं उन्हें देखते ही पहचान गया था।'

राकेश बड़े ज़ोर से हँसे, 'तू तो वक़्त के आगे दौड़ रहा है, तेरा क्या इलाज करें।'

रवि की कहानी 'सड़क पर अँधेरा था' में एक वाक्य है, 'बी.ए. तक भूगोल इसका विषय रहा है मगर अपने शहर के स्टेशन का रास्ता इसे मालूम नहीं, भीड़ को मालूम है।' 'एक प्रामाणिक झूठ' कहानी में रवीन्द्र कालिया का नायक कहता है, 'जिस्म टूट रहा है, लगता है जिस्म में अल्कोहल की कमी हो गयी है।'

सच बोलने का यह कॉमिक अन्दाज़ रवि का एकदम ख़ास अपना, मौलिक था। इसमें व्यंग्य और करुणा बिना सूली पर चढ़े सम्प्रेषित हो जाते। इस सन्दर्भ में रवि के लेख 'कहानी का विकास' का अंश पढ़ना सार्थक होगा। मेरे ख़याल में यह उन्होंने सन् 1980 में लिखा था।

'कहानी और मनुष्य का अटूट सम्बन्ध है। मनुष्य के विकास के समानान्तर ही कहानी का विकास हुआ है। मनुष्य के आर्थिक, सामाजिक, ऐतिहासिक और सांस्कृतिक परिवर्तनों का लेखा-जोखा कहानी के विकास की प्रक्रिया में परखा जा सकता है। यही नहीं नानी द्वारा अपने नातियों को सुनायी जाने वाली कहानियाँ भी युग के अनुसार नया स्वरूप ग्रहण करती रही हैं। हितोपदेश की कहानियों के लोमड़, गीदड़, कौवे, हंस, चिरैया, गधा, मोर, ढोर और काले नाग भी प्रकारान्तर से मनुष्य की ही पहचान करवाते हैं।'

वास्तव में मनुष्य की ही भाँति कहानी ने भी पाषाण युग से विज्ञान युग तक की लम्बी यात्रा तय की है। मनुष्य की सफलता-असफलता, मनुष्य की आशा-निराशा, मनुष्य के अतीत और वर्तमान की सार्थक अभिव्यक्ति वैदिक युग से लेकर आज तक कहानी में अभिव्यक्ति पाती रही है। मनुष्य कहानी के केन्द्र में रहा है। जिस प्रकार हितोपदेश की कहानियों का संसार प्रकारान्तर से मनुष्य के जीवन का ही आत्मीय संसार है, उसी प्रकार जातक कथाएँ भी

मनुष्य की आध्यात्मिक सम्पदा का उदाहरण हैं। प्रत्येक क्षेत्र की लोककथाएँ अधिकारपूर्वक अपने समाज, जीवन और परिवेश को व्याख्यायित करती हैं।

शिक्षा के प्रसार, भाषा के विकास, अंग्रेज़ी के पठन-पाठन के साथ हिन्दी में गद्य के विकास को प्रश्रय मिला। भारतीय सामन्तवाद में पश्चिमी पूँजीवादी संस्कृति के संस्पर्श में आकर असंगतियाँ उत्पन्न होने लगीं। रूढ़िग्रस्त भारतीय जनता अंग्रेज़ों की गुलामी और सामन्तवाद के दोहरे दमनचक्र में पिस रही थी। सन् 1900 के आसपास हिन्दी में मौलिक कहानियाँ लिखी जाने लगीं। 'इन्दुमती', 'गप्पाष्टक', 'रानी केतकी की कहानी', 'राजा भोज का सपना' आदि हिन्दी की कुछ प्रारम्भिक कहानियाँ थीं, परन्तु बाद में आर्यसमाज, थियोसोफिकल सोसायटी आदि के जन्म के साथ कहानी ने अपने समाज और समय के अनुरूप ही कुछ आदर्शों की स्थापना करना शुरू किया। 'ग्यारह वर्ष का सपना', 'दुलाईवाली' तथा उस युग की अन्य अनेक रचनाओं में उस युग के सपनों, आदर्शों की प्रत्यक्ष झलक मिलती है। यह काल भारतीय और पश्चिमी संस्कृतियों के पारस्परिक संघर्ष का काल था। संस्कृतियों की टकराहट का आभास हिन्दी की प्रारम्भिक कहानियों में ज्यों का त्यों प्रतिफलित हुआ है। उन दिनों को लेकर हिन्दी में दो ही पत्रिकाएँ थीं—आचार्य महावीर प्रसाद द्विवेदी द्वारा सम्पादित 'सरस्वती' तथा जयशंकर प्रसाद द्वारा सम्पादित 'इन्दु'! इस युग की सबसे महत्त्वपूर्ण रचना 'उसने कहा था' को ही माना जाता है, जो भारतीय संस्कृति के अनुरूप ही आदर्श, त्याग, बलिदान के मूल्यों को पुनर्प्रतिष्ठापित करने में सक्षम थी। वातावरण के सजीव चित्रण व अभिव्यक्ति की दृष्टि से भी 'उसने कहा था' ने नये प्रतिमान स्थापित किये।

इक्के-गाड़ीवालों की ज़ुबान की बानगी देते हुए गुलेरी लिखते हैं :

'यह बात नहीं कि इनकी जीभ चलती ही नहीं, चलती है पर मीठी छुरी की तरह महीन मार करती हुई। यदि कोई बुढ़िया बार-बार चुनौती देने पर भी लीक से नहीं हटती तो उनकी वचनावली के ये नमूने—हट जा जीणेजोगिए, हट जा करमावालिए, हट जा पुत्तर प्यारिये, बच जा लम्बीवालिए। ऐसे बम्बूकार्टवालों के बीच एक लड़का और एक लड़की चौक की दुकान पर आ मिले!

'तेरा घर कहाँ हैं?'

'मगरे में और तेरा?'

'माँझे में, यहाँ कहाँ रहती है?'

'अतरसिंह की बैठक में, वे मेरे मामा होते हैं।'

'मैं भी मामा के यहाँ आया हूँ, उनका घर गुरुबाजार में है।'

कुछ दूर जाकर लड़के ने मुस्कराकर पूछा, 'तेरी कुड़माई हो गयी?'

'धत्।' कहकर लड़की दौड़ गयी।

अगली मुलाक़ात में लड़के ने दोबारा लड़की से वही सवाल किया– 'तेरी कुड़माई हो गयी?'

'हाँ हो गयी।'

'कब?'

'कल, देखते नहीं, यह रेशम का कढ़ा हुआ सालू।'

लड़के और लड़की का यह संक्षिप्त-सा वार्तालाप बाद में कितने बड़े त्याग और बलिदान के मार्ग को प्रशस्त करता है–यह कहानी पढ़कर ही जाना जा सकता है। यहाँ अभिप्राय केवल गुलेरी जी की जीवन्त भाषा से आपका परिचय कराना था। यह भाषा और यह अभिव्यक्ति हिन्दी कहानी के लिए एकदम नयी थी।

हिन्दी कहानी की सही शुरुआत प्रेमचन्द की कहानियों से मानी जा सकती है। प्रेमचन्द ने पहली बार निम्न मध्यवर्ग तथा किसानों के जीवन पर क़लम उठायी। उन्होंने इन पात्रों द्वारा समाज के ज्वलन्त प्रश्नों को कहानी का आधार बनाया। जात-पाँत, छुआछूत, पिछड़ापन, अन्धविश्वास और रूढ़ियों के बीच पिसती उत्तर भारत की जनता का सही खाका उन्होंने पेश किया। विधवा-विवाह तथा नारी की दुर्दशा से उत्पन्न कारुणिक प्रसंगों को उन्होंने कथा-साहित्य में स्थान दिया। प्रेमचन्द अपने परिवेश के प्रति जागरूक थे। यही कारण है कि उनकी कहानियाँ अपने युग का सही दर्पण हैं। वे अपने युग के किसी भी प्रश्न अथवा आन्दोलन के प्रति निरपेक्ष नहीं थे। राष्ट्रीय चेतना का सम्पूर्ण आभास उनकी कहानियों से हो जाता है। प्रेमचन्द का आदर्शवाद भी यथार्थ का पुट लिए था, इसलिए वह आदर्शवाद कोरी कल्पना पर आधारित नहीं है, उसकी उस युग में विशेष प्रासंगिकता थी। अपने अन्तिम दिनों में उनका झुकाव समाजवाद की ओर था। प्रेमचन्द जीवनपर्यन्त मनुष्य की असहायता, शोषण, निरुपायता तथा संघर्षशीलता को

रेखांकित करते रहे। उनकी रचनाओं का ऐसा प्रभाव हुआ कि एय्यारी और जासूसी रचनाएँ पढ़ने वाले पाठक भी उनकी ओर आकर्षित हुए। 'बड़े घर की बेटी', 'ईदगाह', 'पंच परमेश्वर', 'शतरंज के खिलाड़ी', 'पूस की रात', 'कफ़न', आदि प्रेमचन्द की प्रमुख कहानियाँ हैं।

'कफ़न' हमारे समाज की असफलता की ओर संकेत करती है जहाँ मनुष्य पशु स्तर पर जीवित रहने को बाध्य है। कफ़न का संसार बहुत भयावह है। बुधिया रात भर प्रसव-वेदना में छटपटाते हुए दम तोड़ देती है। माधो और उसका बाप घीसू ज़मींदार के आगे नाक रगड़कर 'कफ़न' के लिए पैसे प्राप्त करते हैं। पैसे हाथ में आते ही भूख चमक जाती है। पैसा उन्हें मधुशाला तक ले जाता है। शराब की चुस्कियों के बीच बाप-बेटे के संवाद हमारे समाज की असंगतियों को उजागर करते चलते हैं।

'घीसू ने कहा—ले जा ख़ूब खा और आशीर्वाद दे। जिसकी कमाई है वह तो मर गयी। मगर तेरा आशीर्वाद उसे ज़रूर पहुँचेगा। रोयें-रोयें से आशीर्वाद दे, बड़ी गाढ़ी कमाई के पैसे हैं।'

'वह बैकुण्ठ में जायेगी दादा, वह बैकुण्ठ की रानी बनेगी।'

'हाँ बेटा, बैकुण्ठ में जायेगी। किसी को सताया नहीं, किसी को दबाया नहीं। मरते-मरते हमारी ज़िन्दगी की सबसे बड़ी लालसा पूरी कर गयी। वह बैकुण्ठ में न जायेगी तो क्या ये मोटे-मोटे लोग जायेंगे जो ग़रीबों को दोनों हाथों से लूटते हैं और अपने पाप को धोने के लिए गंगा में नहाते हैं और मन्दिरों में जल चढ़ाते हैं।'

'मगर दादा बेचारी ने ज़िन्दगी में बड़ा दुख भोगा। कितना दुख झेलकर मरी।' वह आँखों पर हाथ रखकर रोने लगा, चीख़ें मार-मारकर।

'क्यों रोता है बेटा, ख़ुश हो कि वह मायाजाल से मुक्त हो गयी, जंजाल से छूट गयी। बड़ी भाग्यवान थी जो इतनी जल्दी मायामोह के बन्धन तोड़ दिये।' और दोनों खड़े होकर गाने लगे, 'ठगिनी क्यों नैना झमकावे। ठगिनी... ।'

यही नहीं, प्रेमचन्द ने मोपासां, पुश्किन, गॉल्सवर्दी, टॉलस्टॉय आदि अनेक विश्व-साहित्य के प्रमुख लेखकों की रचनाओं का हिन्दी में अनुवाद भी किया। हिन्दी, उर्दू और अंग्रेज़ी पर उन्हें समान अधिकार था। साहित्य का उद्देश्य स्पष्ट करते हुए उन्होंने एक भाषण में कहा था :

'जिस साहित्य में हमारे जीवन की समस्याएँ न हों, हमारी आत्मा को

स्पर्श करने की शक्ति न हो, वह निर्जीव साहित्य है। ऐसा साहित्य जो हमें विलासिता के नशे में डुबो दे, जो हमें वैराग्य, पस्तहिम्मती, निराशावाद की ओर ले जाये, जिसके नज़दीक संसार दुख का घर है—उससे निकल भागने में ही हमारा कल्याण है।' इसे संयोग ही कहा जायेगा कि प्रेमचन्द के बाद 'संसार को दुख का घर' मानने वाले कविता के क्षेत्र में ही अधिक सक्रिय रहे। 'दर्द माँजता है', 'दुख सम्बल है' और ऐसे ही समाज से कटे एकान्तिक स्वर कथा-साहित्य में 'नदी के द्वीप' के रूप में अथवा फ्रायडीय मनोविज्ञान के भीतरी गह्वरों में भटकते रहे। प्रेमचन्दोत्तर काल में प्रेमचन्द की समाजोन्मुखी परम्परा और व्यक्तिवादी रुझान की रचनाएँ समानान्तर रूप से आती रहीं। यशपाल, जैनेन्द्र, अज्ञेय और अश्क प्रेमचन्दोत्तर काल के प्रमुख लेखक हैं। जैनेन्द्र मनुष्य की आन्तरिक परतों के उद्‌घाटन में प्रयत्नशील रहे। उन्होंने सामन्तवादी संस्कारों से मुक्त होकर पूँजीवादी युग की मानसिकता को समझने का प्रयत्न किया और समाज के विघटन को अपनी कहानियों में रूपायित किया। प्रेम और अध्यात्म जैनेन्द्र जी के प्रिय विषय रहे। अज्ञेय ने एक ओर गहन संवेदना की कहानी 'रोज़' की रचना की, जिसमें दाम्पत्य जीवन की भयंकर ऊब थी, दूसरी ओर मध्यवर्ग के भावलोक की कुण्ठाओं को विश्लेषित करते हुए व्यक्तित्व की खोज में संलग्न रहे। यशपाल का तेवर प्रेमचन्द से अधिक आक्रामक था। उन्होंने सामाजिक रूढ़ियों, अन्धविश्वासों और कुरीतियों पर प्रहार किये और सामाजिक परिवर्तन की प्रक्रिया को प्रखर करने की माँग की। यशपाल ने स्वाधीनता आन्दोलन में भी बढ़-चढ़कर भाग लिया था। यही कारण है कि अनुभव-सम्पन्नता की दृष्टि से वे अपने अनेक समकालीन और पूर्ववर्ती कथाकारों से आगे थे। 'धर्मरक्षा', 'फूलो का कुर्ता', 'पिंजरे की उड़ान', 'उत्तमी की माँ', 'साग', आदि कहानियाँ विविधता और प्रासंगिकता की दृष्टि से हिन्दी कहानी की समाजोन्मुखी परम्परा को आगे बढ़ाती हैं। यशपाल ने पहली बार आर्थिक सवालों को लेकर कहानियाँ लिखीं, राजनीतिक-जीवन की झाँकी प्रस्तुत की, समकालीन जीवन की वस्तुगत सच्चाइयों को अभिव्यक्ति दी। दूसरी ओर इसी पीढ़ी के कथाकार उपेन्द्रनाथ अश्क हैं, जिनकी शायद ही किसी कहानी में स्वाधीनता आन्दोलन की कोई झलक देखने को मिले। उपेन्द्रनाथ अश्क घड़ी के पेंडुलम की तरह समय-समय पर दोनों भावधाराओं को स्वीकार

करते रहे हैं। उन्होंने एक ओर 'काकड़ां का तेली', 'डाची' जैसी समाजोन्मुख कहानियाँ लिखीं तो दूसरी ओर 'पलँग' और 'अपना मरना' जैसी व्यक्तिगत कुण्ठा और विघटनशील मानसिकता की कहानियाँ भी।

नयी कहानी के उदय के पूर्व कहानी कभी साहित्य की केन्द्रीय विधा न रही थी। नये कहानीकारों ने समकालीन बोध में साहित्यकार के दायित्व को रेखांकित किया। नये कहानीकारों ने समकालीन यथार्थ और सन्दर्भों का विकास किया, अपने लिए यथार्थ की नयी भूमियों की खोज की और जीवन की नयी वास्तविकताओं का अंकन किया। इस दौर के कहानीकारों में मोहन राकेश, रेणु, कमलेश्वर, राजेन्द्र यादव, धर्मवीर भारती, निर्मल वर्मा, मार्कण्डेय, अमरकान्त, शेखर जोशी, भीष्म साहनी, शैलेश मटियानी प्रमुख हैं। इन कहानीकारों ने जहाँ एक ओर अपने को प्रगतिशील भावुकता से मुक्त किया वहाँ व्यक्तिवादी रुग्णता से भी छुटकारा पाया। जीवन के प्रति इनका दृष्टिकोण सकारात्मक था। इसका भी कारण था। राष्ट्रीय आन्दोलन की सफलता तथा देश की स्वतन्त्रता का प्रभाव इन पर पड़ना स्वाभाविक था। आज़ादी के उत्साहपूर्ण वातावरण में इन लेखकों ने लिखना प्रारम्भ किया था और एक विशेष प्रकार की आशावादिता, जो बाद में पीड़ा-भरी प्रतीक्षा में परिवर्तित हो गयी, इस काल की रचनाओं में लक्षित की जा सकती है। प्रतीक्षा इस काल का मुख्य स्वर है। वह राजेन्द्र यादव की 'प्रतीक्षा' हो या अमरकान्त की 'डिप्टी कलक्टरी' या निर्मल वर्मा की 'परिन्दे'। तब जन्म ले रही पूँजीवादी सामाजिक व्यवस्था के प्रति भी ये लेखक सचेत थे। टूटते हुए सामन्ती सामाजिक सम्बन्धों, औद्योगिक विकास और पूँजी के विस्तार के परिणामस्वरूप भारतीय समाज संक्रमण के दौर से गुज़र रहा था। फलस्वरूप सामाजिक संरचना में दरारें आने लगीं। संयुक्त परिवार टूटने लगे, पति-पत्नी, प्रेमी-प्रेमिका, बाप-बेटे, नौकर-मालिक, अफ़सर-मातहत के सम्बन्धों में परिवर्तन लक्षित होने लगा। ये स्थितियाँ नयी कहानी के पहले की कहानी में नहीं थीं। सम्बन्धों के इस बिखराव को, टूटते हुए परिवार की त्रासदी को कई लेखकों ने अपनी रचनाओं का विषय बनाया। मोहन राकेश की कहानी 'एक और ज़िन्दगी' में माँ भी है, बाप भी और बेटा भी। देखिए तीनों एक-दूसरे से कितने अजनबी हैं—

'तूने पापा को पहचाना नहीं था क्या?'

'पैताना था', बच्चा उसके गले में बाँहें डालकर झूलने लगा।

'तो तू झट से पापा के पास आ क्यों नहीं गया?'

'नहीं आया।' कहकर बच्चे ने उसे चूम लिया।

'आज ही यहाँ आया है?'

'नहीं तल आया था।'

'रहेगा या आज ही लौट जायेगा?'

'अभी तीन चाल दिन लहूँदा।'

'तो पापा से मिलने आयेगा न?'

'आऊँदा।'

'तुम कहाँ लहते हो?'

'वहाँ! तू कब तक वहाँ आयेगा?'

'अभी ऊपल जाकल दूद पिऊँदा, उछके बाद तुमाले पाछ आऊँदा।'

बच्चे ने एक बार अपनी माँ की तरफ़ देखा और उसकी बाँहों से निकलने के लिए मचलने लगा।

'मैं वहाँ बाल्कनी में कुर्सी डालकर बैठा रहूँगा और तुम्हारा इन्तज़ार करूँगा।'

साठ तक पहुँचते-पहुँचते नये कहानीकारों में भी सोच के स्तर पर परिवर्तन आने लगा। प्रतीक्षा का स्थान हर क्षण निर्वैयक्तिक और अमानवीय होती जा रही स्थितियाँ लेने लगीं। 'कफ़न' तक पहुँचते-पहुँचते प्रेमचन्द भी ऐसी संक्रमणशील स्थितियों से गुज़रे थे। उन्होंने भी ऐसी अमानवीय स्थितियों को उठाना शुरू किया था जो मनुष्य को पशु के स्तर पर जीने को बाध्य करती हैं। कफ़न इसका सबसे अधिक ज्वलन्त प्रमाण है। जिस प्रकार कफ़न हमारे समाज की असफलताओं और असंगतियों की तरफ़ इशारा करती है, ठीक उसी प्रकार अमरकान्त की 'हत्यारे' उस समाज का पर्दाफ़ाश करती है, जो अपने नवयुवकों को कोई राह दिखाने में असमर्थ है। नवयुवकों की निराशा, उद्देश्यहीनता, मूल्यान्धता अकारण नहीं होती। किसी भी असंगत समाज में नवयुवकों की मानसिकता 'हत्यारे' कहानी के नवयुवकों से भिन्न न होगी—

'उस लौंडिया को पहचान रहे हो?'

'नहीं!'

'तुम साले गधे हो। एम.ए. इंग्लिश में टॉप करके अब रिसर्च कर रही है। वह मुझको अपना पति मान चुकी है।'

'या पुत्र?'

'मज़ाक़ नहीं डियर। कई बार चरण पकड़कर रो चुकी है। लेकिन तुम तो जानते हो मैं बाल ब्रह्मचारी रहने की प्रतिज्ञा कर चुका हूँ।'

'तुम्हारे बाप भी तो बाल ब्रह्मचारी ही थे।'

वास्तव में अमरकान्त की कहानी 'हत्यारे' ठीक उसी प्रकार सन् साठ की संवेदना की कहानी है; जिस प्रकार 'कफ़न' को नयी कहानी की मानसिकता की कहानी कहा जा सकता है।

सन् साठ की पीढ़ी का पालन-पोषण और विकास स्वतन्त्र भारत में हुआ। इसके पूर्व कि यह पीढ़ी स्वतन्त्रता के सही अर्थ या मूल्य को पहचान पाती, उसने अपने चारों ओर भ्रष्टाचार, जातिवाद, भाई-भतीजावाद, प्रान्तीय संकीर्णता, भुखमरी, बेरोज़गारी, नौकरशाही के घृणित परिणाम ही देखे और अपने को निषेधों में घिरा पाया। ग़रीबी, बेरोज़गारी, भय, घृणा, दहशत के बीच इस पीढ़ी का विकास हुआ। इन विषमताओं के बीच कथाकार या तो जीवन के प्रति रूमानी भावुकता के बीच जीवित रह सकता था या 'कॉमिकल' बनकर। रूमानी भावुकता से पचास के लेखक ही मुक्ति पाने के लिए छटपटा रहे थे। यही कारण है कि साठ के लेखकों ने कॉमिक एप्रोच के द्वारा मानव की त्रासपूर्ण स्थिति को चित्रित किया। इन लेखकों ने कहानियों में अपना ही मज़ाक़ उड़ाया। कॉमिक-एप्रोच के बीसियों उदाहरण इस पीढ़ी के लेखकों में मिलेंगे। इस प्रक्रिया में स्थितियों की विडम्बना और त्रासदी अपने आप व्यक्त होने लगती है। ज्ञानरंजन की कहानियाँ भाषा, अनुभव और अभिव्यक्ति के स्तर पर कथा परम्परा में एक नया अध्याय जोड़ती हैं। ढोंग व पाखण्ड को उद्घाटित करने की उनकी अपनी निजी शैली है।

'बहिर्गमन' कहानी का एक अंश सुनिए—

'वह जानता था, सुधा के आने का वक़्त क्या है। उसने आँखें खोलीं। माथे पर बल पड़े हुए थे। सोफ़े पर वैसे ही पड़े हुए, खड़ी औरत से पूछा—

'तुम कौन हो, क्या दरवाज़ा खुला हुआ था?'

सुधा मुस्करायी, 'बड़े मूड में हो आज।'

मनोहर चीख़ पड़ा, 'अजनबी औरत चलती बनो। मैंने समझ लिया है, मुझे प्रेम या स्त्री किसी भी चीज़ की ज़रूरत नहीं है।'

'लेकिन मैं चीज़ नहीं हूँ, तुम्हारी प्रेमिका हूँ, सुधा। क्या तुमने आज ज़्यादा पी ली है?'

मनोहर जैसे शून्य की तरफ़ मुड़ गया। निस्सार हँसते हुए बड़बड़ाया, 'प्रेमिका, धन्य हो तुम प्रेमिकाओ। बताओ प्रेमिका की बच्ची क्या तुम मुझे गोली से उड़ा सकती हो? क्या तुम इन भूखे व्यक्तियों के साथ मानवीय सलूक कर सकती हो। जवाब दो, मैं तुम्हें बोलने की आज़ादी देता हूँ।' मनोहर जोश में बोलता है– 'तुम्हारे पास उत्तर नहीं है, तुम बस भाग सकती हो। स्त्री तुम मित्रता के अयोग्य हो, तुम बिल्ली और चिड़िया हो, अधिक से अधिक गाय हो।' वह सोफ़े पर खड़ा हो गया, 'नीत्शे तुमने सच कहा था।'

हिन्दी कहानी के लिए ये तेवर एकदम नया था। आलोचकों ने भी इसे रेखांकित किया। ये लेखक धुआँधार कहानी की एकरसता को तोड़ रहे थे। कहानी के स्थापित प्रतिमानों के लिए चुनौती खड़ी कर रहे थे। लिहाज़ा 'अकहानी' नाम से एक आन्दोलन खड़ा होने लगा। कहानियों में नाम, ग्राम, परिचय को अनुपस्थित पाकर कुछ लोग इन परिवर्तनकामी लेखकों की कहानियों को असामाजिक भी करार देने लगे। कुछ लोग इस परिवर्तन को केवल भाषा और अभिव्यक्ति के स्तर पर पा रहे थे। वास्तव में भाषा के स्तर पर परिवर्तन तभी आता है जब भाव और बोध के स्तर पर कोई परिवर्तन होता है। यह उनकी अपनी निजी शैली है।

ये कथाकार कहानी के स्वीकृत तत्त्वों और फ़ार्मूलों को नज़रअन्दाज़ कर अपने लिए नया मार्ग खोज रहे थे। अस्वीकार के स्वरों को असामाजिक कहने की बात कोई नयी बात नहीं है। विचारों के समाजशास्त्र के विद्यार्थी जानते हैं कि अस्वीकार के स्वर ही नयी सामाजिक क्रान्तियों को जन्म देते हैं। साठ के बाद की कहानियों की यही विशेषता है कि वह अपनी कमज़ोरियों, ख़ामियों और नपुंसकताओं को छिपाने की कोशिश नहीं करतीं, उन्हें ग्लोरीफ़ाई भी नहीं करतीं। वह अगर कमज़ोर हैं तो अपने आपको बहादुर या विजेता के रूप में प्रस्तुत नहीं करती। उनका नायक अगर समझौता करता है तो उसमें ग्लानि की भावना भी है।

सन् साठ के लेखकों में दूधनाथ सिंह, ज्ञानरंजन, काशीनाथ सिंह, ममता

कालिया, गिरिराज किशोर, विनोद कुमार शुक्ल, कामतानाथ, इसरायल, गोविन्द मिश्र, सतीश जमाली, सिद्धेश प्रमुख हैं। इन कथाकारों के अलावा पिछले दो दशकों में अनेक कथाकार सक्रिय रहे हैं। इब्राहीम शरीफ़, जितेन्द्र भाटिया, सुधा अरोड़ा, सुरेश सेठ, अखिलेश, दीपक शर्मा, निरुपमा सेवती, मालती जोशी आदि अनेक समर्थ कथाकार हैं जो भाव, बोध और भाषा के स्तर पर प्रेमचन्द की परम्परा के लेखन को आगे ले जा रहे हैं। यह कहने में भी संकोच न होना चाहिए कि आज महिला लेखिकाएँ पुरुष लेखकों से अधिक सक्रिय हैं। महिला कथा लेखिकाओं की एक लम्बी जमात कहानी-लेखन में सक्रिय है, मगर इन लेखिकाओं का अनुभव क्षेत्र बहुत सीमित है। घर-गृहस्थी और छिटपुट प्रेम-प्रसंगों के आगे की दुनिया से इन लेखिकाओं का ज़्यादा सरोकार नज़र नहीं आता। यह कोई शुभ लक्षण नहीं है। हिन्दी की सम्पन्न कथा-परम्परा में यदि इन लेखिकाओं का सहयोग मात्र कहानी को दुबारा व्यावसायिकता की ओर ले जाना है तो यह एक बहुत उत्साहवर्धक स्थिति नहीं है। इस भीड़ में अगर कुछ चेहरे अपनी अलग पहचान बनाये हुए हैं तो उन्हें उँगलियों पर गिना जा सकता है—कृष्णा सोबती, मन्नू भण्डारी और अगर आप इसे पक्षपात न समझें तो ममता कालिया।

'ज़िन्दगी यों भी गुज़र ही जाती
क्यों तेरा राहगुज़र याद आया'

ग़ालिब

6

जब बच्चे छोटे थे, रवि से चिपके रहते। उन्हें भी कोई दिक़्क़त न होती। मैंने कॉलेज में नौकरी शुरू कर दी तो बच्चे ज़्यादा समय रवि के साथ बिताते। अब मुझे रवि के सिगरेट पीने से डर लगता। बच्चों पर धुएँ का प्रदूषण असर कर सकता था पर बच्चे उनसे दूर रहते ही नहीं थे। सन् 1987 से रवि की माताजी स्थायी रूप से हमारे पास आ गयीं तब जाकर यह समस्या दूर हुई। रवि के धूम्रपान और मद्यपान पर भी कुछ बन्दिश लगी क्योंकि माँ के सामने रवि एकदम राजा बेटा बनकर रहते।

हम बीस बरस रानी मण्डी में रहे। इन बरसों में हम दोनों ने ख़ूब लिखा। हमारे सम्पादन में कई साहित्यिक संकलन और पत्र निकले जिनमें 'वर्ष : अमरकान्त' रचनाकार अमरकान्त पर केन्द्रित था तो 'गली कूचे' रवि की तब तक की लिखी कुल कहानियों का संकलन। सन् 1990 से वर्तमान साहित्य के साहित्य वार्षिकांक की गहमागहमी आरम्भ हो गयी जिसका सम्पादन रवि ने किया। शुरू में यह सीमित पृष्ठों के अंक के रूप में प्रस्तावित था लेकिन रवि ने अपने जोश-ओ-खरोश से इसे बृहद् आकार दे दिया। यहाँ तक कि इसके दो खण्ड प्रकाशित करने पड़े। प्रधान सम्पादक विभूति नारायण राय चुपचाप रवि का हंगामा छाप अभियान देखते और अपना बजट बढ़ाते जाते। सन् 1990 समूचा इस सम्पादन में लग गया। सभी रचनाकारों ने इस

वार्षिकांक के लिए ख़ास तौर पर नवीन कहानी लिख कर भेजी। स्थापित, चर्चित और सम्भावनाशील रचनाकारों का ऐसा समागम किसी अन्य संकलन में कभी हुआ न होगा। हर एक लेखक को रवि ने जाने कितनी बार फ़ोन किये होंगे। कई वरिष्ठ लेखकों को तो रोज़ ही एस.टी.डी. कॉल किया जाता, कहानी की प्रगति पूछने के लिए। रवि की अपनी शैली थी काम करने की। काम को जुनून की हद तक ले जाना! एक लेखिका ने अपनी कहानी भेजी। लेकिन न कहानी का शीर्षक लिखा न अपनी पहचान। रवि ने लिखावट पहचानकर उन्हें फ़ोन किया तब दोनों ज़रूरतें पूरी हुईं। कहानी में वर्तनी की अनगिनत ग़लतियाँ थीं जो रवि ने बड़े मनोयोग से सुधारीं। उस एक अकेली कहानी को सँवारने में रवि ने इतनी मेहनत की जितनी समूचे अंक पर न की होगी। उसकी प्रशंसात्मक समीक्षा के लिए अग्रिम लेख लिखवाये। इस तरह उन्होंने महाविशेषांक को धमाकेदार तो बना दिया किन्तु पक्षधरता के अपराधी भी बने। ये सम्पादन-जगत के समीकरण होते हैं जो कई बार सम्पादक पर ही भारी पड़ते हैं। घर का टेलीफ़ोन-बिल उन दिनों चालीस हज़ार आया जो रवि ने अपने प्रेस का टाइप बेचकर चुकाया। वर्षों बाद उस लेखिका ने, न जाने किस कुण्ठावश रवि के ऊपर एक व्यंग्यात्मक लेख लिखकर दोस्ती का हक़ अदा किया। इतनी ग़लतबयानी से भरा लेख एक वरिष्ठ रचनाकार अपने कनिष्ठ रचनाकार के लिए कैसे लिख सका, यह हैरानी का विषय है। वह रवि के मोहभंग का दिन था। जीवन में इतना अवसादग्रस्त मैंने रवि को कभी नहीं देखा, कैंसरग्रस्तता के दिनों में भी नहीं, जितना उस दिन। लेखन के इलाक़े में अचानक जेंडर-कार्ड खेल डालना एक क़िस्म की बेईमंटी होती है।

गनीमत है कि ऐसे तजुर्बे जीवन में इक्का दुक्का ही रहे। प्रायः वरिष्ठ रचनाकारों ने सद्भाव और सौहार्द्र ही दिया। बीसवीं शताब्दी के सातवें, आठवें दशक में लेखकों के बीच गलाकाट स्पर्धा नहीं थी। आचार्य हजारीप्रसाद द्विवेदी, डॉ. नामवर सिंह, धर्मवीर भारती जैसे वरिष्ठ रचनाकारों ने अपनी रचनात्मक प्रेरणा और आत्मीय ऊर्जा से न जाने कितने हम जैसे चिरकुटों को जीवन प्रदान किया।

सन् 1993 से रवि एक साप्ताहिक पत्र 'गंगा यमुना' के सम्पादन में व्यस्त हो गये। कहने को यह स्थानीय पत्र था पर रवि ने इसे अखिल भारतीय

आयाम दे डाला। उन्होंने कई नये रचनाकार गढ़े और खोजे। कमाल यह कि अपना लेखन भी करते रहे। पहले 'दिनमान' में 'इतिश्री' व्यंग्य स्तम्भ बहुत दिनों तक लिखा फिर 'संडे मेल' में संस्मरण- शृंखला।

इलाहाबाद में हमारे बहुत से डॉक्टर मित्र थे। अपने-अपने क्षेत्र के ये विख्यात विशेषज्ञ थे, पर हमारे घर विशुद्ध मित्रता के अन्तर्गत आते। सन् 1997 में उन्होंने रवि को घेरघार कर उनकी एस.जी.पी.टी. जाँच कर डाली और पाया कि उनका यकृत बढ़ा हुआ है। डॉक्टरों की सलाह पर रवि ने शराब से तौबा कर ली और सिगरेट भी छोड़ने का संघर्ष करने लगे। शराब एक झटके में छूट गयी लेकिन सिगरेट की तलब ने कई महीने तंग किया। बाद में रवि अपना सी.टी. स्कैन देखकर कहा करते, 'शराब बेचारी तो यों ही कुर्बान हो गयी, असली गुनहगार तो सिगरेट थी।'

सन् '98 और '99 रवि ने अपना बृहद् संस्मरण 'ग़ालिब छुटी शराब' लिखते हुए बिताया। वे उस किताब को तेज़ रफ़्तार से पूरा कर सके, इससे यह प्रमाणित हो गया कि लेखन को अपने से इतर किसी साधन की अनिवार्यता नहीं होती। बल्कि वे अपने को स्वस्थ और हलका महसूस करने लगे। सन् 2000 के आरम्भ में ही 'ग़ालिब छुटी शराब' पुस्तक रूप में वाणी प्रकाशन से आ गयी और रातोरात पाठकों की ज़बान पर चढ़ गयी। किताब की तासीर कुछ ऐसी कि जिसने कभी शराब चखी नहीं, वह पीने लग गया और जो पीता था उसने तौबा कर ली। अक्सर दिन में हमारे यहाँ फ़ोन आते ऐसे पाठकों के जो बताते—'आज आठवाँ दिन है, मैंने एक घूँट भी गले से नहीं उतारी। आपकी किताब से सबक मिला।' रात-बिरात फ़ोन आते उन पाठकों के जो सुरूर में रवि से मुख़ातिब होते, 'जाम हाथ में है आपकी किताब पढ़ रहा हूँ, दोनों का नशा है।' एक ही किताब का ऐसा सकारात्मक और नकारात्मक प्रभाव इसके पहले मैंने नहीं देखा। 'ग़ालिब छुटी शराब' पढ़कर बहुत से पाठक इलाहाबाद आये, इसके रचनाकार से मिलने। एक पाठक तो ऑस्ट्रेलिया से उड़ान-भर कर दिल्ली पहुँचा और वहाँ से गाड़ी पकड़कर सीधे इलाहाबाद। वह कई हफ़्ते हमारे घर पर ठहरा। रवि से जब कोई 'ग़ालिब छुटी शराब' पुस्तक की सफलता का राज़ पूछता रवि मासूमियत से कहते, 'इसका आधा क्रेडिट ग़ालिब को जाता है और आधा शराब को।' सन् 2003 में हम दोनों को विश्व हिन्दी सम्मेलन में भाग लेने के लिए सूरिनाम जाने का निमन्त्रण

मिला। पत्र से पता चला कि सरकार के पास पैसों का टोटा है अतः एक टिकट का भुगतान होगा, दूसरा अपने साधन से जाय, हाँ आतिथ्य का भार सरकार उठायेगी। हमारे सभी साथी जा रहे थे। हम भी ख़ुशी-ख़ुशी, मन्दिर मार्ग के पालिका स्वास्थ्य केन्द्र पर पीले बुख़ार और अन्य बीमारियों से बचने की सूई लगवा आये। वापस इलाहाबाद जाकर सफ़र की तैयारी करनी थी। यकायक मेरा मन इस योजना से उखड़ गया; यह क्या कि अपना बैंक खाता ज़ीरो करके इतनी दूर जाकर हिन्दी की सेवा करना। यहाँ घर में बैठकर जो लिखते-पढ़ते हैं वह भी हिन्दी-सेवा है। मैं एक किताब में मशगूल भी थी। बस मैंने लाल झण्डी दिखा दी, 'मैं नहीं जाऊँगी, तुम्हें जाना हो तो जाओ।' रवि कब रुकने वाले थे। दारू सिगरेट के अभाव में दिन काटने वैसे भी उनके लिए भारी थे। नियत दिन उन्होंने सूरिनाम के लिए उड़ान भरी।

स्वदेश दीपक भी इस प्रतिनिधिमण्डल का सदस्य था और रात के जिस वक़्त हवाई परिचारिका ने शराब परोसनी शुरू की तब से पी रहा था। अन्तरराष्ट्रीय उड़ानों में दारू निःशुल्क मिलती है, यह तथ्य साथी लेखकों को भी उत्तेजित कर रहा था। स्वदेश दीपक ने रवि से उनके परहेज़ की वजह पूछी। रवि ने बताया कि उनका जिगर बढ़ गया था, डॉक्टर की मनाही है जिसका पालन कर रहे हैं। स्वदेश दीपक ने पूछा, 'कब की बात है यह।'

'सन् 1997', रवि ने कहा।

स्वदेश दीपक ने हाथ पर हाथ मारा, 'अरे कालिया, अब तक तो तुम्हारा जिगर पूरा दुरुस्त हो चुका होगा। जिगर जिस रफ़्तार से ख़राब होता है, उससे जल्द ठीक हो जाता है। मैंने तो महीनों अस्पताल में बिताये हैं मुझसे पूछो।'

रवि ने फिर बताया कि उन्हें किसी ने क़सम दे रखी है। स्वदेश दीपक अपनी मोहक हँसी हँसे, 'तुम्हारा इन पतनशील बातों में यक़ीन है। और दोस्त क़सम तो तुमने ज़मीन पर ली थी। यह न जल है न थल, यह तो हवा है जहाँ हम जाम छलका रहे हैं। एकाध पेग लेने से कुछ नहीं होगा। देखो सब मज़ा ले रहे हैं, एक तुम्हीं मनहूस शक्ल बनाये बैठे हो।'

'देवदास' उपन्यास में देवदास को बरबाद करने में जो भूमिका चुन्नीलाल की थी वही भूमिका स्वदेश दीपक ने रवीन्द्र कालिया के जीवन में निभायी और उन्हें वापस शराब की ओर धकेल दिया। देवदास की ही तरह रवि

के अन्दर भी निर्णयशक्ति का अभाव रहा होगा जो वे स्वदेश दीपक के तरह-तरह के तर्कों के आगे तिड़क गये।

जब सूरिनाम से रवि का फ़ोन आया मैंने उन्हें बताया कि डॉ. शुकदेव सिंह का फ़ोन आया था कि रवीन्द्र को फ़ौरन कलकत्ते भेजो। रवि मस्ती में थे। उन्होंने लापरवाही से कहा, 'लौटकर देखेंगे। तुम्हें बतायें यहाँ पानी महँगा है बीयर सस्ती है। लो तुम स्वदेश दीपक से बात करो।'

हम लेखकों की दुनिया इतनी अलबेली है कि जिसको हम पढ़ लेते हैं उसी से दोस्ती गढ़ लेते हैं। मैंने स्वदेश दीपक की अनेक रचनाएँ पढ़ रखी थीं। मैंने कहा, 'हिन्दी संसार में मैंने केवल दो लेखकों को पाइप पीते हुए, तस्वीरों में देखा है, दोनों मुझे बहुत हैंडसम लगे।'

स्वदेश दीपक ने हिमाक़त से कहा, 'दूसरा कौन है?'

'राजेन्द्र यादव', मैंने बताया।

स्वदेश दीपक बोले, 'मैं तो और भी हैंडसम हुआ करता था, तुमने मेरी वह वाली फ़ोटो नहीं देखी, चण्डीगढ़ में इंग्लिश डिपार्टमेंट वाली।'

स्वदेश उस वक़्त आत्ममुग्ध लगे, मगर आत्मीय।

यह सुरा-सन्दर्भ वहीं दफ़न हुआ क्योंकि लौटकर रवि और मैं कलकत्ते की तैयारी में लग गये। प्रारम्भिक बातचीत के पश्चात तय हो गया कि हम एक दिसम्बर 2003 से भारतीय भाषा परिषद की नौकरी पर पहुँच जायेंगे।

कलकत्ते की रचनात्मकता और ऐतिहासिकता ने हमारा मन मोह लिया। सरल, सरस, साहित्यिक रुझान के लोग थे, सुन्दर सड़कें और शान्त नागरिक जीवन। मेरी बड़ी बहन भी कलकत्ते में रहती थी। परिषद का वातावरण शाकाहारी और शुद्धतावादी था इसलिए वहाँ रवि की मयनोशी का सवाल ही नहीं उठा। बल्कि वे कहते, 'अब मुझे सिगरेट का धुआँ नागवार लगता है और व्हिस्की की गन्ध अझेल।' कभी-कभी मित्र मोहनकिशोर दीवान के घर जाना होता तो वह जबरन एक पेग बनाकर रवि को थमा देता। रवि के आगे वह वैसा ही पड़ा रहता और वे उसकी पत्नी रुचि की बनायी ग्रीन लेबल चाय पीकर तृप्त हो जाते। परिषद ने यह अवसर दिया कि 'वागर्थ' पत्रिका के युवा और नवलेखन अंकों के ज़रिये रवि ने इतनी सारी प्रतिभाओं को खोज निकाला कि उनके लिए एक नया अद्‌भुत परिवार पैदा हो गया। युवा पीढ़ी की तेज़ी और तत्परता, तेवर और तैयारी, असहमति

और आक्रोश, रवि को हर मिज़ाज पसन्द था। मुझे याद पड़ता है अक्टूबर, सन् 2004 में 'वागर्थ' के नवलेखन अंक के लिए चन्दन पाण्डे ने अपनी पहली कहानी भेजी थी 'परिन्दगी है कि नाकामयाब है।' शीर्षक जितना वायवी था, कहानी उतनी ही यथार्थवादी थी। रवि ने चन्दन को फ़ोन किया कि इसका शीर्षक यदि बदल दें तो आपको कोई फ़र्क़ तो नहीं पड़ेगा। चन्दन ने फ़ौरन जवाब दिया, 'आप मेरी कहानी लौटा दीजिए। मेरी कहानी का शीर्षक यही रहेगा।'

रवि चन्दन के रुख़ के कायल हो गये। कहानी ज्यों की त्यों छपी और चर्चित हुई। मनोज पाण्डे की कहानी 'चन्दू भाई नाटक करते हैं' थियेटर की दुनिया का सत्य बड़े कारुणिक ढंग से बयान करने वाली उसकी पहली कहानी थी। वह भी 'वागर्थ' में आयी। कुणाल कविता के आकाश में रहने वाले रचनाकार थे। यकायक उन्होंने 'सनातन बाबू का दाम्पत्य' जैसी समर्थ कहानी लिख डाली। साहित्य की सुई एक बार फिर कहानी की तरफ़ घूम गयी। मनीषा कुलश्रेष्ठ की 'बिगड़ैल बच्चे', तरुण भटनागर की 'गुलमेहँदी की झाड़ियाँ', राकेश मिश्र की 'राजू भाई डॉटकॉम', इसी अंक की खोजें थीं। हर रचनाकार का कथ्य, शिल्प और भाषा-शैली एकदम अलग थी। इस विशेषांक के आने पर रवि एक सम्पादक की हैसियत से ज़्यादा एक रचनाकार की दृष्टि से प्रसन्न हुए थे। वे सम्पादन कार्य को 'काटो चिपकाओ' से अलग एक रचनात्मक उपक्रम मानते थे। उनके द्वारा खोजा गया रचनाकार जब अन्य जगहों में भी छपने लगता, रवि को दिली ख़ुशी होती। इतनी बहुतायत में युवा रचनाकारों का कहानी के क्षेत्र में आना उस रूढ़ि को तोड़ने में मदद कर रहा था जिसके अन्तर्गत कहा जाता था कि कहानी अब मरती हुई विधा है।

नयी पौध पहचानने में रवि ने अच्छे माली की भूमिका निभायी। साहित्यिक पत्रकारिता में रवि रम जाते। हर कहानी की सफलता पर उन्हें फ़ख्र और ख़ुशी होती। कई बार नवोदित लेखक समय-असमय अपनी रचना सुनाने को आते। उनकी जेबों में अपनी पाण्डुलिपियाँ खुँसी होतीं। बैठते ही वे कहते, 'कालिया जी आपको एक कहानी सुनाना चाहते हैं,' और शुरू हो जाते। कभी कहानी लम्बी होती, उतना वक़्त दफ़्तर में निकालना कठिन होता। रवि उन्हें घर ले आते। कहानी सुन कर लेखक को सुझाव देते।

कभी चेहरे पर थकान दिखती, मैं कहती, 'क्या ज़रूरी है हर रचना तुम ख़ुद सुनो। टाल दिया करो।' रवि इनकार में गर्दन हिला देते।

वे कहते, 'कभी किसी की उम्मीद को नहीं मारना चाहिए। वह ग़ज़ल सुनी है न तुमने 'इक न इक शम्मा अँधेरे में जलाए रखिए।'

इस ख़ूबी के चलते रवि का रिश्ता हर किसी से बन जाता। साहित्य से इतर लोग भी अपनी परेशानियाँ रवि से बाँटते। किसी के बेटे को नौकरी नहीं मिल रही, किसी की बेटी को वर, किसी का अफ़सर जालिम है तो किसी की बीवी लड़ाकी; सब अपनी तकलीफ़ रवि से बाँटते।

'बला-ए-जाँ है ग़ालिब उसकी हर बात,
इबारत क्या, इशारत क्या, अदा क्या'

ग़ालिब

7

जो भी शहर रवि ने छोड़ा, दोस्तों की एक बड़ी संख्या उन्हें याद करती रही। एक लेखक होने के साथ-साथ वे कितने अच्छे दोस्त थे यह कोई उनके दोस्तों से पूछे। आज भी देश-विदेश से ऐसे लोगों के फ़ोन आ जाते हैं कि रवीन्द्र कालिया से बात करनी है। सचाई पता चलने पर वे ठगे से रह जाते हैं। अच्छे लोगों का चला जाना स्वीकार करना मुश्किल होता है।

मेरा तो समूचा संसार बदल गया। वे किस क़दर मेरा आत्मविश्वास बढ़ाते थे। एक बार किसी राजकीय व्यक्ति से मिलने जाना था। मुझे अपनी कोई भी साड़ी अवसर के अनुकूल नहीं लग रही थी। जैसे-तैसे तैयार होकर मैंने रवि से पूछा, 'रवि हम अच्छे नहीं लग रहे न।'

रवि ने एक नज़र मुझ पर डाली और कहा, 'यह देखो कि तुम ममता कालिया लग रही हो या नहीं।' यह सुनते ही मैं गर्व से सिर उठाकर चल दी।

एक बार मैंने रवि से कहा, 'मेरा नाम ज़रा भी रोमांटिक नहीं है।'

रवि शरारत से हँसे, 'मेरे लिए तो तुम एम.एम. फोम हो।' रवि की अदा कुछ ऐसी थी कि वे मुश्किल हल नहीं करते बल्कि मुश्किल के बारे में बेफ़िक्र कर देते।

बड़े बेटे अनिरुद्ध ने अपनी सहपाठी प्रज्ञा सिन्हा से शादी की। प्रज्ञा की पूरी पढ़ाई इलाहाबाद विश्वविद्यालय के होस्टल में रहकर हुई। तत्काल

बाद उसे नौकरी मिल गयी। अपनी शादी में अनिरुद्ध और प्रज्ञा अलग-अलग शहरों से इलाहाबाद पहुँचे। रवि ने दोनों को आशीष देते हुए कहा, 'चलो अन्नू, अब तुम भूखे नहीं रहोगे। प्रज्ञा कम-से-कम 'मैगी' बनाकर तुम्हें खिला देगी।'

प्रज्ञा यथानाम तथागुण है। उसे बात चुभ गयी। उसने नौकरी करते हुए उत्तर-दक्षिण, पूरब-पश्चिम की इतनी व्यंजन विधियाँ सीख लीं कि हम चकित रह गये। उसने साबित कर दिया कि नौकरी के साथ भी घर सँभाला जा सकता है।

ऊपर से हँसमुख रवि की प्रतिबद्धता महज़ उनकी बातों से नहीं उनके कामों से भी प्रमाणित होती रहती। जब वे शिक्षा निदेशालय में काम करते थे और अविवाहित थे उनके एक निदेशक ने उनको प्रस्ताव दिया कि वे अपनी बेटी की शादी रवि से करने को तैयार हैं। रवि ने उन्हें दो टूक जवाब दे दिया, 'लेकिन मैं तैयार नहीं हूँ।' उस निदेशक ने उन्हें सब्ज़बाग़ दिखाये, पदोन्नति के, बेहतर नियुक्ति के, रवि पर कोई असर नहीं हुआ। उन दिनों रवि की मुझसे दोस्ती की इब्तिदा ही थी।

इसी तरह सन् 1969 में 'धर्मयुग' में रवि के आगे यह सुझाव आया कि वे एक वरिष्ठ सहयोगी को निकालने में सम्पादक की मदद करें तो वह ऊँची कुर्सी उन्हें मिल जायेगी। रवि ने तत्काल कह दिया, 'आपने ग़लत आदमी से यह बात कही है।' उनसे पूछा गया, 'तुम्हें उनसे क्या लेना देना।' रवि ने कहा, 'जब मेरी पैंट पीछे से फटी होती है तो यह सहयोगी ही मेरी सहायता करता है, आप नहीं।'

इस लिहाज से देखा जाय तो रवि ज़रा भी कैरियरिस्ट नहीं थे। उन्होंने नौकरियाँ कीं और छोड़ीं मगर दोस्तियों को दिल से निभाया। जब हम कलकत्ते में एक प्रतिष्ठान में कार्यरत थे, एक समय रवि के सामने यह प्रस्ताव रखा गया कि आप यहाँ के निदेशक, प्रबन्धक, वित्त-नियन्त्रक सब बन जाइए, बस ममता जी को वापस इलाहाबाद भेज दीजिए। रवि प्रस्ताव की कुटिलता, जटिलता और जल्लादी पहचान गये। जवाब में उन्होंने सिर्फ़ इतना किया कि दिल्ली वाले भारतीय ज्ञानपीठ के ऑफ़र पर अपनी मुहर लगा दी। मेरे बिना उन्हें कलकत्ता मंज़ूर नहीं था हालाँकि उन्हें शहर बहुत अच्छा लगा था। 'कलकत्ते पर बजर गिरे' यही माना उन्होंने उस शहर को, जहाँ मेरा साथ नसीब न हो। रवि ने मुझे मजनूँ की तरह चाहा और लैला बना दिया।

मेरी कॉलेज की नौकरी के अन्तिम दो वर्ष ऊबड़-खाबड़ और खुरदुरे बीते। उत्पाती तत्त्वों ने पहले मेरा सिर फोड़ा और फिर मनोबल तोड़ा। 30 जून 2001 को जब मुझे कार्यभार सौंपना था, रवि शाम 4 बजे प्रबुद्ध के साथ मुझे लेने आये। मुझे देखकर वे समझ गये कि यह अन्तिम दिन भी नागवार गुज़रा है। कॉलेज के फाटक से निकलते हुए रवि ने कहा, 'इस जगह को दुःस्वप्न की तरह भूल जाओ। भूल जाओ कि तुमने यहाँ 28 साल सेवा की।'

अवकाश ग्रहण करने के बाद दो साल तक मुझे पेंशन के लिए दौड़ना पड़ा। कभी अफ़सर नदारद तो कभी क्लर्क। कभी फ़ाइल ही गुम हो जाती। शिक्षा निदेशालय से लौटकर मैं गहरे अवसाद में डूब जाती। घर में स्थायी आमदनी का कोई आधार नहीं था। रवि मुझे टहलने के लिए ले जाते और दिखाते, 'यह देखो सब्ज़ीवाले, फलवाले, दुकान चलाने वाले, प्राइवेट नौकरी करने वाले, किसी को भी पेंशन नहीं मिलती। मुझे देखो, अन्य पत्रकारों को देखो, साथी लेखकों को देखो, किसी के पास पेंशन नहीं है। फिर भी सब जीवित हैं।' मैं हलकी हो जाती, हँसने लगती।

कभी-कभी हँसी में वे बड़ी बेधक बात भी कर डालते। प्रत्युत्पन्नमति उनकी ऐसी थी कि दूसरे को निरुत्तर कर दे। एक बार लोकभारती प्रकाशन के स्वामी दिनेश जी ने बताया कि उनका एक कर्मचारी बहुत बीमार है और अस्पताल में भर्ती है। उसे ख़ून की आवश्यकता थी और मेरा ख़ून उससे मेल खा गया। मैं अभी-अभी उसे ख़ून देकर आया हूँ।

रवि ने कहा, 'दिनेशजी, पहले आप कर्मचारियों का ख़ून चूसते हैं और फिर वापस भी कर देते हैं।'

दिनेश जी एक क्षण हक्के-बक्के से हुए, फिर वे भी ठहाके में शामिल हो गये।

एक समय ऐसा था जब मैं अख़बारों और पत्र-पत्रिकाओं में स्तम्भ लिखा करती थी। एक अपेक्षाकृत नयी पत्रिका 'परिवर्तन' के सम्पादक राजकिशोर ने मुझसे कहा, 'ममता जी, आपका हर महीने नियमित स्तम्भ हमें चाहिए।'

मैंने रवि से कहा, 'यह एकदम नयी पत्रिका है। कहीं बन्द न हो जाय।'

रवि ने कहा, 'तुम लिखना शुरू करो, बन्द तो वह अपने आप हो जायेगी।'

अश्क जी रवि की इस आदत को सितमज़रीफ़ी कहते थे और नासिरा

शर्मा जुमलेबाज़ी। लेकिन रवि मज़ाक़ में बड़ी बात कह जाते थे कि सुनने वाले को सबक भी मिले और सलाह भी।

इलाहाबाद में हर त्योहार बड़ी धूमधाम से मनाया जाता है। रवि को त्योहारों की भीड़ और शोर पसन्द नहीं थे। होली को तो वे बिल्कुल हुड़दंग मानते। होली के दिन सुबह से किताब लेकर अपने कमरे में बैठ जाते और कहते, 'मैं घर में नहीं हूँ।' मेरा मन-वृन्दावन सवेरे से होली खेलने को मचलता। मैं अपना कंट्रोल बटन दबाकर रखती। बच्चों ने होश सँभाला तो होली पर घर में गुझिया बनने लगी। थोड़ी-सी होली घर में घुस आयी, फिर पिचकारी भी आयी और रंग भी।

बच्चों को लेकर रवि एक बिगाड़ू बाप थे। बच्चों को सामिष भोजन पसन्द है, रवि 'डालडा पाक पुस्तक' पढ़कर माँसाहारी भोजन बनायेंगे। बच्चों को पॉप म्यूज़िक पसन्द है, रवि एल.पी. ख़रीदकर ढेर लगायेंगे।

बिना किसी लम्बे-चौड़े दावे के रवि ने कई मौक़ों पर बच्चों की हिफ़ाज़त की।

मन्नू उन दिनों दसवीं कक्षा की परीक्षा की तैयारी कर रहा था, हमें आनन्द कक्कड़ के घर डिनर पर जाना था। मन्नू ने साथ जाने से इनकार कर दिया। हमने घर का दरवाज़ा मन्नू से बन्द करवाया और चले गये। रात एक बजे हम लौटे, हमारे घण्टी बजाने पर दरवाज़ा खुला ही नहीं। रवि बेचैन हो गये, 'मन्नू को क्या हो गया, दरवाज़ा क्यों नहीं खोल रहा।' मैंने कहा, 'शायद सो गया होगा।' रवि नहीं माने। उन्हें लगा मन्नू के साथ कुछ अनहोनी हो गयी है। उन्होंने पड़ोसी का दरवाज़ा खुलवाया और उसकी छत पर से मन्नू को आवाज़ें दीं। रानी मण्डी के सब मकानों की छतें और दीवारें आपस में सटी हुई थीं। जब देर तक कोई आहट नहीं हुई रवि पड़ोस की छत से अपने घर की सीढ़ियों पर कूद गये। अँधेरे में पैर फिसला और उनकी कमर और पीठ में ज़बरदस्त चोट आयी। घर के अन्दर जाकर देखा तो मन्नू रज़ाई ओढ़कर चैन से सो रहा था। रवि ने उसे कहा कि नीचे जाकर दरवाज़ा खोले क्योंकि मैं बाहर खड़ी हुई थी। रवि सोफ़े पर लेट गये। मन्नू को कोई अहसास नहीं हुआ कि पापा अन्दर कैसे पहुँचे और उन्हें चोट लगी है। वह वापस बिस्तर में सो गया। मैं रात-भर रवि को गरम पानी की बोतल और दवा देती रही।

रानी मण्डी में बन्दरों का आतंक था। अगर रसोई का दरवाज़ा बन्द करना भूल जायें तो वे अन्दर घुसकर बेसन, डबलरोटी, संतरे, गोया हर चीज़ इतनी सफ़ाई से चट कर जाते कि हमारे हिस्से केवल छिलके और प्लास्टिक के टुकड़े आते। उन्हीं दिनों की बात है। अन्नू की बी.ए. की परीक्षा थी। उस दिन दोपहर की पाली में उसके प्रिय विषय अर्थशास्त्र का पर्चा था। सुबह से कई घण्टे पढ़ लेने के बाद अन्नू नहाने गया। गुसलखाना आँगन में था। वहाँ से आँगन पार कर कमरे में आना होता था। जैसे ही अन्नू नहाकर तौलिया लपेटे, गुसलखाने से बाहर निकला, उसको कई बन्दरों ने घेर लिया। अन्नू के मुँह से निकला 'पापा बचाओ' कि रवि छलाँग लगाकर बाहर पहुँचे। रवि पूरे-के-पूरे अन्नू के ऊपर लेट गये। किसी तरह बन्दर खोंखियाते हुए दफ़ा हुए तो हम सबकी साँस वापस आयी। अन्नू बोला, 'पापा मेरा आज का पेपर बिगड़ जायेगा।' रवि बोले, 'नहीं बहुत अच्छा होगा। चल मैं तुझे स्कूटर पर यूनिवर्सिटी छोड़ दूँ।' अन्नू बोला, 'नहीं पापा, शाम को लौटने में मुझे परेशानी होगी।' वह अपने ही स्कूटर से गया और इत्तफ़ाक़ से उसका वह पर्चा इतना अच्छा हुआ कि विश्वविद्यालय में उसे सर्वाधिक अंक मिले।

सिर्फ़ बच्चों के लिए नहीं, अपने दोस्तों के लिए भी रवि का यही भाव रहता। किसी को भी कष्ट में देखना उन्हें गवारा न था। हर एक की खोज-ख़बर लेते रहते। दो-चार दिन कोई नहीं दीखता तो फ़ोन करके ख़ैरियत लेते। यश मालवीय, मृत्युंजय या अभिषेक को तो बाकायदा डाँट देते कि कहाँ ग़ायब हो। मनोज पाण्डेय को कोंच-कोंच कर थियेटर की दुनिया से हटाकर कहानी की तरफ़ मोड़ा। इसके विपरीत जो ज़्यादा लिखता उसे अतिलेखन से विमुख किया। इनमें मैं भी शामिल थी। एक बार मेरी कई कहानियाँ एक साथ कई पत्रिकाओं में छप गयीं। रवि ने मुझसे कहा, 'तुम्हारी कहानियाँ आपस में गुत्थमगुत्था कर रही हैं, ख़तरा यह है कि सारी खेत रहेंगी।'

ख़ास बात यह थी कि उनकी चेतावनी में कभी दुर्भाव नहीं होता। लिखने का गुरूर न कभी पाला न मुझे पालने दिया। उन्हें ये शेर बहुत अज़ीज़ था :

'हम कहाँ के दाना थे किस हुनर में थे यकता।
बेसबब हुआ ग़ालिब दुश्मन आसमाँ अपना।'

‘बना कर फ़क़ीरों का हम भेस ग़ालिब
तमाशा-ए-अहल-ए-करम देखते हैं’

ग़ालिब

8

मनोज पाण्डेय ने रवि पर अपने भावभीने संस्मरण में लिखा है :

‘वे जी-भर बात करते थे। उनकी ख़ूबी यह थी कि वे गम्भीरता के जामे से दूर ही रहते थे। हमेशा शरारत या चुहल के मूड में। वे गहरी से गहरी बात भी बेहद हल्के-फुल्के अन्दाज़ में कह जाते। उतना अकुण्ठ कोई दूसरा व्यक्ति मैंने नहीं देखा। अपने लिखे पर कम-से-कम बात करने वाले। हल्का-फुल्का हँसी-मज़ाक़ दूसरी बात है पर कभी किसी की अनुपस्थिति में किसी के बारे में कोई अपमानजनक बात उन्होंने नहीं की। उन लोगों के बारे में भी नहीं जो अपने साक्षात्कार आदि में कालिया जी पर तमाम लांछन लगाया करते थे। हालाँकि वे सामने होते तब वे उन्हें कभी नहीं बख़्शते थे। तब भी कोई तीखी बात नहीं, बस हँसी-मज़ाक़ के बीच में कुछ ऐसा बोल देते कि सामने वाले को देखकर यह अन्दाज़ा लगा पाना मुश्किल होता कि वह हँस रहा है कि रो रहा है। मैंने इलाहाबाद में कइयों की ऐसी हालत होते देखी है। पर वे लोग भी कभी बीमार पड़ते, मुश्किल में होते तो उनसे ज़्यादा चिन्तित कालिया जी होते।’

रवि की लिखने की शैली, जीने के इसी अन्दाज़ से निकली थी। तभी तो सन् 1997 में जब उनका यकृत बढ़ गया था, पेट में दर्द रहता था और भूख न के बराबर लगती थी, उन्होंने बिस्तर पर लेटे-लेटे अपना संस्मरण

'ग़ालिब छुटी शराब' लिखना शुरू किया। कोई और होता तो ऐसे समय बड़ी करुण-सी किताब लिखता लेकिन रवि ने यह पुस्तक लिखी जिसमें जमकर अपना मज़ाक़ उड़ाया। कई वाक़ये पढ़कर मुझे ताज्जुब हुआ कि विकट क्षणों में भी उनकी याददाश्त और बरदाश्त बनी रही। 'ग़ालिब छुटी शराब' दिल से लिखी गयी किताब है जिसके चाहने वाले बेशुमार हैं। आम पाठक इस किताब को बच्चन जी की 'मधुशाला' की तरह प्यार करता है। अभी कल (23 अक्टूबर 2016) पलामू बिहार से रवि की एक पाठक भारती सिंह आयी। उसके पर्स में 'ग़ालिब छुटी शराब' की प्रति थी जिसमें ढेरों अंश पेंसिल से रेखांकित थे। उसे आधी से ज़्यादा किताब मुँह ज़बानी याद थी। वह देर तक रवि की रचनाओं पर बोलती रही। उसने हाथ में किताब लेकर रवि की तस्वीर के साथ अपनी फ़ोटो खिंचवायी और फिर 'ग़ालिब छुटी शराब' की प्रति अपने छोटे भाई को भेंट कर दी। भारती सिंह का मानना था कि यह किताब जीवन जीने का हौसला देती है। देर रात जब वह चली गयी, मैं 'ग़ालिब छुटी शराब' की अपनी प्रति निकाल कर पन्ने पलटती रही। खुशक़िस्मत होती हैं वे पुस्तकें जिन्हें अपने पाठकों का इतना प्यार-दुलार मिले। मुझे याद आया श्रीलाल शुक्ल ने यह पुस्तक पढ़कर रवि से एक रात कहा था, 'कालिया अगर मुझसे पूछ कर दिया जाता तो मैं तुम्हें इस किताब पर नोबेल पुरस्कार दिलवाता।' उस समय रवि ने हँसते हुए कहा था, 'श्रीलाल जी आप घर पर हैं या कार्ल्टन में बैठे हैं।'

अकेले श्रीलाल जी नहीं, कई दिग्गज रचनाकारों ने ग़ालिब छुटी शराब को पसन्द किया। इसे पढ़कर मन्नू भण्डारी जी ने उन्हें पत्र लिखा, 'ग़ालिब छुटी शराब' पढ़कर तुमसे ज़्यादा मस्ती तो मुझे छा गयी। सामने होते तो बाँहों में भरकर बधाई देती।' ज्ञानरंजन ने रवि को लिखा कि 'हिन्दी साहित्य में मनहूसियत का बोलबाला है जो तुमने इस किताब से तोड़ा है।' से. रा. यात्री, शमशेर सिंह, डॉ. नन्द किशोर नवल, परमानन्द श्रीवास्तव, बिन्दु अग्रवाल जैसे न जाने कितने बुद्धिजीवी हैं जिन्होंने इस पुस्तक की सराहना की।

रवि ने ग़ौर नहीं किया इस बात पर, लेकिन यह सच है कि इस पुस्तक की वजह से रवि की शेष पुस्तकों की हानि हुई। रवि के पास एक से एक यादगार कहानियाँ और उपन्यास हैं जिन पर गम्भीर अध्ययन अपेक्षित था। साम्प्रदायिक सद्भाव बरअक्स तनाव का आँखों देखा दस्तावेज़ है रवि का

उपन्यास 'ख़ुदा सही सलामत है।' सन् 1982 में छपा यह उपन्यास, देश के हालात के चलते आज तक हमेशा प्रासंगिक बना रहा। कृष्णमोहन ने लिखा, 'अपनी ख़ूबियों के कारण यह उपन्यास 'आग का दरिया' 'उदास नस्लें', 'झूठा सच' और 'आधा गाँव' की परम्परा की अगली कड़ी है।'

इसी तरह सन् 2010 में आया '17-रानाडे रोड' उपन्यास आधुनिक मनुष्य के अपराजेय साहस का आख्यान है जिसके नायक सम्पूरन का संघर्ष किसी भी आधुनिक उद्यमी का संघर्ष है। हर संकट में से वह धूल झाड़कर उठ खड़ा होता है और नया प्रयास करने को कमर कस लेता है। '17-रानाडे रोड', सम्पूरन के जीवट की कहानी है।

रवि की रचनाओं, रचनाधर्मिता और ज़िन्दादिली के परिप्रेक्ष्य में मैं कह सकती हूँ कि मैं एक अलबेले इन्सान के साथ जीती रही हूँ। रुटीन की हर कोशिश को धता बताते हुए रवि कहते, 'मैं नित्यकर्म की तरह लेखन नहीं कर सकता।' हर किताब उन्होंने बड़ी तबीयत से और मौज में लिखी। कभी आलोचकों और आलोचना की फ़िक्र नहीं की। कभी अपनी किसी किताब का लोकार्पण नहीं करवाया। यथाशक्ति सकारात्मक कार्यों में अपनी ऊर्जा लगायी।

आम तौर पर प्रेम कहानियों में प्रेमी और प्रेमिका दोनों मर जाते हैं और कहानी ख़त्म हो जाती है। हीर-राँझा, लैला-मजनूँ, सोहनी-महिवाल की जोड़ियों में एक के बग़ैर दूसरे की कल्पना भी असम्भव है। हमारा प्रेम इतना सघन था कि मैं सोचा करती हम भी ऐसी जोड़ी साबित होंगे। बम्बई में एक सिद्ध ज्योतिषी ने एक बार रवि से कहा भी था, 'आपकी पत्नी आपसे पहले दिवंगत होंगी। उसके बाद आप साल-भर तक अकेले डमरू बजायेंगे, तब अलविदा कहेंगे।'

मैं मूर्खों की तरह यही सोचती रही कि मैं रवि को समस्त आधि-व्याधि से, आपदा-विपदा से, रोग-ताप से अक्षुण्ण निकाल ले आऊँगी। मैं रवि की नास्तिकता पर अपनी आस्तिकता का प्रलेप करती, उनकी उदासी पर अपनी हँसी मलती और पूछती, 'रवि आज कुछ ठीक लग रहा है न?' रवि मेरा मन रखने को गर्दन हिला देते। इसी तरह जब मेरे पैर की नस चढ़ जाती, रवि होमियोपैथी दवा 'मैग्नीशियम फॉस' की चार गोली मेरे मुँह में डालते और पूछते, 'आराम आया'।

मैं गोलियाँ चूसते हुए कहती, 'अभी पेट में दवा पहुँचने तो दो।'

एक ही मिनट में रवि फिर पूछते, 'सच बताओ कितने प्रतिशत आराम आया।'

मैं रवि से लिपट जाती, 'शत-प्रतिशत आ गया रवि, मैं बिल्कुल ठीक हूँ।'

जो भी तकलीफ़ में होता उसी के वे डॉक्टर बन जाते। चौक की सब्ज़ीवालियाँ उनकी मरीज़ थीं। पड़ोस के बढ़ई, पुताई करने वाले मज़दूर, नल बनाने वाला, कलई करने वाला, सब उनसे दवा लेने आते। वे रात-रात जागकर लोगों के मर्ज़ पर किताबें पढ़ते। और तो और हमारे मित्र डॉ. अभिलाषा और डॉ. खोपरजी अपनी छोटी बिटिया के ज़िद्दीपने की होमियोपैथिक दवा लेने रवि के पास आते।

मुझे खाँसी रहती थी। खाँसते-खाँसते उलटी आ जाती। रवि मेरे मुँह में दवाएँ डालते जाते। दवा से कम, रवि की हमदर्दी से ज़्यादा करार आ जाता। खाँसी अभी भी आती है। कानों में रवि की आवाज़ गूँज जाती है 'नौ नम्बर जटुसिन ले लो, तुम्हारे सिरहाने रखी है।'

मेरी पीठ में खुजली बहुत होती। मैं कभी कंघे से, कभी पेंसिल से पीठ खुजाती। रात में रवि कहते, 'तुम्हारी पीठ घायल हो गयी होगी, इधर आओ मैं सहला दूँ।' वे मेरी पीठ सहलाते, अपनी ठोढ़ी से खुजाते, गुदगुदाते और अन्त में अराजक हो जाते। चुहल और चाव उनकी रग-रग में समाया रहता।

रवि कवि नहीं थे लेकिन मेरी अनुवादित एक कविता उन्हें बेहद प्रिय थी। उन्होंने सन् 1965 के धर्मयुग में इसे छापा भी था। यह ब्रिटिश कवि जॉन डन की एक कविता का पद्यानुवाद था—

'जब तक हमने नहीं किया था प्यार
किया था क्या
ताज्जुब है!...'

रवि जब-तब ये पंक्तियाँ दोहराते और ख़ुश हो जाते।

कई बार छोटी-छोटी बातों से ख़ुश होते। इनमें कभी सुदर्शन फ़ाकिर की ग़ज़ल के बोल, कभी बेगम अख़्तर की आवाज़ में ग़ालिब का कलाम, कभी गुलज़ार साहब का कोई मिसरा तो कभी फ़रीदा ख़ानम की नज़्म-अदायगी शामिल थी। जो दोस्त घर आता उसे भी ये सुनाते।

पहले अच्छे सामिष भोजन के शौक़ीन थे। लखनऊ जाते तो उन्हें टुण्डे

के कबाब याद आ जाते। अखिलेश पहले से ये मँगवाकर रखते। बाद में जिगर बढ़ गया तो घर का शाकाहारी, सादा खाना खाने लगे। उन्हें मूँग की धुली दाल और आलू मेथी इस क़दर पसन्द थी कि हमारे घर में रात को अक्सर यही बनता। बच्चों ने इसका नाम हैप्पी मील रख दिया था। ये सब उन दिनों की बातें है जब वे थोड़ा बहुत खा लेते थे।

बाद में ऐसा समय पलटा कि उन्हें खाने मात्र से अरुचि हो गयी। उनके जीवन से दारू-सिगरेट क्या विदा हुईं, भूख-प्यास ही विदा हो गयी। हमारी अधिकांश झड़पें खाने के वक़्त होतीं। मैं कहती, 'रवि तुम्हारी पसन्द की दाल बनी है। देखो एक रोटी खा लो।'

रवि कहते, 'मेरे पेट में जगह नहीं है, तंग मत करो।'

मैं कहती 'अच्छा मेरे लिए खा लो।'

'बिना भूख मैं बिल्कुल नहीं खाऊँगा। मेरी प्लेट उठा दो और मुझे ईसबगोल दे दो।' वे कहते।

भारी मन से मैं नेचुरलैक्स का डब्बा, चम्मच और पानी मेज़ पर रख देती।

'कब से हूँ क्या बताऊँ ज़हान-ए-ख़राब में
शबहा-ए-हिज्र को भी रखू गर हिसाब में'

ग़ालिब

9

एक बार इलाहाबाद के एक दोस्त जावेद साहब ने रवि को एक शेर सुनाया। रवि को वह इतना भाया कि हर पहली जनवरी को, जो भी दोस्त उन्हें मिलता या फ़ोन करता, वे यह शेर ज़रूर सुनाते :

'यकम जनवरी है नया साल है
दिसम्बर में पूछेंगे क्या हाल है।'

साल 2016 को भी पहली जनवरी की पूर्व साँझ से ही रवि के मोबाइल में नये साल की मुबारकबादों का ताँता लगा पड़ा था। रवि दस काम छोड़कर सबको जवाब देते थे, पर इस साल कैसे देते। वे तो पहली जनवरी को अर्धनिद्रा में पड़े थे। मैं बार-बार उन्हें जगाती, वे फिर आँखें बन्द कर लेते। जितेन्द्र श्रीवास्तव का फ़ोन आया। मैंने रवि को जबरन उठाया, 'लो जितेन्द्र का फ़ोन है, हैलो कर लो।' शिथिल हाथों से रवि ने मोबाइल पकड़ा। जितेन्द्र ने पूछा, 'आपकी तबीयत कैसी है।'

'कुछ कम ठीक है।' कहकर रवि ने मोबाइल वापस मुझे दे दिया। यह उनका, एक तरह से अन्तिम संवाद था।

रवि की तबीयत दीवाली से ख़राब चल रही थी। सन् 2015 में दीवाली ग्यारह नवम्बर की थी। बच्चों ने तय किया कि वे सब दीवाली और रवि का जन्मदिन इकट्ठे दिल्ली में मनायेंगे। इंग्लैंड से रवि की बहन कमलेश और उसके पति विजय जोशी भी आये हुए थे। अनिरुद्ध, प्रज्ञा और केशव

मुम्बई से यहाँ आ गये। प्रबुद्ध, शिखा, आद्या और तत्सम पहले से ही यहाँ पर थे। शिखा के माता-पिता, भाई-भाभी शाम को पहुँच गये। सब चाहते थे रवि के जन्मदिन को भव्य रूप दिया जाय। हमारा कमरा पुष्पगुच्छों और उपहारों से भर गया। रवि अनमने बैठे रहे। चुपचाप। कॉलोनी के क्लब में रात्रि भोज और आतिशबाज़ी का कार्यक्रम था। रवि के पैरों में सूजन ज़्यादा थी। साँस लेने में कठिनाई भी। उनके पेट में विषाक्त द्रव इकट्ठा होने लगा था। चलना, फिरना तकलीफ़देह था। रवि ने कहा, 'मैं मूँग की धुली दाल से एक रूखी रोटी खाऊँगा।' सबने यही भोजन किया।

डॉक्टर ने कुछ जाँचें करवाने को कहा था। ए.एफ.पी., एल.एफ.टी., कैट स्कैन इत्यादि। रवि ने कुछ करवायीं। कुछ छोड़ दीं। मैंने ज़ोर दिया तो बोले, 'तुम्हें बुरी ख़बरें सुनना अच्छा लगता है क्या?' स्टीव जॉब्स की तरह रवि ने उन सब जाँचों की उपेक्षा की जिनका सामना वे नहीं करना चाहते थे। इलाज की उनकी प्रणाली में पुस्तक अध्ययन, तरल भोजन और मौन चिन्तन निहित था। वे यह क़तई नहीं चाहते थे कि परिवार अथवा परिचित उन पर करुणा बरसायें। उन्होंने बड़े धैर्य से अपना ढलान उतरा। न शिकायत न शोर। कोई चीत्कार, क्रन्दन नहीं।

पहली दिसम्बर को कमलेश का जन्मदिन था। रवि ने फ़ोन पर बेकरी से केक और पेस्ट्री मँगवाने का ऑर्डर दिया। कमलेश बच्चों की तरह ख़ुश हो गयी। दिसम्बर सन् 2015 में हमारी और कमलेश की शादी की पचासवीं सालगिरह भी थी। कमलेश और विजय के आने का मक़सद यही था कि रवि को देख आयें और स्वर्णजयन्ती भी साथ मनायें। परिवार के कई सदस्य उस दिन आये। फूलों और उपहारों से कमरा भर गया। कमलेश ने उस दिन हवन भी किया। रवि के स्वास्थ्य की उसे बहुत चिन्ता रहती थी। उस शाम के आयोजन में रवि चुपचाप बैठे रहे। उनकी सहमति न हवन में थी न पार्टी में लेकिन वे कमलेश का उत्साह भंग नहीं करना चाहते थे। उनके पैरों में इतनी सूजन आ गयी थी कि सोते वक़्त मोज़े उतारना एक तकलीफ़देह काम बन गया था। 21 दिसम्बर को जैसे ही कमलेश और विजय को टैक्सी से एयरपोर्ट के लिए विदा किया, हमने फ़ौरन अस्पताल का रुख़ किया। कोलम्बिया एशिया अस्पताल में यकृत विशेषज्ञ को दिखाया। उसने वही परीक्षण फिर लिख दिये जो सर गंगाराम अस्पताल ने लिखे थे।

साँस लेने में तकलीफ़ बढ़ती जा रही थी। डॉक्टर ने बताया कि पेट में विषाक्त द्रव बहुत ज़्यादा मात्रा में इकट्ठा हो गया है। इसे तत्काल निकालना होगा। उनतीस दिसम्बर की सुबह हम फिर कोलम्बिया एशिया अस्पताल पहुँचे। यह एनसीआर दिल्ली का विशाल अस्पताल है। आपात् विभाग में उन्होंने रवि को दाख़िल कर लिया। समस्त परीक्षणों के लिए उनका रक्त भी ले लिया। जब पेट से द्रव-निष्कासन के लिए हमने कहा तो अस्पताल के डॉक्टर ने कहा, 'हमारे पास आवश्यक दवाएँ और उपकरण नहीं हैं, आप दिल्ली जाकर ले आइए तब तक मरीज़ यहाँ आराम करे।'

यह एक वाहियात सुझाव था ख़ासकर ऐसे मरीज़ के लिए जिसे एक-एक साँस लेना भी दुष्कर हो रहा हो। छोटे बेटे प्रबुद्ध ने गंगाराम अस्पताल की डॉ. अर्चना कौल सिन्हा को फ़ोन मिलाकर अपनी परेशानी बतायी। उन्होंने कहा, 'अंकल को फ़ौरन गंगाराम ले आओ, मैं इन्तज़ाम करती हूँ।' डॉ. अर्चना की वजह से ही उस दिन रवि के लिवर से विषाक्त द्रव का ड्रेनेज किया गया। अस्पताल की फार्मेसी से ला लाकर प्रबुद्ध एलब्युमिन (albumin) देता रहा। बँधे हुए केन्यूला में एक सूई से रवि की बाँह में एलब्युमिन चढ़ाई जा रही थी और दूसरी ड्रिप से उनके पेट से विषाक्त द्रव निकाला जा रहा था। रवि तन्द्रा में थे। रात नौ बजे तक उनके पेट से दसियों लीटर विषाक्त द्रव निकला। पैरों की सूजन उतर गयी, पेट चपटा हो गया।

डॉक्टर ने कहा, 'आप इन्हें घर ले जाइए और ख़ूब पौष्टिक खाना खिलाइए।'

रास्ते में रवि सजग थे। बोले, 'अब मुझे हल्का लग रहा है, साँस भी ठीक आ रही है।'

हम सब ने राहत की साँस ली। अपने प्रिय का कष्ट देखना, झेलने से कम कष्टदायक नहीं होता। असाध्य रोग की निरुपायता हमारी बाह्य शक्ति के साथ आन्तरिक शक्ति का भी क्षय करती है।

रवि बोले, 'आज मैं चिकन से रोटी खाऊँगा।'

प्रबुद्ध ने कहा, 'लाडो बना देगी, मैं ला देता हूँ।'

मैंने कहा, 'अब बहुत रात हो गयी है। आज दाल-रोटी खा लो। कल बन जायेगा।'

रवि ने प्रतिवाद नहीं किया। उनकी आँखों में नींद घिर रही थी। खाने का नाम भर करके उन्होंने आँखें बन्द कर लीं।

सुबह की चाय पर मैंने उठाया, 'रवि चाय ले लो, थोड़ी गर्मी आ जायेगी। आज बड़ी ठण्ड है।'

'अभी उठता हूँ', कहकर रवि फिर सो गये।

चाय ठण्डी हो गयी। मैं वापस ले गयी।

मैंने तीन बार चाय बनायी, रवि ने एक बार भी नहीं पी जबकि सुबह की चाय के दौर उन्हें बेहद प्रिय थे।

जब मैंने उन्हें जगाने की एक और कोशिश की तो बोले, 'पता नहीं क्यों मुझे बहुत नींद आ रही है।'

विषाक्त द्रव के साथ उनके पेट के सारे पोषक तत्त्व भी निकल गये थे। भोजन के अतिरिक्त और कोई तरीक़ा नहीं था उन्हें वापस पेट में पहुँचाने का।

डॉक्टर प्रवीण शर्मा से फ़ोन पर पूछा कि क्या किया जाय। उन्होंने कहा, 'अस्पताल में भी हम यही करेंगे, जबरन खिलायेंगे।'

रवि से अस्पताल चलने को कहा। रवि ने मना कर दिया, 'मुझे घर में पड़ा रहने दो। ठीक से नींद पूरी कर लूँ, तब खाऊँगा।' बीच-बीच में छोटी बहू शिखा उन्हें जगाकर, इसरार करके कभी सूप पिला देती कभी चाय बिस्किट।

नये साल की पूर्व साँझ शिखा ने रवि की पसन्द का खाना बनाया। प्लेट लगाकर उन्हें खिलाने गयी। उन्होंने जागकर एक नज़र खाना देखा और बोले, 'मैं तो खाना खा चुका हूँ, अब सोने दो।' हम सबने भरी हुई प्लेट दिखायी, उन्हें बताया इस वक़्त रात के दस बज रहे हैं, वे सुबह से सो रहे हैं। उन्होंने कहा, 'मुझे डिस्टर्ब मत करो, नींद आ रही है।'

एक जनवरी सन् 2016 की पूर्व साँझ जैसी कोई भी साँझ हमारे जीवन में पहले कभी नहीं आयी। रवि का हौसला हमेशा बुलन्द रहा। दोस्तों के घर जाकर उनकी नींद में खलल डालना, पार्टी रखना, नये साल के हंगामे में शरीक होना, किसी नयी रचना की शुरुआत करना और फ़ोन पर कहना, 'इक बिरहमन ने कहा है कि ये साल अच्छा है।' ये सब रवि के पसन्दीदा शगल थे। उस दिन घर में इतने सदस्य थे लेकिन घर ख़ामोश था। छोटे बच्चे आद्या और तत्सम भी सहमे हुए बैठे थे।

पहली जनवरी रवि बिस्तर में लेटे रहे। बहुत मनुहार की, रवि कुछ खा लो। दूध पी लो, जूस ले लो। 'रिसोर्स' डालकर जूस देने लगे। उनकी ज़िद कि मैं उठकर अपने हाथ से पिऊँगा। उठने की ताक़त नहीं थी। मैंने बताया, 'कल अन्नू आ रहा है।' बड़े बेटे अनिरुद्ध को हम अन्नू कहते हैं और छोटे प्रबुद्ध को मन्नू। रवि कुछ चैतन्य हुए। 'एयरपोर्ट से कैसे आयेगा?' उन्होंने पूछा।

'टैक्सी से' मैंने कहा और उनके मुँह में चाय का गिलास लगाया। शिखा ने उन्हें रस्क खिलायी। एक कौर खाकर मना कर दिया। चाय पी ली। तीन जनवरी को बड़ी बहू प्रज्ञा के भाई-भाभी रवि को देखने आये। डॉ. स्कन्द सिन्हा और डॉ. अर्चना कौल सिन्हा दिल्ली के प्रसिद्ध चिकित्सकों में गिने जाते हैं। रवि बिस्तर पर पाँव नीचे लटकाकर बैठे। उन्हें आशीर्वाद दिया। जितनी देर वे कमरे में रहे, रवि एकदम सीधे, तने हुए बैठे रहे। स्कन्द और अर्चना स्वयं बाहरी बैठक में आ गये कि अंकल आराम कर लें। रवि घण्टों बैठे रहे। मैंने पूछा, 'रवि कहीं जाना है!'

'हाँ।' उन्होंने कहा।

'चलो मैं बाथरूम पहुँचा दूँ', मैंने कहा। वे नहीं माने। अपने आप बाथरूम गये। चार जनवरी की सुबह तो उन्हें अस्पताल में भर्ती करना ही पड़ा। उसके बाद वे डॉक्टरों की अमानत बन गये।

आज मैं नम आँखों से उन्हें हर क़दम पर याद करती हूँ। हम एक-दूसरे से जनवरी में मिले थे और जनवरी में ही बिछड़ गये। कोई और सुने तो यही कहेगा कि आधी शताब्दी का साथ कोई कम नहीं होता, जी-भर जी तो लिए। रवि के बिना मेरा एक-एक दिन भारी जा रहा है। वे मेरे जीवन के रवि और शशि दोनों थे। शहर की हर सड़क मुझसे पूछती है, 'रवि को कहाँ छोड़ आयीं।' क्या जवाब दूँ! घर के हर कोने से उनकी आवाज़, उनकी हँसी सुनाई देती है। लगता है वे अन्दर वाले कमरे में हैं, अभी आकर अपनी प्रिय कुर्सी पर बैठ जायेंगे।

लक्ष्मीधर मालवीयजी की बेटी मधु के फ़ोन ने एक दिन हिलाकर रख दिया। उसने फ़ोन पर अपने पिता को, दुखी स्वर में बताया, 'पापा कालिया जी चले गये।' मालवीयजी ने कहा, 'ऐसे नहीं कहते मधु, अपनी आलमारी

खोलकर देखो, कालिया जी हैं तो 'ख़ुदा सही सलामत है', 'ग़ालिब छुटी शराब', 'गली कूचे' में। कालिया जी कहीं गये नहीं हैं।'

दोनों बेटे मेरा मन लगाने के कई जतन करते हैं। अन्नू ने मुम्बई-दिल्ली एक कर रखा है, एक भी छुट्टी हो तो घर आ जाता है। मन्नू दफ़्तर से चाहे जितनी देर में लौटे, एक चक्कर मेरे पास ज़रूर लगा जाता है। दोस्त भी ख़बर लेते रहते हैं। थोड़ा-सा हौसला बनता है। इतना मैं जानती हूँ कि रवि थोड़े-थोड़े सब में हैं। न सिर्फ़ अन्नू, मन्नू, प्रज्ञा, शिखा, केशव, आद्या और तत्सम में वरन् अखिलेश, मनोज, प्रांजल, अनुपम, आनन्द, कबीर संजय, राकेश, उमाशंकर, यश, ज्योति, कल्पना और अनीता में भी।

मेरे लिए रवि जीते-जी एक लम्बी प्रेम कहानी थे। अब तो वे कथा अनन्ता बन गये हैं।

'कल तो कहते थे कि बिस्तर से उठा जाता नहीं
आज दुनिया से चले जाने की ताक़त आ गयी।'

'दाइम पड़ा हुआ तेरे दर पर नहीं हूँ मैं
ख़ाक ऐसी ज़िन्दगी पे, कि पत्थर नहीं हूँ मैं'

ग़ालिब

10

जब भी दोस्तों में रवीन्द्र कालिया का ज़िक्र आता है, सबको उनकी शरारत, शराफ़त और शख़्सियत याद आती है, उनकी तकलीफ़ और दर्द नहीं; वे यही चाहते थे। उन्होंने कभी तकलीफ़ों को अपने वजूद का हिस्सा नहीं बनने दिया। सच्ची बात तो यह है कि तीन साल से ग़ैर-हाज़िर इस दोस्त के बारे में जब भी सोचती हूँ, कोई न कोई ऐसी चुहल याद आ जाती है कि मैं अकेले बैठे-बैठे हँस पड़ती हूँ।

ज़रूरत से ज़्यादा ज़िन्दादिली कई बार उन्हें मुसीबत में भी डाल देती थी लेकिन वे मुसीबत को झाड़ फटककर फिर खड़े हो उठते थे, उतने ही जोशीले।

उनकी यादों का मैं कोई ताजमहल खड़ा नहीं करना चाहती। मैंने तो यह जाना कि साहित्य और पत्रकारिता से जुड़ा एक इन्सान कितना अच्छा दोस्त भी होना जानता था। अपने साथी रवीन्द्र कालिया को महामानव की तरह प्रस्तुत करने का मेरा कोई इरादा नहीं है। वे कद्दावर इन्सान थे सिर्फ़ क़द-काठी में नहीं बल्कि कला कौशल और कौतुक में भी। उनमें कमज़ोरियाँ भी थीं और कर्मठता भी। अपनी सभी ख़ासियतें और ख़ामियाँ खुली हथेली पर रखकर चलते थे।

ज़्यादातर चुप रहना पसन्द करते थे। दिन-भर का ताला तभी खुलता

जब उनके हलक में दो पेग व्हिस्की पहुँच जाय। अपने ही घर में पीना पसन्द करते। इसके अलावा केवल डॉ. नरेन्द्र खोपरजी और उमेशनारायण शर्मा के घर ऐसे थे जहाँ वे आज़ाद महसूस करते। एक और मित्र थे, धारा प्रेस के स्वामी श्रीप्रकाश जिनके यहाँ हम सपरिवार जाया करते। उनके पास एल.पी. रिकॉर्ड का बहुत विशाल संग्रह था। कोई नायाब गीत सुनकर रवि अगले दिन उस एल.पी. की तलाश में सारा बाज़ार खँगाल डालते।

एक बार उनके घर भोपाल से कुछ दोस्त आये। रवि भी आमन्त्रित थे। वहाँ सुरा, संगीत और स्वादिष्ट भोजन का संगम था।

रात ग्यारह बजे रवि स्कूटर से अपने घर लौट रहे थे कि कटरे में एक खम्भे से टकरा गये। रवि के कान और कनपटी में चोट आयी। स्कूटर का एक हिस्सा पिचक गया मगर उसका इंजन सलामत था। रवि स्कूटर चलाकर घर तक आये।

मैंने उनकी चोट की मरहम-पट्टी की, पर यह कहे बिना नहीं रुक सकी, 'तुमने ज़्यादा ले ली होगी आज।'

'नहीं ममता, आज तो मैंने बस एक पेग लिया। ऐसा है वह खम्भा हमेशा कटरा चौराहे में बायें हाथ को होता था। आज चलकर एकदम दायें हाथ को आ गया। बाय गॉड, तुम अभी ख़ुद जाकर देख लो।'

रवि छोटी-मोटी चोट, तकलीफ़ पर तंग नहीं करते। न ही वे सेवा की उम्मीद रखते। इसकी एक वजह शायद यह भी थी कि माताजी हमारे साथ रहती थीं। रवि उन्हें किसी भी तरह की फ़िक्र नहीं देना चाहते।

मेरी भी कोशिश रहती कि माताजी ख़ुश रहें। उनकी कई बातों से सहमत न होने पर भी मैं वे कर डालती। जैसे शादी के बाद उन्होंने मुझे समझाया, 'ममता तू भंवा कोई होर व्रत करे न करे तेरी मरजी लेकिन करवाचौथ तो ज़रूर करीं। ये ले सरगी का शगुन।' उन्होंने 101 रुपये देकर व्रत की स्थापना कर डाली। इस व्रत से जुड़े कई अनुष्ठान और आयोजन मुझे भा गये। समयाभाव और नौकरी ने इनमें कुछ कटौती कर दी फिर भी मुझे साड़ी ख़रीदना, नयी चूड़ियाँ पहनना और व्रत के बाद दूध में फेनी-घेवर खाना पसन्द था। पूरा दिन रवि की टीका-टिप्पणी चलती रहती, 'तुम कैसी फ़ेमिनिस्ट हो, इन विलुप्त रस्म-ओ-रिवाज में तुम्हारा यक़ीन है।'

मैं माताजी से शिकायत करती। माताजी कहतीं, 'एड्डे मूरख बन्दे वास्ते तो ज़रूर व्रत रखा करीं ममता। जेड़ा अपना भला-बुरा न जाने वह मूरख ही समझो।' मेरे कॉलेज में भी करवा चौथ का पर्व बड़े ज़ोर-शोर से मनाया जाता। सब प्राध्यापिकाएँ नयी साड़ियाँ पहनतीं। कोई नयी अँगूठी पहनकर इतराती तो किसी के पास कान की नयी झुमकी झलक मारती।

एक बार मैं रिक्शे से घर लौट रही थी। एक दुकान के शोरूम में बड़ी सुन्दर सूती साड़ी सजी हुई थी। क़ीमत भी बहुत ऊँची नहीं थी। सिर्फ़ ढाई सौ।

रवि नीचे प्रेस में ही बैठे मिल गये। मैंने उमंग से कहा, 'रवि घण्टाघर पर ढाई सौ रुपये में बहुत सुन्दर साड़ी मिल रही है।'

रवि प्रेस की किसी आर्थिक परेशानी से जूझ रहे थे। उन्होंने अपना चिरपरिचित प्रगतिशील भाषण झाड़ दिया मेरे ऊपर—'तुम्हें पता है हीरालाल की बीवी अस्पताल में पड़ी है। अभी उसको एडवांस देकर भेजा है। कन्हईलाल का बेटा टाइफाइड में पड़ा है। तुम्हें इन लोगों का दुख-दर्द नहीं दीखता, बस शोरूम में लगी साड़ी दिखती है!' मैं हक्का-बक्का रह गयी। मैं अपने किसी निजी ख़र्च का बोझ रवि पर नहीं डालती थी। बच्चों की ज़रूरतों का ज़िम्मा भी मेरा था। ऐसे में रवि से मुझे केवल मौखिक सहमति चाहिए थी। पैसे मेरे पर्स में थे। रवि का मूड देखकर मैं चुपचाप ऊपर चली गयी। झल्लाकर चप्पलें एक तरफ़ पटकीं, पर्स दूसरी तरफ़। खाना तो खाना नहीं था। लिहाज़ा चुपचाप लेट गयी, अन्दर ही अन्दर खलबलाती।

थोड़ी देर बाद रवि ऊपर आये। उनका मूड थोड़ा सम्भल गया था। बोले, 'उठो, खाना खा लो, कुछ नहीं रखा है इन पतित परम्पराओं में।'

मैं उनकी तरफ़ पीठ करके, मुँह फुलाये लेटी रही। अन्दर ही अन्दर खलबला रही थी मैं।

'ये दकियानूसीपन तुम कॉलेज के स्टाफ से सीखकर आती हो।' रवि ने एक और तीर चलाया।

अब मेरे सब्र का बाँध टूट गया। मैंने बिफरकर कहा, 'हाँ सीखकर आती हूँ। अफ़सोस इस बात का होता है कि जिनके इतने रद्दी-रद्दी पति हैं वे भी इतनी अच्छी-अच्छी साड़ियाँ ख़रीदती हैं। और मैं अच्छा पति पाकर एक रद्दी-सी साड़ी नहीं ख़रीद सकती।' रवि हँसने लगे और गुदगुदाकर मुझे भी हँसा दिया, 'चलो तुम्हारी साड़ी ले आते हैं।'

आज जब कॉलेज, यूनिवर्सिटी की छात्राएँ और शोधछात्र मुझसे सवाल करते हैं, 'ममता जी आपकी नायिका सम्पूर्ण विद्रोह कभी नहीं करती। वह बहुत जल्द सहमत हो जाती है।'

मैं उन्हें कैसे बताऊँ कि असल जीवन में मेरा जो नायक था, वह मुझे प्रतिरोध और प्रतिकार की पराकाष्ठा पर पहुँचाने से पूर्व ही प्रेम का ऐसा बाण चलाता कि मैं वापस उसकी प्रियतमा बन जाती। ज़हर आपके अन्दर हो तभी क़लम की नोक पर आता है। धीरे-धीरे मैं यह मानने भी लगी कि जीवन अन्ततः दुखान्त नहीं, सुखान्त ही होता है। दूधनाथ सिंह वाला भयावह सुखान्त नहीं वरन् जीवन को जीने योग्य बनाता सुखमय। समाज में अन्य इतने क़िस्म के किन्तु-परन्तु जैसे जीव-जन्तु हैं, इतनी जघन्यताएँ हैं, अगर साहित्य भी वही परोसने लगेगा तो लोग साहित्य की तरफ़ झाँकना भी बन्द कर देंगे। जीवन हर हाल में जीने योग्य है।

रवि की कुछ आदतें अजीबोग़रीब थीं। उन दिनों रीगल सिनेमा के पास गेलॉर्ड रेस्तराँ हुआ करता था। कमलेश, विजय जोशी और उनके बच्चे भारत आये। महीना-भर रहकर उन्होंने इलाहाबाद में ऊब, एकरसता और हमारे जीवन की बेढब दिनचर्या देखी। जब उन्हें विदा देने हम दिल्ली आये, यह तय हुआ कि अशोक यात्री में खाना न खाकर गेलॉर्ड में रात का खाना खाया जाय। बड़ा परिवार लग रहा था हमारा—पापाई, माताजी, कमलेश परिवार, रवि, मैं तथा अन्नू।

वेटर ने अदब के साथ एक लम्बी टेबल पर हमें बैठाया। टेबल पर छुरी, काँटे, चम्मच आदि पहले से यथास्थान रखे हुए थे। शाकाहारी खाने का ऑर्डर दिया गया। जैसे ही वेटर भोजन से भरी ट्रे लेकर टेबल पर आया रवि ने सारे छुरी, काँटे, चम्मच, इकट्ठे एक तरफ़ सरका दिये। दो-तीन छुरी-काँटे ज़मीन पर छन्न की आवाज़ के साथ गिर भी गये। 'काका की करदा तूं!' पापाजी ने धीरे-से मगर चिढ़कर कहा। रवि बोले, 'ये अंग्रेज़ के बच्चे यहाँ छोड़ गये थे, मैं हटा रहा हूँ।'

कमलेश परिवार इस ड्रामे के लिए क़तई तैयार नहीं था। वे लोग शुरू से इंग्लैंड में रह रहे थे। उन्हें छुरी, काँटे, चम्मच आवश्यक उपकरण लग रहे थे। उनके बच्चे डरकर रोने लगे। कमलेश ने वेटर से खाना लगाने को कहा और बच्चों को खाना परोसने लगी। वेटर ने थोड़े से चम्मच मेज़ के

बीचोबीच रख दिये, वह भी डरते डरते। मुझे बड़ा गुस्सा आया। इलाहाबाद में इस तरह की नौटंकी पर कोई ध्यान न दे मगर दिल्ली में तो सलीक़ा रखना चाहिए रवि को।

दरअसल रवि को सम्भ्रान्तता के प्रदर्शन से चिढ़ थी। जहाँ भी वे ओढ़ी हुई सम्भ्रान्तता देखते, उसका पर्दाफ़ाश करते।

हर शनिवार को हमारे बच्चों के स्कूल में पैरेंट-टीचर एसोसिएशन की मीटिंग होती जिसमें बच्चे की प्रगति का परिचय मिलता। आज तक रवि कभी भी किसी भी बच्चे की पी.टी.एम. में नहीं गये। वे कहते, 'वहाँ सब बनावटी लहजे में गिटपिट करते हैं, मैं नहीं झेल सकता।'

मैं ही कॉलेज से छुट्टी लेकर इस काम को अंजाम दिया करती। स्पोर्ट्स डे, रिज़ल्ट डे, वार्षिकोत्सव इन सब में मेरी मौजूदगी अनिवार्य थी।

'ज़माना सख़्त कम आज़ार है बजान-ए-असद
वगरना हम तो तवक्क़ो ज़ियादा रखते हैं'

ग़ालिब

11

रवि को कभी पुरसुकून हालात नसीब नहीं हुए। ऋण लेकर ख़रीदे प्रेस की क़िस्तें जब तक चुकने में आयीं, छापने की तकनीक पुरानी हो गयी। 17 साल बैंक की मासिक क़िस्तें जमा कीं मगर 18वें साल में वही प्रेस कबाड़ी के हाथों, तराजू से तुलवाकर बेच दिया।

उसके कुछ समय के बाद मित्र प्रकाशन से 'गंगा-यमुना' साप्ताहिक पत्र की शुरुआत हुई और उन्होंने रवि को बतौर सम्पादक रख लिया। अफरातफरी का छह वर्षीय दौर चला और मित्र प्रकाशन में भाइयों की अन्दरूनी कलह के कारण अख़बार ठप्प हो गया। माया प्रेस में ताले पड़ गये। रवि की अन्तिम तीन महीनों की तनख़्वाह भी उन्हें नहीं मिली। एक बार फिर बेरोज़गारी से रू-ब-रू हुए।

यह रवि का जीवट था जो बेढब हालात में उनसे कहानी, उपन्यास, संस्मरण लिखवाता रहा। सन् 1980-81 में जब प्रेस की परेशानियों से चारों ओर से घिरे हुए थे, रवि ने 'खुदा सही सलामत है' बृहद् उपन्यास लिखना शुरू किया। वे रानी मण्डी के गोशे-गोशे से परिचित हो चुके थे। उनके और हमारे मन में हिन्दू-मुस्लिम सद्भाव और सौहार्द्र अच्छी तरह से घर कर चुका था। फ़िरकापरस्ती की फ़िरकी सिर्फ़ सियासतदाँ खिलाड़ी के हाथ का वार थीं। 'खुदा सही सलामत है' दो खण्डों में लोकभारती प्रकाशन से छपा। पहला खण्ड 1982 और दूसरा 1984 में। हालत यह थी जब तक प्रकाशक

दूसरा खण्ड छापता, पहला बिककर ख़त्म हो जाता। न जाने कितने शोध हुए इस उपन्यास पर। जापान में ओसाका विश्वविद्यालय के प्रोफ़ेसर अकीरा ताकाहाशी ने इसी उपन्यास पर पीएच.डी. की। वे जापान से हिन्दुस्तान आये और इलाहाबाद में रानी मण्डी में काफ़ी समय रहकर उन्होंने वहाँ के साम्प्रदायिक सद्भाव के जीते-जागते चित्र देखे।

रवि के अन्दर अपनी रचनात्मकता को लेकर अदम्य आत्मविश्वास था। उस दौर में भी दिल्ली के लेखक अपनी पुस्तकों की प्रतियों का लोकार्पण करवाने, समीक्षा लिखवाने यहाँ से वहाँ दौड़ते रहते। रवि की वह अदा थी कि उन्होंने न एक भी प्रति कहीं समीक्षा को भेजी, न किसी को पत्र लिखा। अमरकान्तजी उनके प्रेरणास्रोत थे जो हमेशा उन्हें प्रोत्साहन देते तथा अपनी सलाह से उन्हें सही राह पर रखते।

उस समय तक टेलीविज़न की आमद हो चुकी थी, पर मोबाइल फ़ोन नहीं आया था। कांग्रेस नेता संजय सिंह से दोस्ती की वजह से रवि की कुछ दिलचस्पी कांग्रेस के प्रेस-सम्बन्धी कामों में हो गयी। वे अपने प्रेस का काम छोड़कर कभी भी दिल्ली चल देते। मैं जल्दी से उनकी अटैची तैयार कर देती। अन्नू उनका टॉयलेट किट पैक करता। रवि आराम से बैठे समाचार सुनते रहते। मन्नू कहता, 'पापा क्या पूरी ख़बरें सुनकर जाओगे।'

उन दिनों टीवी पर समाचारों का समय 8.30 से 9.00 बजे था। प्रयागराज एक्सप्रेस भी इलाहाबाद से रात नौ बजे छूटती थी।

यों तो हमारा रानी मण्डी वाला घर स्टेशन के पास था और गाड़ी प्लेटफ़ॉर्म नम्बर एक से चलती थी फिर भी रास्ते की भीड़ चीरते हुए पहुँचने में दस मिनट तो लग ही जाते।

इलाहाबाद में रेलवे स्टेशन जाना हम सब का शगल था। वहाँ से लौटते हुए व्हीलर्स से पत्रिकाएँ ख़रीदते, बच्चे कॉमिक्स लेते और रवि को विदा कर हम तीनों वापस आ जाते। हमारी सैर हो जाती। एक बार बच्चे स्कूल के काम में लगे हुए थे। रवि के लिए फ़ोन आया। पता चला सुबह, 24 अकबर रोड पर मीटिंग है। रवि की उपस्थिति ज़रूरी है।

मैंने जल्दी से रवि का सामान पैक किया। रसोई से दो पराँठे और सब्ज़ी टिफिन बॉक्स में रखी और रवि को ताकीद कर दी कि रेल चलते ही खा लें।

रवि और मैं स्टेशन के लिए निकले। आरक्षण का कोई तनाव नहीं

था। रवि के पास सफ़र की ख़ास सुविधा थी। जैसे ही रवि वातानुकूलित टू टायर के डिब्बे में चढ़े, सात-आठ साल का एक लड़का भीड़ के बीच धक्का-मुक्की कर डिब्बे के दरवाज़े तक पहुँचा और रवि के कुर्ते की साइड जेब से उनका पर्स निकालने लगा। मैं नीचे ही खड़ी थी। मैंने लड़के को पॉकेटमारी करते देख लिया और उसकी मुट्ठी समेत रवि की जेब पकड़ ली। खिंचाव पड़ने पर रवि ने कहा, 'ममता छोड़ो, गाड़ी चलने वाली है।' मैंने उन्हें मामला बताया। लड़के की मुट्ठी में रवि का पर्स था।

मैंने अपने अन्दाज़ में लड़के को धमकाया, 'इतने छोटे होकर भी चोरी करते हो। बुलाऊँ पुलिस को।'

तभी चार-पाँच आदमी हमारे डिब्बे के पास धक्का-मुक्की करते आये और उस लड़के को थप्पड़ मारने लगे। 'स्टेशन पर बदमाशी करता है! चल तुझे हवालात में डालें। बहन जी आप घबराइए नहीं, हम अभी इसको पुलिस को देते हैं।' मैंने रवि को उनका पर्स दिया। रेल सरकने लगी।

'ध्यान से घर जाना, रिक्शा ले लेना', रवि ने हाथ हिलाते हुए कहा। मैंने स्टेशन पर आसपास नज़र दौड़ायी। इस वक़्त वहाँ न तो पॉकेटमार लड़के का, न बाक़ी लोगों का कोई चिह्न था। अख़बार बेच रहे ठेलेवाले ने कहा, 'बहनजी आपने लड़के को फ़िज़ूल छोड़ दिया। उसे जो लोग पीटते हुए ले गये वे ही तो उसके ठेकेदार थे। ये ही लोग चोरियाँ करवाते हैं। अगर कोई पकड़ा जाता है तो मारपीट का नाटक कर ख़ुद उसे छुड़ा लेते हैं।'

'आपको पता है तो आप क्यों नहीं रोकते इनको?' मैंने कहा।

'जी एक बार टोका था। उन्होंने मेरा ठेला पलट दिया। सारे अख़बार पटरियों पर फेंक दिये।'

'रेलवे पुलिस से कहना था।'

'ये लोग पुलिस को हफ़्ता देते हैं बहन जी।' मन बड़ा खिन्न हुआ। कितने ही ऐसे घपले-घोटाले होते हैं जो हमारी आँखों के सामने होते रहते हैं और हम चाहकर भी कुछ नहीं कर पाते।

'क्यों गर्दिश-ए-मुदाम से घबरा न जाये दिल
इन्सान हूँ, पियाला-ओ-साग़र नहीं हूँ मैं'

ग़ालिब

12

हिन्दुस्तानी प्रेमकथा में जब नायक-नायिका का प्रेम चलता है वे अकेले होते हैं, बस दोनों। लेकिन विवाह होते ही दोनों तरफ़ का परिवार इतनी अहम भूमिका में आ जाता है कि नेपथ्य केन्द्र में आ जाता है और केन्द्र नेपथ्य में चला जाता है।

अब तक की हमारी दोस्ती में बराबरी थी और बेफ़िक्री। कभी आने वाले दिनों की मैं चिन्ता करती तो रवि उसे ख़ारिज कर देते कि मुझे तो कुछ नहीं चाहिए सिवाय ममता के। शायद रवि की इच्छाओं का सम्मान करते हुए ही ममी-पापा ने कभी उन्हें कोई उपहार देने का प्रयत्न नहीं किया। हमारे बीच माता-पिता के दो सैट थे लेकिन हमारे जीवन में उनकी कोई भूमिका नहीं थी। न हम उन्हें कोई ज़िम्मेदारी दे रहे थे न वे कोई ज़िम्मेदारी ले रहे थे। बल्कि मेरे एक हितैषी हमारी शादी के आयोजन में मेहमानों को मेरी प्रेम-विरोधी रचना पढ़कर सुना रहे थे जो उसी दिन उन्हें 'क ख ग' पत्रिका के मुखपृष्ठ पर छपी हुई दिख गयी थी—'प्यार शब्द घिसते-घिसते चपटा हो गया है।' साथ ही उनकी भविष्यवाणी थी कि यह शादी नहीं कॉन्ट्रैक्ट है, साल-छह महीने में अपने-आप समाप्त हो जायेगा। रवि के एक हितैषी ने उनसे कहा, 'इससे तो अच्छा था तू इसकी माँ से शादी कर लेता।' ऐसे हर आशीर्वचन से हमारी दोस्ती और पक्की होती गयी, संकल्प दृढ़ होता गया।

सिर्फ़ एक जमात ऐसी थी जो हमारी ख़ुशी में ख़ुश थी और बिना किसी टीका-टिप्पणी के शादी में शरीक़ हुई, हमारे साहित्यिक मित्र व रचना अग्रज। कहानी-अकहानी का समस्त द्वन्द्व ताक पर रख दिल्ली के समस्त निवासी व प्रवासी रचनाकार उस शाम मॉडल टाउन पहुँचे। उन्होंने अपनी ज़िन्दादिली से, ठहाकों और छेड़खानियों से, मज़ाक और जुमलेबाज़ी से उस सर्द शाम का तापमान कई डिग्री चढ़ा दिया। जैनेन्द्र कुमार, मोहन राकेश, कमलेश्वर, राजेन्द्र यादव, भीष्म साहनी, नामवर सिंह, देवीशंकर अवस्थी, अजित कुमार, दूधनाथ सिंह, अशोक वाजपेयी, तारा तिक्कू, गंगा प्रसाद विमल, स्नेहमयी चौधरी, मन्नू भण्डारी, कृष्णा सोबती, प्रभाकर माचवे, और जाने कितने प्रसिद्ध चेहरे जिन्हें मैं संकोचवश देख भी नहीं पायी क्योंकि दुल्हन की नज़रें झुकी हुई थीं। इन सबने इतनी प्रसन्नता से उत्सव में हिस्सा लिया कि कुछ देर पहले हुई अपने-अपने रिश्तेदारों की मिर्ची छाप तल्ख़ियाँ हमें एकदम भूल गयीं। साहित्य की दुनिया का यह बड़प्पन, यह दरियादिली आज भी अभिभूत करती है कि नये-से-नये लिखने वाले का भी यहाँ गर्मजोशी से स्वागत किया जाता है। यह ख़ासियत दुनिया के हर कोने के साहित्यकार में होती होगी, पर अपने हिन्दी जगत में यह अद्‌भुत औदार्य है।

इस उत्सव की अगली सुबह घर के साथ-साथ नगर का भी स्थानान्तरण होना था। सम्भावित परिवर्तन से मन बेचैन रहा। एक बार लगा रवि का कहना मानकर कचहरी में शादी कर ली होती तो बेहतर था। उस सम्बन्ध में कम जकड़न होती और हम अपनी अनिवार्यताएँ ख़ुद तय करते। परिवार और परम्परा के बन्धनों में मैंने ख़ुद अपनी गर्दन फँसाई थी। न जाने कैसे मेरे मन में कचहरी का मतलब तलाक़ दर्ज था। मैंने यह कल्पना नहीं की थी कि पारम्परिक और प्रेम विवाह को एक-सी गलियों से होकर गुज़रना पड़ता है। प्रेम और विवाह के पहले मेरे पास आज़ादी थी, कर्तव्यमुक्त दिनचर्या थी, निर्भय आत्मनिर्भरता थी। किन्तु वह नायकविहीन जीवन था। प्रेम और विवाह ने जीवन को नायक और नवरंग दिया लेकिन नागवार चौखटे भी दिये। हमारा विवाह महज़ दो कलाकारों का सम्बन्ध नहीं, दो संस्कृतियों का भी संक्रान्ति बिन्दु था।

जब नये रिश्तेदारों से घिरी मैं जालन्धर पहुँची तब रवि के प्यार के सिवा मेरे हाथ के सारे पत्ते कच्चे थे। न पंजाबी बोलनी आती थी न समझनी।

खाना बनाना, कपड़े धोना, मेरे लिए अपरिचित काम थे। और तो और ठीक से पैर छूकर प्रणाम करना भी नहीं आता था।

मैंने ग़ौर किया कि स्टेशन पर शहर का नाम साफ़ लिखा था जालन्धर लेकिन बोलचाल में शहर को सब कह रहे थे जलन्धर। रेल गोधूलि वेला में जालन्धर पहुँची जब स्टेशन की शहतीरों से झुण्ड-के-झुण्ड पंछी उड़कर अपने घोंसलों को जा रहे थे। हमारा रिक्शा भी कोट लखपत जा रहा था। रिक्शे की गति बेहद तेज़ थी, सड़क सँकरी और उखड़ी हुई। रवि रह-रहकर बताते, 'यह रास्ता माई हीराँगेट को जाता है, वहाँ किताबों की दुकानें हैं। वह उधर पार्वती जैन स्कूल है। इधर साईंदास स्कूल है, यहाँ से मैंने हाईस्कूल किया था।' बड़ा-सा चौराहा पटेल चौक आया जिससे ज़रा आगे मोड़ की गली थी कोट लखपत। बहुत बड़े प्लॉट पर विस्तृत बना था यह मकान जहाँ पहुँचते ही सबकी कार्यकुशलता से परिचय होता गया। माँ ने मिनटों में अँगीठी बाल कर आलू-गोभी बना ली और आटा गूँधकर हमें आवाज़ दी कि चौके में आकर खाना खा लें। बहन ने हर कमरे में बिस्तर लगा दिये। पापाजी ने पानी भर दिया। ऊपर छत पर दो बड़े कमरे थे। एक में आलू, प्याज और मक्की की भरी बोरियाँ रखी थीं। दूसरा कमरा रवि का था। सारे घर से अलग, इस कमरे का परिवेश भी अलग था। कमरे में किताबें-ही-किताबें थीं, पत्रिकाओं के ढेर, मेज़ पर रवि के लड़कपन की फ़ोटो जिसमें उनके हाथ में प्रेमचन्द की बड़ी-सी तस्वीर दिख रही थी। लगता था बाक़ी घर के शासनतन्त्र का इस कमरे में कोई स्पर्श नहीं है। छत पर एक तरफ़ छतविहीन शौचालय बना हुआ था।

जालन्धर शहर के लोगों की नागरिक चेतना मुहल्लों और उप-मुहल्लों के आधार पर विकसित हुई भावना थी। लोग अपने मकान के साथ-साथ गली को भी स्वच्छ रखना अपनी हाईजीन का हिस्सा समझते। गली की नालियों तक में पोंछा लगाया जाता। पंजाब की घनघोर ठण्ड को धता बताते हुए, सूर्योदय में विलम्ब की परवाह न करते हुए घरों की स्त्रियाँ सुबह के दो घण्टे झाड़ू, झाड़न, पोछे से फ़ारिग होकर थपाथप कपड़े धोने का अभियान चलातीं। नींद हैंडपम्प की आवाज़ से खुलती। बाहर झाँकने पर छत की हर रस्सी और मुँडेर पर धुले कपड़ों की क़तार नज़र आती। स्नान के बाद चाय बनती जो चाय कम पौष्टिक आहार ज़्यादा होती। गाढ़े मलाईदार दूध में

चाय की पत्तियाँ उबाल ली जातीं। विशाल मग में मिली यह चाय पीने पर तीन-चार घण्टे कुछ खाने की ज़रूरत न रहती।

घर के दरबार में माँ की चौधराहट चलती। पापाजी बहुत वरिष्ठ प्रिंसिपल थे पर घर में उन्हें कनिष्ठता मंज़ूर थी। रौब माँ का ऐसा था कि स्कूल के चपरासी आकर उन्हें प्रणाम करते, दाइयाँ उनका बदन दबातीं और मुहल्ले के समस्त बच्चे बड़े सवेरे उनके चरण स्पर्श से अपना दिनारम्भ करते। सफ़ेद रंग की समस्त गरिमा और वैभव माँ के परिधान में साकार होती जब वे बेड़े (आँगन) के तख़्तपोश पर बैठ परिवार की गतिविधियों का संचालन करतीं। सुबह की ठण्ड में मन होता रज़ाई ओढ़कर फिर सो जायें लेकिन घर सुबह की ध्वनियों से गूँज उठता, पापाजी टेप रिकॉर्डर पर विष्णुसहस्त्रनाम लगा देते। ऊपर के कमरे का लोकतन्त्र छोड़कर मुझे नीचे के राजतन्त्र में शामिल होना ही पड़ता। रवि मेरी मुश्किलें पहचान रहे थे परन्तु पारिवारिक स्वीकृति के सन्ताप से मेरा गुज़रना ज़रूरी भी था। हम दोनों के लिए प्रेम पलायनवादी फ़ार्मूला नहीं था। इस पारिवारिकता में आनन्द भी था व नव्यता भी।

शाम को हम कॉफ़ी हाउस चले जाते। सिविल लाइंस में पहली मंज़िल पर इस बड़े से कॉफ़ी हाउस में कई लेखकों-कलाकारों का जमावड़ा होता। रवि के पहुँचने से रौनक आ जाती। कपिल मल्होत्रा गमगीन रहने वाले कहानीकार थे लेकिन रवि के साथ चहकने लगते। वहाँ सुरेश सेठ होते, हमदम और सुदर्शन फ़ाकिर। जगजीत सिंह सिर्फ़ एक बार दिखे क्योंकि वे भी जालन्धर छोड़कर मुम्बई में संघर्ष कर रहे थे। वे कभी-कभी अपने शहर आते।

कपिल के साथ हम सिविल लाइंस की सड़कें नापते। उसे पता चला मुझे गोलगप्पे पसन्द हैं। वह रोज़ गोलगप्पे की दुकान पर ले चलता। कभी-कभी रवि से वह अपनी परेशानियों की बात करता। सौतेली माँ और संवेदनहीन पिता के बीच पिसता यह ख़ूबसूरत नौजवान लेखक नींद की गोलियों का शिकार हो जीवन से हाथ धो बैठा, हम सबको ताउम्र इस अफ़सोस में डालकर कि हम चाहते तो इसे बचा सकते थे। घर के हालात से हटाकर इसे कहीं भी ले जाते तो यह जी जाता। परिवार ने उसका मनोविज्ञान नष्ट कर डाला। सुदर्शन फ़ाकिर भी जटिल मानसिकता का था। अपना कमरा

छोड़कर ज़्यादा देर बाहर रहना उसे पसन्द नहीं था। एक दिन उसने हमें अपने घर बुलाया। उसके कमरे में एक बड़ी-सी दरी बिछी थी, दरी पर फ़ाकिर था और बस। कमरे में कोई ऐशट्रे नहीं थी। उसके सब दोस्त और वह खुद लगातार सिगरेट पीते और कमरे को एशट्रे समझते। दरी कई जगह से जली हुई थी। उसने रवि से पूछा, 'तुमने अपने पुराने प्रेम प्रसंगों के बारे में ममता को बता दिया?' उसकी स्मार्टनेस पहचानकर मैंने कहा, 'मैंने भी अभी पुराने प्रेम-पत्र जलाये नहीं हैं, जलाने हैं।'

हिसाब बराबर हो गया। दोस्ती कायम रही। कुछ देर वहाँ बैठकर फ़ाकिर हमें अपनी बहन के घर ले गया जो कहीं पास ही रहती थी। जैसा विरोधाभास फ़िल्मों में दिखाया जाता है, भाई-बहन की जीवन-शैली में वैसा अन्तर था। बहन के घर में क़ीमती तामझाम, एस्प्रेसो मशीन, बार, वर्दीधारी नौकर और समृद्धि की सक्रियता थी। फ़ाकिर इस समस्त वैभव के बीच कमल पत्र पर पड़ी ओस की बूँद समान बैठा था, असम्पृक्त, असंग। रवि के सभी दोस्तों में यह शानदार फ़क़ीरी देखने को मिली। साथ ही अड़ियलपन।

हमें जाना था कथा समारोह में कलकत्ते। परिवार अभी इसी बात से समझौता नहीं कर पाया था कि हम दिल्ली छोड़कर बम्बई में डेरा डालें। कलकत्ते के नाम से उन्हें और भी ज़्यादा परदेसीपन लगा। जितनी बार हम सब इकट्ठे बैठते, हमें समझाया जाता, अच्छे और आज्ञाकारी बच्चे बनने की शिक्षा दी जाती, पर हम पर कहानी का भूत सवार था और हम नये देश-देशान्तर देखना चाहते थे। राजेन्द्र यादव जी के पास हमारी टिकटें थीं जिनमें राजेन्द्र जी की बेटी टिंकू की टिकट पर मैंने रेलयात्रा की।

कलकत्ते में दोहरा उत्सव था। नहीं तिहरा। एक तो नया शहर। फिर मेरी दीदी और नरेन्द्र भैया ने वहीं घर बसा रखा था। उन्होंने तीन-चार दिन हमें ख़ूब सैर करायी। उस वक़्त हसरत जयपुरी कलकत्ते आये हुए थे। हमारे कॉमन दोस्त रेवतीलाल शाह ने उनसे मुलाक़ात करवायी। शिक्षायतन कॉलेज के सभागार में, कहानी में पीढ़ियों का संघर्ष अपनी जगह ज़ोरों से चलता रहा किन्तु रोज़ नये साथियों से मिलना, छात्रों के बीच समय बिताना और क्रिसमस की रौनक से रोशन शहर देखना इस संघर्ष का कटखनापन कम करता रहा। वहीं पहली बार फूलछड़ी-सी सुधा अरोड़ा और उसकी छोटी बहन इन्दु अरोड़ा मिलीं। उन दिनों ज्ञानोदय पत्रिका कलकत्ते से निकलती

थी। कलकत्ते के कितने ही आत्मीय बन्धुओं ने हमें प्यार दिया, कृष्णाचार्य, मनमोहन ठाकौर, श्यामानन्द जालान, प्रतिभा अग्रवाल। मज़ा यह कि ये सब अग्रज नयी कहानी के महात्रिकोण के भी अभिन्न सखा थे।

लड़कपन में देखा शहर युवाकाल में बस इतना सहारा देता है कि हम वहाँ रास्ता नहीं भूलते अन्यथा उसके ब्योरे तो धूमिल होकर सपनों का संजाल रचते हैं। चौथे दिन हम कलकत्ते से चल दिये बम्बई के लिए। वहाँ पहुँचते ही रवि को कथा समारोह की विस्तृत रपट 'धर्मयुग' के लिए लिखनी थी और मुझे गाड़ी से उतरते ही एस.एन.डी.टी. यूनिवर्सिटी जाकर लेक्चररशिप के इंटरव्यू का सामना करना था। ट्रेन में ही तैयार होने के क्रम में मैंने अपने बाल शैम्पू किये कि साबुन भरी उँगली से मेरी नयी अँगूठी वॉशबेसिन के छेद से फिसलकर नीचे जा गिरी। मैं गीले बालों से कूपे में आकर रवि को इसके बारे में बताने लगी कि फ़िल्मी अन्दाज़ में गाड़ी तभी रुक गयी। रवि गाड़ी से उतरे और अगले ही मिनट सुपरमैन अन्दाज़ में मेरी अँगूठी लाकर दे दी। मुझे बड़ी ख़ुशी हुई क्योंकि मन में एक घिसीपिटी आशंका पटपटा रही थी कि सोना खोना अशुभ होता है जबकि मुझे नौकरी का इंटरव्यू देना था। तभी गाड़ी चल पड़ी। रवि ने कहा, 'पहियों के बीच हाथ डालकर जब मैंने पटरी से अँगूठी उठाई, मैं सोच रहा था कि अगर गाड़ी चल पड़े तो कही अँगूठी के साथ-साथ मेरा हाथ भी वहीं न रह जाये।' बड़ा डर लगा, अपने पर गुस्सा आया और ताज्जुब भी हुआ कि मुझे यह ख़तरा क्यों नहीं महसूस हुआ।

किसी भी सवाल में उलझने का समय नहीं था। गाड़ी बम्बई प्लेटफ़ॉर्म में दाख़िल हो रही थी जहाँ माहिम उपनगर में एक नहीं, एक बटे दो कमरे का फ़्लैट हमारा इन्तज़ार कर रहा था। शीतला देवी मन्दिर रोड पर एक बदरंग इमारत की तीसरी मंज़िल पर हमें ग्यारह महीने के अनुबन्ध पर यह घर मिला था। कमरे में साज-सज्जा के नाम पर एक जम्बो पलँग पड़ा था, यह भी इसलिए क्योंकि मकान मालकिन के पास उसे रखने के लिए जगह नहीं थी। कमरे से सटा एक सँकरा दरवाज़ा गुसलखाने में खुलता था। रसोई नहीं थी। पता चला पिछला किरायेदार खाना नहीं पकाता था, वह सर रतनजी टाटा इंस्टीट्यूट से अपना डिब्बा मँगवाता था। मकान मालकिन ने बताया कि उसके और हमारे कमरे के बीच चालू पैसेज में खाना बन सकता है। पुकारने

की गरज़ से मैंने उसका नाम पूछा तो उसने पापड़ की प्लेट मेरे आगे रखकर कहा, "वरी मीराँ की माँ बोलो नी, मीराँ मेरी लड़की का नाम होता।"

शहर, नौकरी, घर और प्रेम में मौलिकता का अतिरेक प्रतिक्षण हमारी परीक्षा ले रहा था। सुबह और शाम में अभी कोई समन्वय नहीं था। सुबह हम अपना समय टुकड़ा-टुकड़ा करना सीख रहे थे, कटपीस समय, जिसमें किसी भी सूरत में रवि को 9.11 की और मुझे 9.40 की लोकल ट्रेन पकड़नी ही होती अन्यथा हमें काम पर देर हो जाती। रवि को भेजने के बाद काम समेटकर तैयार होकर निकलने में कई बार मेरी 9.40 की ट्रेन छूट जाती जिसके बाद धीमी गाड़ी में बैठना पड़ता। चर्चगेट स्टेशन से भागमभाग सड़क क्रॉस कर मरीन लाइंस स्थित अपनी यूनिवर्सिटी पहुँचने में पाँच मिनट और लग जाते। प्रोबेशन पीरियड अभी चल रहा था। एक ऐसे ही दिन जब समय दस से ऊपर हो गया था, मैं लिफ़्ट में छठे माले की ओर जा रही थी। लिफ़्ट में हमारे अंग्रेज़ी विभाग के अध्यक्ष डॉ. मनियार भी थे। उन्होंने लिफ़्टमैन की परवाह न करते हुए मुझसे कह दिया, 'यू आर वेरी किसेबल। हाउ मैनी टाइम्स योर हज़बैंड मेक्स लव टु यू इन ए डे?'

'नो सर, डोंट टॉक लाइक दैट' कहती हुई मैं अपनी मंज़िल पर बाहर निकल क्लास में चली गयी लेकिन मेरा दिल दिमाग़ थर्राता रहा। लगा जैसे उनके शब्द मेरे जिस्म से पिलच गये हैं। अगले पीरियड में भी मैंने पाया पार्टीशन के पीछे से उनकी भूरी आँखें मेरा पीछा कर रही हैं।

मैं बेहद घबरा गयी। मैंने पेरिन दारूवाला और नीता रमैया, अपनी सहकर्मियों को समस्या बताने की कोशिश की। मिसेज़ दारूवाला ने सरसरी तौर पर कहा, 'खाली मुँह से बोला ना, कुछ किया तो नहीं; इसका क्या वरी करने का।' नीता रमैया बोली, 'उनकी पुरानी आदत है, नयी टीचर्स को ऐसे ही छेड़ते हैं।'

मुझे कोई राहत नहीं मिली।

वापसी के सफ़र में, घर पहुँचकर भी मुझे लगता रहा जैसे डॉ. मनियार के शब्द मुझे प्रदूषित कर रहे हैं। मैंने रगड़-रगड़कर मुँह धोया। रवि के दफ़्तर से लौटते ही वारदात बयान की। उसने सिर्फ़ एक बात कही, "अगर तुम समय से काम पर पहुँचतीं तो यह वारदात न हुई होती।"

उपदेश और भी नागवार लगा। रवि को क्या नहीं मालूम कितने बेढब

कामों के बीच मैं नौकरी के लिए निकलती हूँ। बहुत देर तक हम सुस्त, चिन्तित पड़े रहे। उसके बाद निकला रवि का ऐलान, 'तुम प्रिंसिपल से शिकायत करो। वह कुछ न करे तो वाइस चांसलर के पास जाओ।'

हिम्मत आ गयी। मोर्चा खुल गया। प्रिंसिपल फाटक ने हमदर्दी जतायी लेकिन बोले, 'मौखिक शब्दों पर मैं क्या कार्यवाही करूँ। इनका कोई साक्ष्य भी नहीं है। डॉ. मनियार यूनिवर्सिटी के वरिष्ठ प्रोफ़ेसर हैं।'

कोई समाधान नहीं निकला। डॉ. मनियार की ताका झाँकी चलती रही। महिला सहकर्मी मुझे समझाती रहीं, 'इतना तुनकमिज़ाज होने से सर्विस कैसे चलेगा। याद रखो तुम अभी प्रोबेशनर हो!'

कहीं से कोई हल न निकलते देख मैं वाइस चांसलर लेडी ठाकरसी के पास चली गयी। उन्होंने रजिस्ट्रार के साथ मिलकर मेरी समस्या सुनी और मेरा तबादला उसी परिसर में अपने गृह विज्ञान कॉलेज में कर दिया।

लगभग विजय भाव से मैंने नये कॉलेज में काम शुरू किया। यहाँ साहित्य पढ़ाने का सुख नहीं था। बी.एससी. छात्राओं को केवल सामान्य अंग्रेज़ी पढ़ानी थी। लेकिन उस अधेड़ लोलुपता से सुरक्षा तो थी।

शायद मैं ग़लत थी। एक ही विश्वविद्यालय के कॉलेजों में सिर्फ़ मंज़िलों का फ़र्क़ था। मैं चौथी मंज़िल से उतरकर पहली मंज़िल पर पहुँच गयी और अपने को महफ़ूज़ मानने लगी।

मेरे तबादले से डॉ. मनियार के ऊपर कुछ-न-कुछ संकट आया तो होगा ही तभी उन्होंने विभाग की सभी महिला कर्मियों से इस आशय का संयुक्त बयान हासिल किया कि उन्हें डॉ. मनियार के आचरण से कोई शिकायत न रही, न है। लेकिन घायल शेर ने मेरे नये कॉलेज की नयी प्रिंसिपल के साथ मिलकर जो पलटवार किया उसमें नौकरी तो मेरी ही गयी।

कितनी अजीब बात है। बम्बई में कुछ लोग समुद्र से कोई बड़प्पन नहीं सीखते। इस महानगर की तुलना विदेश के नगरों से की जाती है लेकिन यहाँ कभी भी कुन्दज़हनी नज़र आने लगती। अचानक मराठी और दक्षिण भारतीय लोगों में भिड़न्त शुरू हो जाती। रातोंरात सिन्धी मकान मालिक अपने यू.पी. के किरायेदारों पर मुकदमा ठोंक देता—जाओ बाबा अपने देस जाओ। खाली-पीली बम्बई में काय का वास्ते आता तुम लोग। एक तरफ़ यहाँ आदमी-आदमी के बीच ऐसी उदासीनता थी कि कोई किसी का हाल

न पूछे। दूसरी तरफ़ आक्रोश की ऐसी लपटें कि आधी आबादी को तड़ीपार करवा दें।

इन लपटों की आँच हम तक नहीं पहुँची थी, कुछ इसलिए कि कालिया नाम वहाँ जातिसूचक कम और कृत्यसूचक अधिक समझा जाता। 'कालिया' फ़िल्म बनने के बहुत पहले ये शब्द जाडिया, मोटिया की तर्ज पर एक शक्तिशाली जगत का परिचायक था। कालिया शब्द का सही अर्थ बम्बई आज तक नहीं खोज पायी जबकि पंजाब और हिमाचल प्रदेश में यह जानकारी सबको है कि काली के भक्त ही कालान्तर में कालिया कहलाये।

हमें इन बातों से क्या लेना-देना था। नौकरी से परे हमारी दुनिया में समुद्र, सड़कें और प्रेम प्रकोष्ठ था। तीनों जगहों का हम दोनों को चाव था। हम सैलानी निकल पड़ते कहीं भी, कभी भी। जानी-अनजानी राहों पर, बसों की ऊपरी मंज़िल पर, चाय और नारियल पानी के अड्डों पर। कभी रात बारह बजे चल देते गोरेगाँव, अपने दोस्तों की नींद ख़राब करने। कभी ईरानी रेस्तराँ 'पर्क्स' में जाकर उसल पाव खाते। इसी निशाचरी में हमने पाया कि लोकल रेल की पटरियों के किनारे-किनारे एक समानान्तर दुनिया चलती है जहाँ बेहिसाब बेचारगी और बेमिसाल क्रूरता है। हमें समुद्र के किनारे और स्टेशनों के आसपास घूमना पसन्द था। दोनों ही जगहें महानगर का बोध करातीं। लेकिन हमने पाया रात गहराने पर न समुद्र निरापद है न सड़क। ऐसी निशाचरी में एक-दो बार अजीब स्थिति में पड़े।

घर में घर जैसी कोई सुरक्षा नहीं थी। यह कमरे में पार्टीशन डालकर निकाला गया कमरा था जिसमें छह फ़ीट ऊँची प्लाइवुड की दीवार थी, प्लाइवुड का ही दरवाज़ा। स्टूल रखकर इस दीवार को आसानी से फलाँगा जा सकता था क्योंकि ऊपर से चार फ़ीट खुली जगह थी। मैंने कहा, 'यहाँ तो कभी भी चोरी हो सकती है।' रवि हँसे, 'यहाँ से चोर क्या ले जायेगा? तुम्हारी खटाऊ की सूती धोतियाँ या मेरी मद्रास ब्लीडिंग की कमीज़ें या किताबें? हमारे पास है ही क्या जो चोर अपना समय ख़राब करेगा?'

फिर भी मैं चोर को चकमा देने के लिए जो भी मालमत्ता था उसे फ्रिज के अन्दर रख देती। मक्खन वाले खाने में मेरे दो-एक हल्के गहने और तीन-चार सौ रुपये पड़े रहते।

रवि शहर के सांस्कृतिक जगत से जुड़े हुए थे। युवा चित्रकारों,

अभिनेताओं, लेखकों और पत्रकारों से उनका जीवन्त संवाद था। घर की स्थितियाँ ठीक इससे विरोधी थीं। घनघोर परिश्रम से कभी मेरी चाल लड़खड़ाने लगती, कभी बाल बिखर जाते। रवि कहते, 'घर में तुम सिर पर किताब रखकर चलने का अभ्यास करो, उससे चाल कलात्मक हो जाती है।'

मुझे गुस्सा आ जाता, "बहुत बड़ा घर है न और बड़ी कलात्मक ज़िन्दगी! सुबह-सुबह भागते हुए 9.40 की लोकल पकड़ने में सारी कलात्मकता का कचूमर निकल जाता है।"

'मैं चमन में क्या गया, गोया दबिस्ताँ खुल गया
बुलबुलें सुनकर मेरे नाले, ग़ज़लख़्वाँ हो गयीं'

ग़ालिब

13

रवीन्द्र कालिया को मैंने लेखक की तरह जाना, पाठक की तरह पढ़ा और प्रेमी की तरह पाया। उनके साथ बिताये पचास साल आँखों के आगे पचास से भी ज़्यादा कहानियों की तरह घूम जाते हैं।

रवि को जीवन और लेखन में मनहूसियत से बड़ी चिढ़ थी, इसीलिए वे बार-बार नौकरियाँ छोड़ते।

केन्द्रीय हिन्दी निदेशालय में उनकी दूसरी या तीसरी नौकरी थी। नियुक्ति के बाद उन्हें पता चला कि जिस त्रैमासिक पत्रिका 'भाषा' के लिए उन्हें रखा गया है, वह प्रकाशन में तीन वर्ष से पिछड़ रही है। बाक़ी स्टाफ को इस विलम्ब से कोई तकलीफ़ नहीं थी। कार्यालय में उनके सहकर्मी जगदीश चतुर्वेदी और एम.एन. ओबेरॉय थे। जगदीश चतुर्वेदी और रवि एक कमरे में बैठते। स्टाफ मीटिंग से लौट कर जगदीश कहते, 'दरवाज़ा उढ़क कर, चैन की नींद सो लिया जाय, ठीक है न कालिया।' रवि कहते, 'दिन क्या, यहाँ तो रात में भी नींद नहीं आती।'

जगदीश अकविता लिखते और सुनाते। रवि के अन्दर कविता बर्दाश्त करने की कूवत बिल्कुल नहीं थी। रवि का अफ़सर छोटी-छोटी बातें विस्तार से समझाता, 'कालिया तुम्हें काग़ज़ों में पिन लगाना भी नहीं आता। देखो ऐसे लगाया जाता है।'

रवि को लगता उन्हें एक आदर्श मातहत बनाया जा रहा है।

'भाषा' की छपाई का काम नासिक के शासकीय मुद्रणालय में होता। रवि के साथी उन्हें समझाते, 'एक ही दौरे में पत्रिका मत निपटा देना। अभी सरकारी ख़र्च पर और मज़े करेंगे।'

ऊबकर रवि ने यह सरकारी नौकरी छोड़ दी। उन्होंने पक्की नौकरी छोड़कर टाइम्स ऑफ़ इण्डिया के साप्ताहिक पत्र 'धर्मयुग' की कच्ची नौकरी करना पसन्द किया।

शुरू के दो-तीन साल 'धर्मयुग' में बहुत अच्छे बीते। प्रायः सभी भाषाओं के रचनाकार 'धर्मयुग' कार्यालय में आते और वहाँ का वातावरण रचनात्मक बना रहता। शाम बिताने के लिए हमारे पास अरब सागर का विस्तार होता और एक-दूसरे की बाँहों की गरमी और गहराई।

बहुत जल्द रवि ने देख लिया कि उनके दफ़्तर में सभी सहकर्मी प्रसन्न नहीं रहते। कुछ सहकर्मियों का मुँह लटका रहता, कुछ तनावग्रस्त रहते तो कुछ दयनीय। कोई कैरियरिस्ट युवा होता तो सोचता हमें क्या। सम्पादक ने रवि को धर्मयुग के सबसे महत्त्वपूर्ण पृष्ठ सौंप रखे थे—साहित्य, संस्कृति और कला के। आये दिन रवि कला प्रदर्शनियों में जाते, संगीत सभाओं में शामिल होते और देश के शीर्षस्थ रचनाकारों के सम्पर्क में रहते।

रवि की पुरानी आदत थी। वे अपने यूटोपिया का विस्तार करना चाहते। बिना यह परखे कि सहकर्मियों से भारती जी को क्या शिकायतें हैं, वे इस अग्निचक्र में कूद गये। उनके पास कोई जिरहबख़्तर नहीं था, जमापूँजी का कोई जलकुण्ड नहीं था बस एक तड़फड़ थी और तेवर था। मेरे पास निहायत नाकाफ़ी सी नौकरी थी। अक्खड़पन की आग में रवि जले और झुलसे।

'उलटी हो गयीं सब तदबीरें
कुछ न दवा ने काम किया'

जैसी हालत में उन्हें इलाहाबाद कूच करना पड़ा।

जब हम शाम को पैदल घूमने निकलते तो मैं और रवि साथ-साथ नहीं चल पाते। रवि सारस की तरह डग भरते आगे पहुँच जाते, मैं कच्छप रफ़्तार से धीरे-धीरे चलती। कई बार वे अपनी चाल धीमी करते पर जल्द ही फिर से

तेज़ चलने लगते। कवि यश मालवीय कहते, 'यह हमारा तेलियरगंज का अमिताभ-जया का जोड़ा है।'

जब हमारा प्रेम चल रहा था लोग हमें लैला-मजनूँ भी कहा करते।

शादी के वक़्त हमने भी सघन एकल जीवन के बहुत स्वप्न देखे।

लैला-मजनूँ के जोड़े में, पता नहीं लैला की सास थी या नहीं, मेरी गतिविधि पर रोधी भूमिका निभाने के लिए ससुराल के कई लोग थे। हमारे प्रेम विवाह के पाँचवें साल ही हम इलाहाबाद में बस गये और वे लोग यहाँ रात-बिरात, गोल बिस्तरबन्द, ट्रंक और कनस्तर लेकर आने लगे। मजनूँ के शहर के लोग गंगा-स्नान करने, पुण्य कमाने आते। पूरे मुहल्ले का काका रविन्दर कालिया। जालन्धर में कालिया परिवार का यह रुतबा कि काका के पास इलाहाबाद में बड़ी-सी हवेली है, प्रेस है, चौक में रहता है, रिक्शा मोटर कुछ भी मँगा लो, दरवाज़े पर आ जाता है।

सो लोग आते रहते। सन् 1971 के बाद तो रवि की माँ भी अक्सर इलाहाबाद ही रहा करतीं। उन्हें जितना प्यार अपने काका से, उससे ज़्यादा अपने पोते अनिरुद्ध से। उन्हें मेरे ऊपर यह भरोसा नहीं था कि मैं उसकी परवरिश ठीक से करूँगी।

उन दिनों मोबाइल तो क्या मेज़ पर रखने वाला काला फ़ोन भी हर किसी के पास नहीं होता था। छापाखाना होने की वजह से हमारे पास फ़ोन था किन्तु रवि के माता-पिता के पास जालन्धर में फ़ोन नहीं था। वे कभी-कभी अपने पड़ोसी सोहन सिंह का फ़ोन इस्तेमाल करते। अक्सर माँ अपने सपने और हिचकी को ज़्यादा प्रामाणिक मानतीं।

उन दिनों एक वातानुकूलित गाड़ी पंजाब से सीधी इलाहाबाद आती जिसका नाम था डीलक्स एक्सप्रेस। वह रात को ठीक तीन बजे इलाहाबाद पहुँचती। माँ उससे उतरतीं। एक नज़र प्लेटफ़ॉर्म पर डालतीं। अगर रवि दिख गया तो ठीक वरना फ़ौरन कुली कर, बाहर को चल देतीं। हमारा घर स्टेशन से दूर नहीं था और वहाँ तक का रास्ता हमेशा आबाद रहता। माँ रानी मण्डी पहुँचतीं, रिक्शेवाले को पैसे देतीं और उससे कहतीं, 'पुत्त जरा घण्टी बजायीं ते कुण्डी भी खड़कायीं।' हम आँखें मलते हुए उठते। रवि एक छलाँग में नीचे पहुँच जाते।

'ख़बर नयी कीत्ती। मैं स्टेशन आ जाँदा।' रवि कहते।

'काका मैनूँ सपने में अन्नू रोंदा दिसया।' ये भी बोले, 'तेरा जी तो ओत्थे ही पैया रैंदा।'

मैं जल्दी-जल्दी नाइटी बदलकर साड़ी-ब्लाउज पहनकर नीचे आती। मुझे देखते ही माँ कहती, 'मुण्डे नूँ इकल्ला ऊपर छड आयी। ममता तैन्नू जरा अकल नहीं है। ओदे कोल बिल्ली चूहा कुछ आ जाय तो।'

मैं कहती, 'माताजी इस वक़्त बिल्ली चूहे सब सो रहे हैं।'

माँ को मेरे जवाब कभी अच्छे नहीं लगे। वे सँकरे ज़ीने की सीढ़ियाँ मेरे कन्धे पर हाथ रखकर चढ़तीं, वाजिद अली शाह स्टाइल में। कमरे में वे अन्नू को गोद में कुछ इस तरह लेतीं कि वह पूरा छुप जाता।

'ममता जाके चा बनाईं। वह जूपी वाली नयी पीणी मैंने। उसमें न दूध न पत्ती न मिट्ठा। हौसले से बनाईं जैसी असाँ पंजाबी पींदे हाँ।'

मेरा इम्तहान शुरू हो जाता। सास के मानदण्डों पर खरा उतरना बेढब काम था। उनके दिल-दिमाग़ में पंजाब का एक पॉकेट संस्करण मौजूद रहता। माँ यूपी को जूपी कहतीं। उनकी आँखों में तुलनात्मक अध्ययन चलता रहता। पंजाब का दूध, घी और सब्ज़ी-फल वाह-वाह। जूपी का दूध, घी और सब्ज़ी-फल स्वाहा।

कभी माँ रसोई की कमान अपने हाथ में ले लेतीं। घरेलू सेविका मालती उनके हुक्म पर नाचती; प्रेस के कर्मचारी उनकी फ़रमाइश पर बाज़ार के चक्कर लगाते और रवि मूकदर्शक बने देखते रहते। जब मैं कॉलेज से लौटती मुझे बताया जाता आज माँ ने डेढ़ मन गेहूँ धुलवाकर सूखने डाले, माँ ने आज तीन मर्तबान भर कर अचार डलवाया; माँ ने आज रवि के बीस कुर्ते-पाजामों में कलफ़ और इस्तरी करवायी। मुझे लगता घर के काम दैत्याकार आकार ले रहे हैं।

माँ मुझे घी से सराबोर सब्ज़ी और चुपड़ी हुई चपाती देकर अपने सामने बैठाकर खिलातीं।

मैं कहती, 'माताजी मुझे यह हजम नहीं होगा।' माँ नाराज़ हो जातीं। कहती, 'जेड़ा खा नहीं सकदा वो खिला भी नहीं सकदा। खा नईं ते मैं चल्लीयाँ।' महीने-दो महीने में हम सबका स्वास्थ्य सुधारकर माँ पंजाब वापसी का रुख़ करतीं। मेरे लिए नया हिदायतनामा जारी होता 'मुण्डे वल पीठ करके नयी सोणा, मुण्डे दी रोज़ मालिश करणी, तीनों में किसी दा वज़न घटने न पाये।'

बच्चे को शायद पहले से अहसास हो जाता कि दादी माँ जाने वाली हैं। वह बिना वजह रोना शुरू कर देता, दूध बोतल में छोड़ देता। फेरेक्स खाना बन्द कर देता। माँ दुखी हो जातीं, 'काका मेरी टिकट कैंसिल करा दे। मेरा पुत्त मेरे बिना नइयों रहणा।' बड़ी मुश्किल से, हमसे हज़ार वादे क़समें लेकर माँ प्रस्थान करती। मेरा उन दिनों अनाड़ीपन याद कर आज भी हैरानी होती है। एक बार माताजी को पंजाब की गाड़ी पकड़नी थी। उन्होंने कपड़े बदलने के लिए अपना नया सलवार सूट निकाला और मुझसे कहा, 'ममता ज़रा मेरी सलवार विच नाड़ा डाल दे।'

घर में नाड़े का गोला ख़त्म था। जो भी नाड़े थे मेरे पेटीकोट के नाप के नाड़े थे। माताजी की सलवार विशाल थी। पश्चिमी पंजाब में बहुत चौड़े घेर की सलवार पहनी जाती है। मैंने अपने दो पेटीकोटों के नाड़े निकालकर उनमें गाँठ लगाकर जोड़ा और माताजी की सलवार में नाड़ा डाल उन्हें सलवार दे दी। पाँचवें दिन जालन्धर से पापाजी का ख़ूब गुस्से में लिखा ख़त आया जिसमें उन्होंने अंग्रेज़ी में मुझे डाँटते हुए लिखा, 'तुम्हें इतनी भी अक्ल नहीं है कि माँ की सलवार में नाड़ा कैसे डालते हैं। बाथरूम में उनकी सलवार का नाड़ा बीच से खुल गया और उन्हें बहुत बेआरामी हुई। विद्यावती का कहना है तुम्हारे अन्दर काम सीखने की ख़्वाहिश ही नहीं है। पता नहीं इन्दर की ज़िन्दड़ी कैसे कटेगी।'

ख़ूब कटी हमारी ज़िन्दगी। एक-दूसरे की अगन में मगन हमें छोटी-छोटी अड़चनें कभी भारी नहीं पड़ीं। एक-दो गाने हम बार-बार सुना करते, 'जीवन की बगिया महकेगी' और 'प्यार कभी कम न करना सनम... हर कमी गवारा कर लेंगे।'

'नींद उसकी है, दिमाग़ उसका है, रातें उसकी हैं
तेरी ज़ुल्फें, जिसके बाज़ू पर परेशाँ हो गयी'

ग़ालिब

14

रवि कभी कलम-घिस्सू लेखक नहीं रहे जिनका लेखन परिवार के ऊपर बोझ बने। अक्सर तो हमें पता ही नहीं चलता कि रवि किसी रचना में लगे हुए हैं। रानी मण्डी के नये कमरे में वे शाम के तीन घण्टे बिताते कभी अकेले, कभी किसी दोस्त या कई दोस्तों के साथ। खाना हर रात देर से खाते। इन्हीं शामों में उन्होंने 'ख़ुदा सही सलामत है' जैसा बृहद् उपन्यास लिख डाला। हाँ वे अमरकान्त जी से अपने लेखन की दुविधाएँ बाँटते थे। अमरकान्त जी की सलाह पर उन्हें अटूट विश्वास था।

कभी-कभी कई दिनों तक एक भी पृष्ठ नहीं लिखते। उन दिनों वे ख़ूब पढ़ते और बागबानी करते। यह शौक़ शुरू तो हुआ था महज़ एक पौधे से। वे बाज़ार से एक बड़े गमले में छोटा-सा पौधा लाये थे बुगनविलिया का, जिसे माली बेगमबेलिया कहते हैं। उसके बाद बैठक में रवि ने दो पौधे रबर के लगाये। अब तो उन्हें धुन लग गयी। रोज़ बाज़ार जाकर तीन-चार पौधे उठा लायें। घर में बहुत बड़ी छत थी। रवि ने उस पर 180 पौधे लगाये। प्रेस में स्याही के ड्रम खाली होते रहते। बड़ी प्रजाति के पौधे उनमें लग जाते। हमारे यहाँ अनार, अमरूद, नीबू, छोटी नारंगी, हरसिंगार, रजनीगन्धा, गेंदा, गुलाब, जुही, चम्पा, चमेली सब थीं। सुबह-शाम मोटर चलाकर पौधों में पानी दिया जाता। अगर कभी

रवि को शहर से बाहर जाना पड़ जाता, वे मुझे कई बार हिदायत देते, 'पौधों में पानी ज़रूर दे देना।'

एक बार अमेठी से रात बारह बजे लौटे। उन्होंने सबसे पहले टॉर्च जलाकर अपने पौधे देखे कि कहीं सूखे तो नहीं पड़े हैं। मैंने कहा, 'रवि मुझे तो पता ही नहीं था कि तुम्हें पेड़-पौधों से इतना लगाव है।'

रवि ने मेरी तरफ़ देखा, रुक कर लम्बी साँस ली और जवाब दिया, 'मनुष्य से निराश होकर ही कोई प्रकृति की शरण में जाता है।'

रवि के अन्दर प्रेम करने और पाने की अथाह चाह थी। घर में बच्चों और बुज़ुर्गों के रहते हमें एक-दूसरे का सान्निध्य कुछ कम मिल पाता। रवि इन बातों को समझ कर भी नहीं समझना चाहते। वे सीधे मर्म पर चोट करते। मैं हर वक़्त किसी-न-किसी काम का पीछा करती मिलती। ऊपर से एक नौकरी भी निभाती। लिखने का रोग अलग पाल रखा था। रवि मेरी भागदौड़ देखते। एक पेग व्हिस्की अपने गिलास में और बनाते और मुझसे मुख़ातिब होते, 'दरअसल तुम्हारे जीवन में मेरे लिए जगह अब बची नहीं है। मैं तुम्हारे लिए स्टैपनी हूँ।'

मैं बौखला जाती, 'यह जीवन और परिवार हमारे अन्दर से ही निकला है? बताओ इसमें से क्या छोड़ूँ, क्या पकड़ूँ'! ऐसे लम्हों में हम दोनों को लगता कि प्रेमियों को शादी नहीं करनी चाहिए। एक सुरताल में साँस लेने का सुख, साथ-साथ साँझ बिताने की ख़ुशी, आँखों-ही-आँखों में बात करने के पल, सब तो सोख लेता है परिवार। बच्चे रात ग्यारह बजे तक नहीं सोते, बड़े बूढ़े सारी-सारी रात खाँसते, करवटें बदलते हैं, ऐसे घर में क्या करे मजनूँ और क्या करे लैला।

हो सकता है ऐसी बाधाओं के कारण ही हम अन्त तक एक-दूसरे के उत्कट प्रेमी बने रहे। यह भी हो सकता है कि हालात बेहतर होते तो रवि कुछ कम पीते, कुछ और जीते और अपनी अधूरी रचनाएँ पूरी करते। वे आख़िरी पेग बनाते और कहते, 'नो चियर्स, यह जाम मायूसी के नाम।'

इलाहाबाद में मज़ाक़ और लतीफ़े धारावाहिक चलते, कई दिनों तक। अश्क जी कई बार उन लोगों को कोसते जिन्होंने उनकी किताबों पर ध्यान नहीं दिया अथवा उनकी ख़राब समीक्षा की। शैलेश मटियानी ने एक दिन हमारे

घर पर कहा, 'उपेन्द्रनाथ अश्क हिन्दी साहित्य की सास हैं।' सतीश जमाली ने लतीफ़ा आगे बढ़ाया, 'भैरवप्रसाद गुप्त हिन्दी साहित्य के यमराज हैं।' रवि बोले, 'राजेन्द्र यादव हिन्दी साहित्य के शरलक होम्स हैं।'

अमर गोस्वामी धीरे-से बोले, 'मोहन राकेश को क्यों छोड़ रहे हैं।'

रवि ने सोचा और कहा, 'मोहन राकेश हिन्दी साहित्य के बर्तोल्त ब्रेख़्त हैं।'

कोई उनका प्रतिवाद नहीं कर सका।

अब बारी आयी कमलेश्वर की।

कमलेश्वर हिन्दी साहित्य के क्या हैं?

बहुत सोचा गया। कमलेश्वर से सबका दोस्ताना था। वे थे भी बड़े प्रिय क़िस्म के यार। मटियानी जी ने कहा, 'कमलेश्वर हिन्दी साहित्य के कृष्ण कन्हैया हैं।'

उस दिन बात यहीं ख़त्म हो गयी।

बाद में बहुत वर्षों तक हम इस लतीफ़े को बढ़ाते रहे। रवि और मेरे बीच कई औरों की उपाधियाँ तय की गयीं जैसे—निर्मल वर्मा हिन्दी साहित्य के देवानन्द हैं, चित्रा मुद्गल हिन्दी साहित्य की हेमामालिनी हैं, मृणाल पाण्डे हिन्दी साहित्य की मुमताज हैं, उदय प्रकाश हिन्दी साहित्य के मार्ख़ेज़ हैं, कैलाश वाजपेयी हिन्दी साहित्य के कामू हैं। इलाहाबाद छूट गया तो लतीफ़ा भी पीछे छूट गया।

शाम होते ही रवि बड़े रचनात्मक हो जाते। जैसे ही मैं नीचे से ऊपर के कमरे में आती रवि कहते, 'ममता आज तो ग़ज़ब हो गया। अभी मैंने पहला पेग बनाया कि किसी का फ़ोन आ गया। मैंने गिलास मेज़ पर रखकर फ़ोन उठाया तो उसके तार से गिलास लुढ़क गया। सच मैंने एक भी घूँट नहीं भरा था। अभी फिर पेग बनाया है। यह मेरा पहला पेग है।'

मेहदौरी कॉलोनी, इलाहाबाद में हमारा एक सेवक था रामलाल। रवि ने उसे समझा रखा था कि रोज़ शाम को उनकी तैयारी कमरे में कर दे। निचली मंज़िल में माताजी का कमरा था। रवि का कमरा ऊपर था। रामलाल बड़ी चुस्ती से गिलास, बर्फ़, ठण्डा पानी और नमकीन ऊपर की मेज़ पर लगा देता। ठीक सात बजे वह यह इन्तज़ाम कर देता। मैं उसे कई बार टोकती,

'तुम्हारे कारण रवि सात बजे से ही शुरू हो जाते हैं। सात की जगह 8 या 8.30 पर यह सब रखो तो क्या हो जायेगा।'

वह मुस्करा देता पर करता वही जो रवि उससे कहकर रखते।

इलाहाबाद में इसका कोई भरोसा नहीं कौन आपके लिए क्या कह दे। लोकभारती प्रकाशन के दिनेश जी जिनसे हमारा अच्छा-ख़ासा दोस्ताना था, एक दिन रवि की मयनोशी की चिन्ता कर रहे थे। अन्त में उन्होंने कई दोस्तों के सामने कहा, 'कालिया को ममता जी की सूरत याद आ जाती है तब पीने लगता है।' शाम तक शुभचिन्तकों ने बात हम तक पहुँचा दी। रवि आहत हो गये। बोले 'यह कब की खुन्दक निकाल रहे हैं दिनेश जी।'

मैंने कहा, 'रवि मैं तुमसे दूर, बहुत दूर चली जाऊँगी, तुम पीना छोड़ दो।'

रवि ने कहा, 'क्या तुम्हें मेरे प्यार पर भरोसा नहीं है। मुझे तुम पहले भी अच्छी लगती थीं, अब भी लगती हो। देखो कुछ चेहरे वक़्त के साथ बिगड़ते हैं, तुम तो दिन-पर-दिन सँवरती जा रही हो। अपनी पिछली तस्वीरें देखो और अब की। दिनेश जी को तो मैं देख लूँगा।'

श्रीलाल शुक्ल के साथ हमारा बहुत अच्छा रिश्ता था। कभी हम उनके यहाँ जाते, कभी वे हमारे यहाँ आते। वे मुझसे कहते, 'यह मैं तुम्हारी तरफ़ से कह रहा हूँ—

'मिले जब हमको रवीन्द्र कालिया
जीवन में जो कुछ भी पाना था पा लिया।'

फिर रवि से कहते—'रवीन्द्र कालिया बड़ा ही बवालिया।'

स्टीरियो संगीत के दिनों में हमारे घर बहुत से एल.पी. थे। एक बार बेगम अख़्तर की गायी ग़ज़लों के पाँच एल.पी. का सेट बाज़ार में आया। रवि पूरा सेट ख़रीदना चाहते थे।

रवि के कई कुर्ते फट गये थे। मैंने कहा, 'रवि पहले दो-एक कुर्ते ले लेते हैं। हर महीने एक एल.पी. ख़रीद लेंगे।'

रवि ने बड़ी मासूमियत से कहा, 'मैं नंगे बैठकर बेगम अख़्तर सुन लूँगा।'

'देखा 'असद' को ख़ल्वत-ओ-जल्वत में बारहा
दीवाना गर नहीं है तो हुशियार भी नहीं।
ग़ालिब

15

विनूठे और विलक्षण व्यक्ति के साथ रहने की विडम्बना यह है कि वह जीवन-भर याद आता है। मेरा जीवन दो अलबेले व्यक्तियों के सान्निध्य में बीता, पापा और रवि। एक कर्तव्य व अनुशासन की पाठशाला तो दूसरा मौलिकता और मस्ती की। मैं रवि के रंग में रचती कि अचानक अनुशासन का अतीत मेरी डोर खींचता, 'इसे रोको यह तुम्हें भी ले डूबेगा।' रवि दस बजे तक प्रेस में काम करते, ग्यारह बजे तक पीते और बारह बजे खाना खाते। मुझे सुबह छह बजे उठकर, दोनों बच्चों को जगाकर तैयार करना होता, उनका टिफिन बनाना होता और खुद कॉलेज जाना होता। मैं रवि को टोकती और टाइमटेबल पटरी पर लाने का प्रयत्न करती। रवि हा-हा कर हँस देते, 'तुम मुझे लल्लू प्रसाद बनाना चाहती हो। तुम्हें किसी अग्रवाल से शादी करनी चाहिए थी जो आठ बजे खाना खाकर नौ बजे सो जाता।' मैं निरुत्तर हो जाती।

एक बार ठण्ड में हम दोनों स्कूटर पर कहीं जा रहे थे। बीच में सिविल लाइंस पड़ा। रवि ने यकायक कहा, 'ममता, मैं तुम्हारे लिए सुन्दर-सा शॉल लेना चाहता हूँ, चलो।'

हम एक शोरूम पर रुके।

हमेशा की तरह हमने एक माताजी के लिए पसन्द किया और एक मेरे लिए। दोनों शॉल क़ीमती थे। उतने पैसे जेब में नहीं थे। रवि बोले, 'मैं अभी

आया।' वे स्कूटर पर दौड़ गये। थोड़ी ही देर में लौटे तो उनके पास काफ़ी नोट थे। उन्होंने दाम चुकाये और मेरे हाथ में शॉलों का पैकेट पकड़ा दिया।

मैंने आशंका से कहा, 'किसी से उधार तो नहीं माँगा।' रवि मुस्कराते रहे। मैंने ज़रा तेज़ी से कहा, 'तुम्हें पता है न मुझे उधार से चिढ़ है।'

रवि ने अपनी चेकबुक दिखायी, 'स्टेट बैंक शाम चार बजे तक खुलता है, देख लो।'

मैं फिर और बिगड़ी, 'बैंक खाली करके शॉल लेने की क्या तुक है।'

रवि बोले, 'मैं तो बेतुका हूँ, तुम्हें अब पता चला।'

एक दफ़े की बात है हमें किसी की शादी में जाना था। तब हम रानी मण्डी में रहते थे। बच्चों को माताजी के पास छोड़ हम स्कूटर से चले गये। लौटने में रात हो गयी। मेडिकल कॉलेज वाले इलाक़े में सन्नाटा और अँधेरा था। हवा में खुनकी थी। हल्की-सी ठण्ड लगने लगी। तभी हमारा स्कूटर अचानक रुक गया।

रवि ने उतरकर स्कूटर में पाँच-छह बार किक लगायी। चोक लगाकर चालू करना चाहा। मँजे हुए स्कूटरचालकों की तरह उसे एक तरफ़ झुकाकर फिर सीधा किया और किक लगायी। कोई फ़ायदा नहीं। सचल वाहन अचल ही रहा।

'लगता है पेट्रोल ख़त्म है', रवि ने स्वगत कथन किया।

'बाप रे, तब तो दो मील घसीटकर ले जाना पड़ेगा', मैंने डरकर कहा, 'क्या ईंधन की सूई नहीं देखी थी?'

रवि ने तमककर कहा, 'बच्चों ने स्कूटर का कोई कलपुर्जा सीधा छोड़ा है जो सूई चलेगी। सारा दिन इसे लेकर गलियों में दौड़ लगाते हैं।'

मेरा चेहरा तन गया। हर बात का ज़िम्मेदार बच्चों को ही ठहराया जाता है।

रवि ने मेरी तरफ़ ध्यान दिया, 'ये जो तुम इतने कड़े छड़े पहनकर चली आयी हो, मैं तुम्हारी चौकीदारी करूँ या स्कूटर की!'

बड़ा गुस्सा आया। कैसा नादान हमदम है। यह क्या सोचता है शादी-ब्याह में नंगे बुच्चे जाना अच्छा लगता है। मेरे पास कौन-से नये गहने थे। शादी पर माताजी की चढ़ाई चार चूड़ियाँ थीं जो इतने वर्षों में टेढ़ी-मेढ़ी हो चुकी

थीं। कभी शादी-ब्याह में जाना होता तो वही पहन लेती। किसी तरह चुप्पी का कड़वा घूँट कण्ठ में धारण किया।

आसपास कहीं पेट्रोल पम्प का नामोनिशान नहीं था। सड़क किनारे कार मरम्मत के खोखों पर सन्नाटा पसरा था।

आख़िरकार मरी चाल से हम स्कूटर को साथ लेकर पैदल आगे बढ़ने लगे। दो-तीन आवारा कुत्ते हमारे साथ चलने को उद्यत हुए लेकिन नींद के दबाव में फिर से पसर गये।

अभी हम कुछ ही दूर गये होंगे कि दूर से आती कुछ हैडलाइटों की तीखी रोशनी हमारी आँखों पर चमकी। पहले लगा कि कार आ रही है लेकिन जल्द ही चार-पाँच हैडलाइटें नज़र आने लगीं। अब मोटरबाइकों की घनघनाहट भी सुनाई दे रही थी।

हमने चलना रोक दिया। रवि ने कहा, 'आज मारे गये। पेपर में आये दिन ये ही वारदातें छपती हैं। देखो, अगर वे तुमसे पर्स और गहने माँगें तो चुपचाप दे देना। उनको भाषण पिलाने की बेवकूफ़ी मत करना।'

'तुम भी स्कूटर दे देना।' मैं कहने से बाज नहीं आयी।

अब तक मोटरबाइकें क़रीब आ गयीं। चार थीं। किसी पर दो तो किसी पर तीन नौजवान बैठे हुए थे। मुझे तो वे सब नशे में चूर दिखाई दे रहे थे। उन्होंने चारों दिशाओं से हमें घेर लिया। बिना अपनी मोटरबाइक रोके उन्होंने पूछा, 'क्या प्रॉब्लम है आपकी?' वे हमें घूर रहे थे।

रवि ने कहा, 'लगता है तेल ख़त्म है।'

अब उन्होंने मोटरबाइकों का इंजन बन्द किया। दो युवक उतरकर फुटपाथ और कार मरम्मत के खोखों के आसपास कुछ टटोलने लगे। उनके हाथ टूटे मुँह की एक शीशी लगी। युवकों में सबसे लम्बे युवक ने अपनी मोटरबाइक का ईंधन-पाइप शीशी में लगाकर पेट्रोल निकालकर भरा और हमारे स्कूटर में उँड़ेल दिया। एक शीशी पेट्रोल और डालकर उसने कहा, 'अब आप बिजलीघर तक आराम से पहुँच जायेंगे। वहाँ पेट्रोल पम्प खुला हुआ है।'

हम दोनों के आभार प्रदर्शन पर उन्होंने कोई ध्यान नहीं दिया।

वे बोले, 'चलिए हम आपके साथ चलते हैं, आपको कहाँ जाना है?'

'चौक।' हमने बताया।

हमारे साथ चलते हुए वे नवयुवक कह रहे थे, 'भाईसाहब याद रखिए

रात दस बजे के बाद बाहर रहना ख़तरे से खाली नहीं है। फ़ैमिली को लेकर तो क़तई नहीं निकलना चाहिए।'

रवि ने कहा, 'आप कहाँ जा रहे थे?'

'हम तो बस फाफामऊ, 'बेवकूफ़ पानवाले' तक जा रहे थे, पान खाने। अब यहीं खा लेंगे, निरंजन टॉकीज़ के पास।' उन्होंने बड़े आत्मविश्वास से जवाब दिया।

निरंजन टॉकीज़ का पुल आने पर उन्होंने हमसे विदा ली। हम सुरक्षित इलाक़े में आ गये थे। यहाँ उतना सन्नाटा नहीं था। इक्का-दुक्का चाय और पान की दुकानें खुली हुई थीं।

रवि बोले, 'देखो हमने इन्हें कितना ग़लत समझा। मैंने सोचा था ये हमें लूटेंगे।'

बाद में वे लड़के हमारे अच्छे मित्र बन गये।

नयी दिल्ली स्टेशन पर टैक्सी ढूँढ़ने में बहुत परेशानी होती है। अब तो वाजिब रेट की ओला और उबेर टैक्सी चल पड़ीं, इससे पहले टैक्सीवालों के मनमानेपन से बहुत तंग होते थे हम।

एक बार हम टैक्सी में नयी दिल्ली स्टेशन जा रहे थे। हमें मुम्बई के लिए राजधानी पकड़नी थी। रास्ते में रवि मुम्बई के दोस्तों की बात करने लगे। घूम-फिरकर चर्चा उनके दोस्त ओबी (ओबराय) पर आ गयी। रवि बोले, 'ऐसा अद्‌भुत आदमी कभी-कभी जीवन में मिलता है। मैं कभी उसके ऊपर फ़िल्म बनाऊँगा तो उसका नाम रखूँगा, 'दिल का राजा, जेब का फ़क़ीर।' कुछ दिन बाद हम मुम्बई से लौटे। नयी दिल्ली स्टेशन की भीड़ में परेशान खड़े थे क्योंकि कोई टैक्सीवाला मीटर से चलने को तैयार नहीं था। तभी एक टैक्सी आकर हमारे सामने रुकी और ड्राइवर ने उतरकर टैक्सी का दरवाज़ा खोलकर कहा, 'बैठिए साब।'

हम बड़े हैरान हुए। यह कहाँ से नियामत की तरह आ गया। थोड़ी देर में टैक्सी ड्राइवर ने पूछा, 'साब वह आपकी फिलिम 'दिल का राजा, जेब का फ़क़ीर' कब तक तैयार होगी?'

यह वही टैक्सी वाला था जिसने पिछले हफ़्ते हमें स्टेशन पहुँचाया था।

'हमारे शे'र हैं अब सिर्फ़ दिल्लगी के 'असद'
खुला कि फ़ायदा अर्ज़-ए-हुनर में ख़ाक नहीं'

ग़ालिब

16

यों तो मेरे पैतृक परिवार की जड़ें ब्रजभूमि में और ब्रजमाधुरी में पगी हुई थीं, वहाँ यह बात बहुत जल्द समझ ली गयी थी कि आज़ाद भारत में अच्छी नौकरी इंग्लिश के ज़रिये ही हासिल की जा सकती है। लिहाज़ा हम सब बच्चों की शिक्षा का माध्यम इंग्लिश रहा। शिक्षा का असर अभिव्यक्ति पर पड़ता है। हिन्दुस्तान के असंख्य परिवारों की तरह हमारे यहाँ भी भाषा की दक्षता से व्यक्ति की योग्यता को मापा जाता था।

रवि जब मुझे मिले, उन्होंने सबसे पहला प्रहार मेरे प्रिय लेखकों पर और दूसरा मेरी इंग्लिश की शब्द-सम्पदा पर किया। मैं हिन्दी बोलने के दौरान कई अहम शब्द इंग्लिश में बोल जाती।

मैं चौकन्नी हो गयी। रवि के सामने हर शब्द का हिन्दी पर्याय ढूँढ़ती और अंग्रेज़ी बोलने से बचती। हमारे यहाँ इंग्लिश का ज्ञान एक पैमाना था, इसलिए जब पापा ने मुझसे पूछा, 'रवीन्द्र कालिया की शैक्षिक योग्यता क्या है।'

मैंने बहादुरी से बताया, 'पापा वह डबल एम.ए. हैं, हिन्दी और अंग्रेज़ी में।'

रवि को मेरी इस चालाकी की कोई ख़बर नहीं लगी। कोई मौक़ा भी नहीं आया।

रवि का पूरा जीवन हिन्दीमय था। नौकरी भी हिन्दी के कारण थी और कहानी भी। कामचलाऊ इंग्लिश उन्हें आती थी और अनुवाद अच्छा कर

लेते। रूसी साहित्य का हिन्दी अनुवाद ख़ूब पढ़ रखा था। अमेरिकन इंग्लिश आसान होती है, इसलिए उन्होंने हेमिंग्वे सहित बहुत से अमेरिकन लेखक पढ़ लिए थे। इंग्लिश की, उनकी जीवन-पद्धति में, कोई जगह नहीं थी।

रवि सिर्फ़ इंग्लिश भाषा नहीं वरन् अंग्रेज़ियत फैलाने वाली हर वस्तु और उपकरण से चिढ़ते। हम रेस्तराँ में खाना खाने जाते तो रवि सबसे पहले मेज़ पर से समस्त काँटे-छुरी हटवा देते। हमारे घर में पहले डाइनिंग टेबल थी। वह केवल खाना खाने के नहीं और बहुत से काम आती थी। मेरा समस्त लिखना-पढ़ना उसी पर होता। घर के चटनी, अचार और मुरब्बे वहीं रखे मिलते। उसी की कुर्सी पर बैठ मैं दिन की सब्ज़ियाँ काटती। जिस चीज़ को कहीं पनाह न मिलती, वह डाइनिंग टेबल पर ही रखी जाती। वह टेबल इलाहाबाद में मैंने ख़ुद कहकर बनवाई थी। उसके शिल्पी हीरालाल, स्वयं बहुत अच्छे कवि हैं। मेरे इसरार पर उन्होंने बड़े मन से यह काम करवाया।

दिल्ली में मकान छोटे थे। रवि को जब-तब डाइनिंग टेबल पर गुस्सा आया करता, 'इसने पूरा एक कमरा घेर रखा है। कौन खाता है डाइनिंग टेबल पर। अब तो पश्चिम में भी लोग डाइनिंग टेबल छोड़ते जा रहे हैं। यह एक पतनशील परम्परा की तरह हमारे घर में पसरी हुई है।'

एक दिन वे अपने ऑफ़िस के एक सहयोगी को मनाकर घर लाये और उसे इस बात के लिए राज़ी किया कि वह डाइनिंग टेबल ले जाकर अपने घर में लगाये।

मेरा तो घर में लिखने-पढ़ने का ठिकाना ही उजड़ गया। इसका असर लिखने पढ़ने पर पड़ा, पर रवि ही क्या जो सुन लें।

कभी-कभी रवि इंग्लिश बोलते। रवि के भाई-बहन अपने परिवारों के साथ विदेशों में रहते हैं। सभी को वहाँ रहते पचपन-साठ साल हो गये। वे लोग हिन्दी उसी तरह बोलते हैं जैसे रवि इंग्लिश। लेकिन संवाद जारी रखने के लिए बोलना तो पड़ता ही है। तब ये भाई-बहन हिन्दी, इंग्लिश, पंजाबी और उर्दू की वह भेलपुरी पेश करते हैं कि आप उसमें दख़ल नहीं दे सकते। महीना-सवा महीना रहने के बाद, जिस दिन वे वापस जाते, रवि अपने बिस्तर पर लमलेट हो जाते जैसे बहुत बड़ा फ़र्ज़ अदा किया हो। मैं झुँझलाकर कहती, 'सारा काम तो मैंने किया, तुम काहे से थक गये?'

रवि कहते, 'मैं इंग्लिश बोलकर थक गया।'

एक बार की बात है, रवि के बड़े भाई और भाभी कनाडा से आकर हमारे साथ रहे। तब इलाहाबाद में माता-पिता भी हमारे साथ रहते थे। पता ही नहीं चला, पुरानी यादों और दास्तानों में कब एक महीना बीत गया। पूरा परिवार भाई-भाभी को विदा देने दिल्ली चला। हम लोग होटल रंजीत में ठहरे। भाईसाहब की उड़ान, तड़के तीन बजे की थी। सबने तय किया कि किसी बढ़िया जगह चलकर रात का भोजन किया जाय। रवि ने कहा, 'रात को हयात रीजेंसी में खाना खायेंगे। वहाँ से एयरपोर्ट भी पास रहेगा।' रवि के परिवार में कोई भी मांस-मदिरा का शौक़ीन नहीं था। बातें जिन्हें पंजाबी में 'गल्लां-बातां' कहते हैं, उसी का नशा था सबको। रवि बीच में उठकर खिसक लिए और चुपचाप दो-तीन पेग पीकर आ गये। उनकी मस्ती, मसखरी और मौज देखकर ही मैं समझ गयी कि रवि अपनी रौ में हैं।

दो टैक्सियों में हम सब हयात रीजेंसी पहुँचे। वहाँ उन दिनों 'बैसाखियाँ दियाँ मौजां' शीर्षक की थीम पर खाना प्रस्तुत किया जा रहा था। लम्बी-सी टेबल पर समस्त परिवार आसीन हुआ। ढोलक के आकार का मैन्यू कार्ड था और ऑर्डर लेने वाली लड़कियाँ चमकीले पंजाबी सूट पहने हुए थीं। एक तरफ़ कुएँ का मॉडल बना था। वेटर पठान सूट पहने हुए थे और मोजरी जूती। कुल मिलाकर उन्होंने पंजाब निर्मित किया हुआ था।

हम लोगों ने पंजाब का प्रिय भोजन—सरसों का साग, मक्की की रोटी और गाजर का हलवा मँगवाया। होटल के बैण्ड द्वारा बजाई गयी पंजाबी लोकधुनों पर वहाँ भांगड़ा भी हो रहा था। खाना आया। सबने अपनी प्लेटों में खाना परोसा। कोई कुछ नहीं बोला। रवि ने जैसे ही पहला कौर साग के साथ मुँह में डाला, बोले 'यह सरसों का साग नहीं है।'

माताजी ने कहा, 'साड्डे घर वरगा कित्थे मिलणा, चुप लगा के खा ले।'

रवि भड़क गये। रवि ने प्लेट सरका दी, 'मैं चुप लगाकर धोखा खा लूँ, क्या कह रही हैं आप।'

तब तक भाईसाहब, भाभी और मैं भी रवि को शान्त करने में लग गये।

भाभी बोलीं, 'कनाडा में तो और भी बेस्वाद साग मिलता है, यह तो गनीमत है।'

रवि भावुक हो गये, 'मैं अपने वतन में अपने भाई-भाभी को सरसों का साग और मक्के की रोटी भी नहीं खिला सकता, लानत है इस रेस्तराँ पर।'

तब तक एक लड़की स्टुअर्ड रवि के पास आकर विनम्रता से बोली, 'मे आय हेल्प यू सर?'

रवि उस पर भड़क गये, 'वॉट हेल्प? यू आर रोमिंग हियर एंड देयर, डूइंग नथिंग।'

लड़की ने और भी विनम्रता से कहा, 'वॉट डू यू वॉन्ट सर?'

'कॉल योर मैनेजर।' रवि ने फ़रमान सुनाया।

काउंटर पर खड़ा मैनेजर लपककर आया, 'यस सर?'

रवि ने शिकायत दुहरा दी।

मैनेजर ने कहा उसके होटल में हर चीज़ की गुणवत्ता अच्छी तरह देखी-भाली जाती है।

रवि तैश में आ गये। उन्होंने अपनी प्लेट की रोटी पेपर नेपकिन में लपेटकर कुर्ते की जेब के हवाले की और बोले, 'यह सरसों का साग भी पैक करवाइए। मैं कल ही लैब में इसकी जाँच करवाता हूँ। यू आर फूलिंग मी।'

मैनेजर सॉरी-सॉरी कहता रहा। वह बार-बार रवि से कह रहा था, 'सर प्लीज़ लैट मी हैव दैट पैकेट। आय विल फाइण्ड आउट फ्रॉम द किचेन।'

रवि टोबाटेक सिंह के हीरो की तरह लड़खड़ाते हुए खड़े हो गये और ज़ोर से बोले, 'आय नो ऑल द गड़बड़ ऑफ़ योर फाइव स्टार होटेल्स। आय एम ए केमिकल इंजीनियर।'

भाई साब ने रवि की जेब से रोटी का पैकेट निकालकर मेज़ पर रख दिया और मैनेजर से बिल भेजने को कहा।

मैनेजर ने बिल नहीं दिया। वह हाथ जोड़कर माफ़ी माँगता रहा।

चलते-चलते हमारे किशोर बेटे अनिरुद्ध ने कमेंट कर दिया, 'यहाँ दो-चार आतंकवादी भी होने चाहिए।' हयात रीजेंसी का सारा स्टाफ सन्न रह गया। बैसाखी की मौज उस शाम धरी की धरी रह गयी।

मुझे बड़ी शर्म आयी, इस बात पर कम कि होटल में तूफ़ान बरपा हो गया; इस बात पर ज़्यादा कि रवि की मयनोशी परिवार के सामने ज़ाहिर हो गयी।

भाई साब ने बात सँभाली, 'इन्दर का गुस्सा वाजिब था। न रोटी में मक्की थी न साग में सरसों।'

समर्थन पाकर रवि का पारा भी नीचे उतरा। वे बोले, 'चलो करोल बाग में चलकर खाना खाते हैं।'

पापाजी ने सबको डपट दिया, 'एक और तमाशा दिखाने का इरादा है क्या?'

‘हम को सितम अज़ीज़ सितमगर को हम अज़ीज़
ना मेहरबाँ नहीं हैं, अगर मेहरबाँ नहीं’

ग़ालिब

17

इन दिनों रवि की बहुत याद आ रही है। वर्ष 2016 के यही दिन थे जब उन्हें कैंसर से आख़िरी लड़ाई लड़ते देखा। पीड़ा के पृष्ठ पलटकर देखने से दुख दूना हो जाता है। चलो उनकी ज़िन्दादिली को याद करें।

एक अकेले रवीन्द्र कालिया के इतने सारे शौक़ थे, शगल थे, शरारतें थीं कि उसके लिए एक उम्र नाकाफ़ी थी। लिखने के इरादे बेहिसाब रहते। नये कमरे में मसनद के सहारे बैठ जाते। दो बड़ी ट्यूबलाइट एक टेबल लैम्प हर वक़्त जलता रहता। बड़े करीने से क्लिपबोर्ड पर नये काग़ज़ लगाकर नयी कहानी शुरू करते। ‘चकैया नीम’, ‘ग़रीबी हटाओ’, ‘टाट के किवाड़ों वाले घर’, ‘नया कुर्ता’, सन् अस्सी के दशक की कहानियाँ हैं जो उन्होंने बड़ी कुशलता से अपने उपन्यास ‘ख़ुदा सही सलामत है’ में समो लीं। पत्रकारिता का तजुर्बा उनके काम आता। मैं तो आज तक कभी अपनीं पहले लिखी सामग्री को आगामी रचना में जोड़ नहीं पायी। इसके लायक सूझबूझ मुझमें शून्य है। मैं हर बार हर चीज़ नये सिरे से लिखती हूँ। रवि का कला कौशल ऐसा कि इतना बड़ा, एपिक उपन्यास लिखा, न कभी एक भी पृष्ठ उनका ग़ायब हुआ न गुम। मैं तो रात में कहानी लिखूँ तो सवेरे उसके चौथाई पन्ने ग़ायब मिलते हैं। कभी उड़ जाते हैं, कभी मैं ही रखकर भूल जाती हूँ।

दरअसल ‘ख़ुदा सही सलामत है’ के अधिकांश पात्र उसी इलाक़े के

थे जहाँ हम रहते थे—रानी मण्डी, इलाहाबाद। जो अन्य मुख्य किरदार हैं जैसे शर्मा, गुल और अजीज़न उनके खाके उन्हें लखनऊ में देखने को मिले जिन पर रवि ने अपनी कल्पना और कला का कौशल दिखाया। व्हिस्की का पेग बनाकर पास रख लेते और लिखने में रम जाते। मैं उतनी देर प्रेस की कमान सँभाल लेती। बच्चे छोटे थे। दिन भर गली में शैतानी और स्कूल में पढ़ाई कर इतने थक जाते कि ऊपर जाकर जैसे-तैसे स्कूल का काम निपटाकर सो जाते।

रवि पाँच-छह पन्ने लिखकर क्लिपबोर्ड एक तरफ़ रख देते। सोनोडाइन के स्टीरियो पर मलिका पुखराज या बेगम अख़्तर की आवाज़ कमरे में गूँजने लगती।

'खाना लगाऊँ?' मैं पूछती।

'क्या बना है?' रवि पूछते तो मुझे हँसी आ जाती।

हफ़्ते में तीन शाम तो हमारे यहाँ एक ही खाना दुहराया जाता। रवि की पसन्द का भोजन था मूँग की धुली दाल, आलू-मेथी और मुक्की मारकर गंडा (प्याज)। बच्चों ने इस भोजन को 'हैप्पी मील' कहना शुरू कर दिया था। बच्चों के लिए, हमारी सेविका मालती, कभी अण्डे की भुर्जी तो कभी आलू की भुजिया बना देती। कभी रवि को ख़ुद खाना बनाने की धुन सवार हो जाती। हमारे पास एक 'डालडा पाक पुस्तक' थी। उसमें तरह-तरह की पाकविधियाँ लिखी हुई थीं। एक और पाक पुस्तक हम 'लक्ष्मी बुक हाउस' से ख़रीदकर लाते थे 'कुकिंग द पंजाबी वे' लेखिका अरुणा रीझसिंहानी।

रवि पाक पुस्तक लेकर जिस दिन रसोई में घुस जाते, छोटा-मोटा बवण्डर ही आ जाता। मैं तो कॉलेज की शरण होती। मालती बेचारी चौक और लोकनाथ के चक्कर लगा-लगाकर हैरान हो जाती। कोई भी सामग्री न हो या कम हो, यह रवि नाम के बावर्ची को बर्दाश्त नहीं। अगर गाजर का हलवा बना रहे हैं तो पिस्ता, बादाम, देसी घी के अलावा शब्दकोश में 'raisins' का अर्थ ढूँढ़ा जा रहा है, तब किशमिश मँगाई जा रही है। कभी रवि सामिष भोजन बनाते। ऐसा उन्हीं दिनों हो पाता जब माताजी जालन्धर गयी हुई हों। मटन दो प्याजा या चिकन रवि बड़े ज़ोर-शोर से बनाते। मालती रोटियाँ सेंक देती। जब हम खाना खाने बैठते, रवि बच्चों

से कहते, 'अन्नू-मन्नू कैसा बना है खाना, नम्बर दो। पापा पास या फेल?' बच्चों की बन आती।

अन्नू कहता, 'पापा 60 प्रतिशत'

रवि का रंग उड़ने लगता।

मन्नू कहता, 'चलो 70 प्रतिशत'

कभी रवि को ख़ुश करने के लिए अन्नू-मन्नू कहते 'पापा सेंट परसेंट। बहुत बढ़िया बना है।'

पाक पुस्तक पर कभी घी-तेल गिर जाता कभी हल्दी-मिर्च। 'कुकिंग द पंजाबी वे' तो ऐसी हो जाती कि अक्षर पढ़ने में न आते। मेरा ख़याल है हमने यह पुस्तक चार-पाँच बार तो ख़रीदी होगी।

अपने समाज में एक ज़माना ऐसा था जब बर्तनों पर नाम लिखवाये जाते थे। जिस ठठेर से आप बर्तन ख़रीदते, वही एक मशीन से बर्तन पर नाम खोद देता। यह रिवाज तब शुरू हुआ होगा जब आस-पड़ोस में भोजन सामग्री देने-लेने का चलन था। रामप्रसाद की तश्तरी कृष्णगोपाल के घर चली गयी और शरबती देवी की कटोरी अशरफी देवी के घर। थोड़े दिनों बाद बर्तन सही ठिकाने पहुँचाये जाते, वे भी खाली नहीं, यथासामर्थ्य कुछ सौजन्य खाद्य पदार्थ रखकर। मुझे याद है माँ ज़्यादातर पड़ोस की कटोरी में चीनी भरकर मुझे थमातीं, 'मुन्नी जाकर साँवलदासजी के यहाँ कटोरी वापस करके आना। देते समय कहना, माँ ने थैंक्यू बोला है।'

यह आदान-प्रदान अब चाहे कम हो गया, लेकिन हमारे इलाहाबाद प्रवास के समय भी बर्तनों पर नाम खुदवाने की परम्परा बची हुई थी। दीवाली से दो दिन पहले धनतेरस पर बर्तन ज़रूर ख़रीदा जाता। माताजी साथ रहतीं इसलिए हर त्योहार विस्तार से मनाया जाता। स्टील की चमक ने पीतल के बर्तनों का निष्कासन कर दिया अतः हम भी स्टील के ही बर्तन ख़रीदकर लाते। बच्चों की छोटी थाली, कटोरी, गिलास तो हर बार ख़रीदते, साथ ही एक पतीला या डोंगा जिसमें खील-बताशे रखे जायें। माताजी सभी बर्तनों पर नाम लिखवातीं रविन्दर कालिया। बच्चों के बर्तनों पर उनके नाम लिखे जाते। बच्चे चमकदार बर्तनों पर अपना नाम ख़ुदा देखकर फूले न समाते।

पर्व-त्योहार और पूजा-पाठ में रवि की ख़ास दिलचस्पी नहीं थी लेकिन वे हस्तक्षेप भी नहीं करते। वे बच्चों को पटाखे दिलाने और प्रेस के कर्मचारियों को मिठाई बाँटने में सक्रिय रहते। एक दिन रवि की नज़र एक गिलास पर पड़ गयी जिस पर लिखा हुआ था—'रविन्दर कालिया।'

रवि भौचक रह गये—'यह क्या बेवकूफी है?' रवि ने मुझसे कहा।

मैं समझी नहीं।

रवि ने भड़ककर कहा, 'यह गिलास पर मेरा नाम किसने लिखा?'

मैं एकदम सकपका गयी। माताजी ने बहादुरी से कहा, 'काका मैइयों लिखाया सी। प्रेस में बर्तन आँदे जाँदे रेहंदे। सँभाल तो करनी होई न।'

रवि बहुत दुखी हो गये, 'झाईजी ये मेरे नाम वाले बर्तन भाँडे किसी को दे देना। मेरी आँखों के सामने न पड़ें।'

'लै तू कोई नोखा है। सारे जन नाम लिखाँदे हैं।' झाईजी बोलीं।

रवि बोले, 'झाईजी, तुस्सी समझदे क्यों नहीं। मैं अपना नाम किताबों में छोड़कर जाना चाहता हूँ, बर्तनों पर नहीं।'

एक और घटना भी इलाहाबाद स्टेशन की है। हम दिल्ली रहने लगे थे। इलाहाबाद में अभी मन्नू की वजह से घर बसा हुआ था। घर और शहर आने का प्रयोजन मिलते ही हम टिकट कटाकर चल पड़ते।

कोई संगोष्ठी आयोजित थी, महात्मा गाँधी अन्तरराष्ट्रीय हिन्दी विश्वविद्यालय, वर्धा की इलाहाबाद इकाई में जिसमें हम दोनों आमन्त्रित थे। उसी गाड़ी तथा डिब्बे में वर्धा विश्वविद्यालय के कुलपति विभूतिनारायण राय भी आ रहे थे। प्रयागराज एक्सप्रेस से सवेरे-सवेरे हम सब इलाहाबाद स्टेशन के प्लेटफ़ॉर्म नम्बर एक पर उतरे। स्टेशन पर सफ़ेद धोती कुर्ते पहने हुए किशोर विद्यार्थियों का एक झुण्ड हाथों में गेंदे की मालाएँ लेकर प्रतीक्षा में खड़ा था। रवि अपने शाश्वत परिधान पाजामे-कुर्ते में थे। जैसे ही रवि ने प्लेटफ़ॉर्म पर क़दम रखा, बटुकों का वह समूह 'आचार्यजी आ गये' कहता हुआ रवि पर लपका और उन्हें फूलमालाओं से लाद दिया। रायसाहब एक तरफ़ हटकर खड़े हो गये। मैं चकरायी कि माजरा क्या है। मैं गर्दन घुमाकर मन्नू को ढूँढ़ रही थी जिसे कई बार आने में देर हो जाती थी। तभी उसी रेल के डिब्बे से एक और लम्बा-चौड़ा व्यक्ति उतरा। उसने भी

सफ़ेद कुर्ता-पाजामा पहना हुआ था और वह धवल केशी था। उसे देखकर बटुकों को अपनी ग़लती का अहसास हुआ। वे रवि से बोले, 'क्षमा कीजिए महोदय' और एक-एक कर समस्त फूलमालाएँ रवि की गर्दन से उतारकर नवागत के चरणों में प्रणाम करने के लिए मुड़ गये। रवि एक क्षण को स्तम्भित हुए। फिर रवि ने रायसाहब के साथ मिलकर ठहाका लगाया और घर के लिए रवाना हो गये।

'दैर नहीं, हरम नहीं, दर नहीं, आस्ताँ नहीं
बैठे हैं रहगुज़र प हम, कोई हमें उठाए क्यों।'

ग़ालिब

18

'मंटो' देखकर आयी हूँ। मन मंटोमय हो रहा है। सोच रही हूँ मंटो की कई फ़ितरतें किस क़दर रवि से मिलती थीं। वही गुस्सा, वही तेवर, वही लड़ने-भिड़ने का अन्दाज़। क्या सभी अदीब यकसाँ होते हैं।

नन्दिता दास द्वारा निर्देशित इस फ़िल्म में एक लेखक की बेचैनी, बदहाली और गुस्सा तो व्यक्त हुआ ही है, उसकी सचाई और ताक़त भी बताई गयी है। यह प्रस्तुति एक कलाकार की दूसरे कलाकार के प्रति स्नेहांजलि है।

रवि में मंटो की महज़ मयनोशी नहीं और भी कई बातें आयी थीं। रवि ने अपने लड़कपन में मंटो के 'स्याह हाशिए' उर्दू से हिन्दी में अनुवाद किये थे। तभी से शायद मंटो की रूह उनमें उतर आयी थी।

फ़िल्म में एक संवाद है, 'मंटो की ज़ुबान पे डंक बैठा है।'

रवि की ज़ुबान भी ऐसी ही थी। गुस्से के समय कोई उन्हें चुप करने की कोशिश करे तो वे उस पर दुगने बरस पड़ते। वे अन्दर तक खौल जाते। मैं तो इस चपेट में आती ही, दिली दोस्त, बच्चे और अजनबी भी बच न पाते। गुस्सा पल-दो पल का होता मगर अपनी लपट और आँच छोड़ जाता देर तक के लिए।

सितम यह कि रवि अपनी यह फ़ितरत समझते। उन्होंने एक जगह लिखा है, 'दारू पीने के बाद मैं बिजली का नंगा तार बन जाता।'

कटखनेपन के करैत से हम दोनों खिलवाड़ करते, सँपेरों की तरह। एक-दूसरे के ज़हर की पोटली नष्ट करना चाहते लेकिन कामयाब न होते। तनाव में रवि अगला पेग बना लेते। मैं अपने आगे कोरा पन्ना खोलकर अगली कहानी शुरू कर डालती। बच्चे तनाव का जायज़ा लेकर पढ़ने बैठ जाते। माताजी नीचे खाँसना शुरू कर देतीं। उनकी खाँसी सुनकर रवि वर्तमान में लौटते। दो छलाँग में नीचे उतर जाते। माँ के मुँह में दो-तीन होमियोपैथिक दवाओं की बूँदें डालते, उनकी चादर ठीक करते और रामलाल को ताकीद करते, 'जब तक माँ सो न जायें तुम अपने कमरे में मत जाना।'

रवि का नशा हिरन हो जाता। मुझे हर बार अचम्भा होता कि माँ के सामने पड़ते ही उनका बिच्छू कहाँ बिला जाता। रवि का सबसे उज्ज्वल, उदात्त और उत्सर्गी व्यक्तित्व माँ के सामने ही प्रकट होता।

31 मार्च 2014 की बात है। भारतीय ज्ञानपीठ में पौने आठ साल निदेशक तथा सम्पादक 'नया ज्ञानोदय' रहने के बाद रवि अवकाश प्राप्त करने जा रहे थे। दफ़्तर में सभी अधिकारी, सहकर्मी और कर्मचारी बड़े कक्ष में इकट्ठे हुए। सबके चेहरे गमगीन थे। कई लड़कियाँ रो रही थीं। कुछ रुआँसी हो, रोने की तैयारी में थीं।

रवि बोलने के लिए खड़े हुए। उन्होंने कहा, 'दोस्तो, मैं अब तक ज़िन्दगी में पाँच-छह बार रिटायर हो चुका हूँ। मेरे लिए यह नया अनुभव नहीं है। आप सबसे गुज़ारिश है मुझे हँसते हुए रुख़सत कीजिए।'

सभी उदास चेहरों पर हँसी बिखर गयी। संक्षिप्त-सा आयोजन था। सुबह दस बजे घर से निकले रवि, घण्टे-भर में घर आ गये। उनकी बहन कमलेश लन्दन से विशेष इसी अवसर के लिए आयी थी। वह छोटी है पर बड़ी बहन की तरह व्यवहार करती रही। सन् 2011 से रवि कैंसर की चपेट में आ गये, तब से कमलेश ने इनकी बहुत सेवा की। दरअसल, रवि के परिवार में सब बड़े हिम्मती और खुशमिज़ाज लोग हैं। न आप उदास होते हैं न दूसरों को उदास देख सकते हैं। रवि के जीवन में संघर्ष कभी किताबी शब्द नहीं रहा। उनकी अपनी हरकतें ऐसी थीं कि सुख-चैन के चिकने दिन मुश्किल से दो-चार निकलते कि टकराव शुरू हो जाता। पहले वे मुझसे कहा करते थे कि, 'देखो मेरी साढ़ेसाती चल रही है, वह भी उन्नीस साल

की। तभी यह प्रेस का चक्का मेरे गले में फँसा हुआ है। मैं प्रेस चलाने के लिए पैदा नहीं हुआ था।'

सच मुझे भी दिली तकलीफ़ होती जब रवि अपने दोस्तों के साथ बैठे साहित्यिक वार्तालाप में मगन होते, तभी नीचे से कोई वर्कर आकर कहता, 'बाबूजी मशीन का पट्टा टूट गया है।' कभी फोरमैन आकर कहता, 'एक किलो 'क' मँगा दें, कम्पोजिंग रुक गयी है।' मशीन पार्ट और फाउंड्री के काम मेरे पल्ले न पड़ते। इससे भी बड़ी विषमता यह थी कि गृहस्थी में सारी जोड़-तोड़कर जिन दोस्तों की ख़ातिर हम अपना दस्तरख़्वान बिछाते वे कभी भी कह उठते, 'कालिया का क्या है, नीचे से नोट छप कर ऊपर आ जाते हैं।' इलाहाबाद ऐसा शहर था जहाँ किसी के घर दो जून चूल्हा जलना समृद्धि का प्रतीक था। कोई नया कुर्ता सिलवा लेता तो शहर में यह ताज़ा ख़बर बन जाती। वहाँ विपन्नता जीवन मूल्य की तरह लोगों की नसों में दौड़ती। रवि के जीवन का सिद्धान्त था 'न दैन्यम् न पलायनम्।' कई बार वे खुद मशीन चलाते, प्रूफ़ पढ़ते और स्याही के ड्रम उठाकर लाते।

जीवन यों ही चलता जाता कि इसका चक्काजाम हो गया। पाठ्यपुस्तकों का राष्ट्रीयकरण हो गया जिससे वे छापेखाने जो निजी प्रकाशकों के आदेश पर पाठ्यपुस्तक छापते थे, नयी नीति के अन्तर्गत निष्क्रिय हो गये। ऊपर से शहर में समर्थ छापेखानों ने ऑफ़सेट मशीनें लगा लीं। अब लैटरप्रेस के दिन लद गये। वे मशीनें जो रवि ने बैंक से ऋण लेकर, जालिम क़िस्तों पर अपनी बनाई थीं, बूढ़े बैल सी लाचार खड़ी रह गयीं। रवि को उन्हें कबाड़ के दाम बेचना पड़ा। मेरी छोटी-सी नौकरी पर बड़ा-सा परिवार जैसे-तैसे साँस ले रहा था। ऐसे कठिन काल में लेखन ने हमें अद्भुत आसरा दिया। रवि ने अपनी बहुत-सी अच्छी और यादगार कहानियाँ इस दौर में लिखीं। मैंने अख़बारों, पत्र-पत्रिकाओं में नियमित स्तम्भ-लेखन से वेतन से भी ज़्यादा और नियमित राशि अर्जित की। हम दोनों के जीवन में लेखन हमेशा संकटनिवारक और संकल्प-धारक की तरह आया। उससे मिला धन-मान एक बार ऋण भी कर दें तो लिखने मात्र से जो सुख और विश्वास मिला, हर्ष और उल्लास मिला, हिन्दी जगत में जो पहचान मिली वह हमारी अप्रतिम निधि है।

इसी लिखने-पढ़ने पर आधारित, जब रवि को कलकत्ते में नयी नौकरी मिल गयी तो मैं भी इनके संग चली गयी। भारतीय भाषा परिषद ने हम

दोनों को व्यस्त कर लिया। रवि ने 'वागर्थ' का सम्पादन सँभाला और अपने कार्यकाल में कुछ अद्‌भुत कहानियाँ छापीं जैसे धीरेन्द्र अस्थाना की 'पिता', स्वयंप्रकाश की 'मंजूफालतू', मधु कांकरिया की 'और अन्त में यीशु'। यों कहानियों का श्रेय उनके रचनाकारों को जाता है; सम्पादक के हिस्से बस उतना यश आना चाहिए जितने प्रयास से वह अच्छी रचना सम्भव करवा लेता है। सम्पादक लेखक के लिए एक अनिवार्यता निर्मित करता है कि वह एक जानदार, शानदार कहानी लिखे अन्यथा निस्तेज, निष्प्राण और निस्पृह कहानियों से तो संसार पहले से ही भरा हुआ है। 'वागर्थ' के दो बहुचर्चित विशेषांक थे, अक्टूबर 2004 का नवलेखन अंक और दिसम्बर 2005 का युवालेखन अंक। दोनों ही अंकों ने धूम मचायी। कुछ एक कहानियाँ आज भी कौंध जाती हैं जैसे– कुणाल सिंह की 'सनातन बाबू का दाम्पत्य', मनोज पाण्डेय की 'चन्दू भाई नाटक करते हैं', राकेश मिश्र की 'राजू भाई. कॉम', पंकज मित्र की 'बेला का भू', शर्मिला बोहरा जालान की 'बूढ़ा चाँद', चन्दन पाण्डेय की 'परिन्दगी है कि नाकामयाब है', वन्दना राग की 'जागरण', उमाशंकर चौधरी की 'छुटकी', मनीषा कुलश्रेष्ठ की 'बिगड़ैल बच्चे', महुआमाजी की 'रोल मॉडल', और अलका सरावगी की 'कहानी में नेल पालिश की भूमिका।'

और भी बहुत-सी कहानियों और लेखों ने 'वागर्थ' को हिन्दी साहित्य की केन्द्रीय पत्रिका बना दिया। हालाँकि यही सफलता इसका प्रश्नचिह्न बनती गयी। उस अलबेले रवीन्द्र कालिया को कौन समझाता कि प्रतिभा का विस्फोट किसी व्यवस्था को रास नहीं आता। वह प्रतिभाशाली के लिए चुनौती बन जाता है। लम्बी पारी खेलनी है तो टैलेंट को टूथपेस्ट की तरह इस्तेमाल करो, थोड़ा-थोड़ा, ज़रा-ज़रा।

रवि ने यह कला जीवन-भर नहीं सीखी। दोस्त दोस्त न रहे, यार यार न रहे।

'ग़ालिब-ए-ख़स्ता के बिगैर, कौन से काम बन्द हैं
रोइये ज़ार ज़ार क्या, कीजिए हाय हाय क्यों'

ग़ालिब

19

जिस तरह शादी के बाद का पहला साल बहुत निर्णायक और निराला होता है, उसी तरह एकान्तवास का पहला साल भी कम निर्णायक नहीं होता। बल्कि संकटपूर्ण।

तेरह मंज़िल के भवन में तीसरी मंज़िल पर 303 नम्बर के घर में अकेली बैठी हुई हूँ। कुर्सी पर रवि हैं मगर फ्रेम में। हर बात में पाँच बार रवि-रवि कहने वाली मैं अब क्या बोलूँ, कहाँ से बात शुरू करूँ। मन-ही-मन संवाद करने में भी गला भर आता है या आवाज़ ही भर्राई हुई हो गयी है समझ नहीं आता। किताबों से भरे हुए घर में मुझे एक भी किताब पढ़ने लायक नहीं लगती। लैपटॉप छूने की इच्छा नहीं होती। कपड़े धोने की मशीन में कपड़े अटे पड़े हैं, बटन दबाने की ताक़त नहीं है बदन में। विद्या खाना बनाकर रख गयी है। कब खाऊँ, कैसे खाऊँ। रवि का तकियाकलाम—'मुझे ज़रा भी भूख नहीं है।' अब मेरा बनता जा रहा है। वे तो मुझे सम्बोधित करते थे। मैं किसे सम्बोधित करूँ। दरवाज़ों को, दीवारों को, याददाश्त को। खाना अगर ज़रूरी है तो कितने बजे खाया जाय। सोने का वक़्त क्या हो। मेरा टाइमटेबल पहले नौकरी के हिसाब से, बाद में रवि की मर्ज़ी/नामर्ज़ी से बनता-बदलता था। सुबह कब पहली चाय पियें, कब दूसरी; अब कौन बताये। कहीं जाने का मन नहीं होता। घर में ही कौन-सा मन लगता है। तबीयत ख़राब होने पर तसल्ली मिलती है, थोड़ी सी।

बहुत जल्द मैं बीमारी से ऊब जाती हूँ। बीमारी के साथ लाचारी आती है जो मुझे नापसन्द है। सुबह-शाम दवा की आठ-आठ गोलियाँ निगलना क़बूल है पर आरामकुर्सी पर लद्द से पड़े रहना क़बूल नहीं।

बाहर निकलती हूँ तो सड़कें पहले से ज़्यादा चौड़ी और लम्बी लगती हैं और चौराहा? बाप रे बाप! यह इतना चक्करदार कब से हो गया। रवि कसकर मेरा हाथ थामते थे। रात में फ़ोन पर बच्चों से कहते, 'तुम्हारी ममी को सड़क क्रॉस करना भी नहीं आता।' स्त्री सशक्तीकरण के समस्त सैलाब में समर्पण के ये छोटे-छोटे सेतु कितने सगे, सच्चे और सार्थक होते हैं, घनत्व के घोंसले। रातों में एक-दूसरे की टाँगों पर टाँगें चढ़ाकर सोना, करवट बदलने का बुरा मानना और तकिया हटाकर अपनी बाँह के तकिये पर मेरा सिर टिकाना—रवि का यह रवैया आख़िर तक चला। ऐसे दीवाने दिलदार के लिए मैं अपनी आँखों का कितना खारा पानी समन्दर में मिला दूँ कि मन ठहर जाय, आँख लग जाय और सुबह हो जाय।

बहुत कम दोस्त अब घर आते हैं। फ़ोन पर सब कहते हैं कि वे आयेंगे। उनका सबसे बड़ा आकर्षण तो घर में रहा नहीं, ऊपर से घर इतनी बेढब जगह है कि पहुँचने में दो घण्टे लगें। रास्ते में ट्रैफिक-जाम। अगर किसी तरह कॉलोनी के फाटक तक पहुँच भी गये तो वहाँ से अन्दर हमारे टावर तक आने के पहले आधे मील पैदल मार्च। अब मैं भी सोचती हूँ हमें क्या पड़ी थी ज़िला गाज़ियाबाद में मकान लेने की। अपराध का अड्डा, अपराधियों की बस्ती, मुख्य सड़क से दूर, रोज़मर्रा की सहूलियतों से मरहूम।

यह मकान हम दोनों की पसन्द था। अब याद आ रहा है, हमें क्या पसन्द आया। यहाँ बैठक, भोजनकक्ष और बालकनी का फैलाव एक बड़े हॉल जितना लम्बा-चौड़ा था। रवि ने कहा, 'अरे यहाँ तो गोष्ठियाँ हो सकती हैं।' बस मकान पर मुहर लगा दी। सन् 2014 में जब रवि भारतीय ज्ञानपीठ से अवकाश लेकर निकले, बीमारी उनके शरीर में घर बना चुकी थी। नगर और जगत की गहमागहमी से दूर वे आराम से चलकर ऐसी जगह रहना चाहते थे जहाँ कोई न हो, पासबाँ कोई न हो और हमसुखन कोई न हो। पड़िए गर बीमार तो अपोलो अस्पताल की एक शाखा निकटवर्ती नोएडा में थी। जो दस-बारह परिवार यहाँ रह रहे थे उन्होंने हमें आश्वस्त किया कि फाटक के बाहर जो दुकानें हैं, वे फ़ोन पर बताने से हर चीज़ घर पहुँचा

देती हैं। मुझ जैसी फ़ोन-फंटूश को भी समझा दिया गया कि आजकल हर चीज़ ऑनलाइन मँगाने का ज़माना है।

रवि ने बहुत जल्द अपनी नयी दिनचर्या बना ली। यहाँ रहकर उन्होंने आलोक जैन के ऊपर भावपूर्ण संस्मरण लिखा। उसमें उनका मन रमा। आलोक जी अद्भुत व्यक्ति थे। रवि उनकी प्रतिभा की क़द्र करते थे। भवन के आवासियों से हमारी अच्छी पहचान हो गयी। गर्मियों में शाम को और सर्दियों में दोपहर को रवि रोज़ फुहारे के पास कुर्सी डालकर बैठ जाते। लोग उन्हें देखते तो अपनी अपनी मंज़िल से उतर आते और महफ़िल में शरीक़ हो जाते। हम सब फुहारे की मुँडेर पर आसन जमाते। हम कॉलोनी की वीरानी को अपने हँसी-ठट्ठे से चौंकाते। हर आवासी के दिमाग़ में कॉलोनी की बेहतरी का एक नक्शा होता, वह बढ़-चढ़कर अपना मास्टर प्लान बताता, बाक़ी लोग उसमें और मिर्च मसाला मिलाते। तय होता कि बिल्डर सुशील अंसल को इस बाबत एक ज्ञापन भेजा जाय। रवि के उठ खड़े होने से सभा बर्खास्त होती। तीसरी मंज़िल पर जाने से पहले रवि लाउंज में बैठे सुरक्षाकर्मियों से उनकी ख़ैरियत पूछते। इस तरह दिवस का अवसान होता। जिस दिन कॉलोनी की सड़कों पर थोड़ा टहल लेते, खाने में ना-नुकर कुछ कम करते यानी एक रोटी खा लेते।

एक दिन कथाकार अनुज का फ़ोन आया। वे हमारे घर पर कुछ युवा रचनाकारों की गोष्ठी आयोजित करना चाहते थे। यह हमारा मनपसन्द कार्यक्रम था। अनुज ने गोष्ठी का नामकरण किया 'एकान्त के सहचर' और कई रचनाकार बुलाये। हमें कह दिया, 'आपको कोई ज़हमत नहीं करनी है। हम सब कुछ साथ लेकर आयेंगे।' वाक़ई, वे लेकर आये भी। गोष्ठी में अनुज, मनोज, गीताश्री, रश्मि भारद्वाज, सोनाली मिश्र, और हम लोग थे सबका रचना-पाठ हुआ। गीताश्री ने 'सोनमछरी' कहानी बड़ी स्फूर्ति और स्फीति से पढ़ी। रश्मि भारद्वाज की सशक्त कविताएँ सुनीं। सोनाली मिश्र ने दादी के किरदार पर अपनी पहली कहानी पढ़ी। अनुज ने रवि से पूछा, 'इस कहानी में आप कुछ सम्पादन करने को कहेंगे।'

रवि बोले, 'इसके एक भी शब्द में सम्पादन की दरकार नहीं है। इसे ज्यों का त्यों छपना चाहिए।'

अनुज ने अपनी कहानी 'बोर्डिंग पास' सुनायी। हमेशा की तरह उनकी कहानी बेहतरीन रही।

हमारा बहुत मन लगा। मन ने कहा, 'ऐसी संगोष्ठी हर महीने हो तो कितना अच्छा रहे।'

दिल्ली ऐसा शहर है जो मिलने-जुलने की गुंजाइश कम छोड़ता है। दफ़्तर में दिन तमाम हो जाता है और घर के लिए इतवार छोटा पड़ जाता है। दिल्ली में रहकर लेखक बने रहना किसी शब्दवीर के लिए ही सम्भव है।

इस नवनिर्मित एकान्त में मोबाइल फ़ोन ने वफ़ादारी निभायी। फ़ेसबुक का चस्का भी उन्हीं दिनों लगा। वे पृथुल पुस्तकें जो अब तक नहीं पढ़ी गयी थीं, एक-एक कर पढ़ डालीं।

एक गोष्ठी के सिलसिले में इलाहाबाद जाना हुआ। मन्नू अभी वहीं था अर्थात् इलाहाबाद में हमारा घर था। घर में आद्या और गुग्गू की शरारतें देखना, मन्नू से फ़ोन के विभिन्न ऐप समझना, लाडो के हाथ की लहसुन-टमाटर की तीखी चटनी खाना उतना ही प्रिय था जितना सुबह-शाम दोस्तों से मिलना। डॉ. खोपरजी, डॉ. अभिलाषा चाहे जितने व्यस्त हों, हमारे लिए समय निकाल लेते। हम सब साथ बैठ लिप्टन ग्रीन लेबिल चाय की चुस्कियों में दुनिया जहान की बातें करते गोया कभी दूर हुए ही नहीं। मन्नू ड्राइवर का इन्तज़ाम कर देता। हम एक चक्कर सिविल लाइंज़ का लगा लेते, लोकभारती में दिनेश से मिलते और दुनिया जहान की ख़बरें पता चल जातीं।

अगली सुबह क़रीब 9 बजे रवि जिस वक़्त बाथरूम में दाँत साफ कर रहे थे, उनके मुँह से यकायक ख़ून निकला। एक ही बार में कुल्ला-भरकर। रवि सहम गये। बाहर निकले तो व्याकुल, चिन्तित। जानकर मैं भी घबरा गयी। डॉ. खोपरजी को फ़ोन मिलाया। उन्होंने कहा, 'मेडिकल कॉलेज के प्रोफ़ेसर डॉ. ए.के. मिश्रा से शाम को सलाह करते हैं। डॉ. मिश्रा लिवर रोगों के विशेषज्ञ हैं।'

जब हम डॉ. खोपरजी के साथ डॉ. मिश्रा के आवास पर पहुँचे, वहाँ पहले से ही बहुत भीड़ थी। मरीज़ों का कक्ष भरा हुआ था। लहीम शहीम डॉ. खोपरजी को इन्तज़ार गवारा न था। उन्होंने अन्दर ख़बर भिजवायी। फ़ौरन हमारे लिए बैठक खोली गयी। डॉ. मिश्रा ने पहले रवि से बात कर उन्हें रिलैक्स किया। उन्होंने कहा, 'कभी-कभी गले या दाँत में किसी वजह

से रक्तस्राव हो जाता है, वह भी मुँह के रास्ते बाहर आता है। लेकिन आश्वस्त होने के लिए हम सवेरे सात बजे अस्पताल में आपकी एन्डोस्कोपी (लिवर की अन्दरूनी जाँच) करेंगे, देर मत कीजिएगा नहीं तो वहाँ भीड़ हो जायेगी।' इतनी बातचीत के बाद डॉ. मिश्रा के अन्दर से कलाप्रेमी गायक उभर आया। पता नहीं उन्होंने 'ग़ालिब छुटी शराब' पढ़ रखी थी या डॉ. खोपरजी ने उन्हें बताया हुआ था, वे बोले, 'चिन्ता छोड़िए कालिया जी, लीजिए जगजीत सिंह सुनिए।' डॉ. मिश्रा के पास संगीत का अद्भुत सरंजाम है और चयनित सीडी। डॉ. ए.के. मिश्रा बहुत अच्छे गायक भी हैं। उनके पास जगजीत के गानों की धुनों का ध्वनिसंयोजन है। उन्होंने धुन की सीडी लगायी और जगजीत सिंह के अन्दाज़ में गाने लगे।

डॉ. खोपरजी तो संगीत-रसिक हैं ही। डॉ. खोपरजी जब कुछ कम व्यस्त थे तो नाटकों के लिए ध्वनिसंयोजन स्वयं किया करते थे। अन्धायुग में रथ के पहियों की गड़गड़ाहट उन्होंने कम्पनी बाग़ में जाकर रिकॉर्ड की थी। इस वक़्त ये दो संगीतप्रेमी मित्र अपने लेखक मित्र की चिन्ता और विकलता की संगीत-चिकित्सा कर रहे थे। वहाँ से रवि थोड़े कम व्याकुल घर लौटे किन्तु चिन्तामुक्त नहीं। अगली सुबह की जाँच सिर पर थी। सबसे बड़ी समस्या थी सवेरे सात बजे स्वरूपरानी अस्पताल पहुँचने की क्योंकि मन्नू रात-भर सक्रिय रहने के बाद सुबह पाँच बजे सोने चला जाता। उसका ढूँढ़ा हुआ ड्राइवर भी मनमौजी था जो दोपहर से पहले प्रकट ही न होता। घर से अस्पताल ख़ासा दूर था। संकट में हमेशा डॉक्टर मित्र काम आते हैं। यह ज़िम्मेदारी डॉ. अभिलाषा ने सँभाली कि हमें समय पर अस्पताल पहुँचा दें। रात-भर रवि की करवटों में मैं उनकी बेचैनी महसूस करती रही।

अस्पताल सुबह सात बजे भी कितना चुस्त-दुरुस्त हो सकता है, यह हमने वहाँ पहुँचकर जाना। हालाँकि स्वरूपरानी अस्पताल की इमारत बेनूर और बोसीदा है पर उसमें काम करने वाले डॉक्टर, नर्स और सहायक एकदम चुस्त और चौकन्ने। सबसे ऊपर डॉ. अभिलाषा सूरजमुखी के फूल जैसी उत्फुल्ल, हर एक से बात करतीं, उनकी ख़ैरियत पूछतीं एक दरियादिल दोस्त। सभी जूनियर डॉक्टर और नर्सें अभिलाषाजी के इर्द-गिर्द घेरा बनाकर खड़ी हो गयीं। डॉ. ए. के. मिश्रा लिवर-परीक्षण कक्ष में रवि का ही इन्तज़ार कर रहे थे। उन्होंने रवि के लिवर का गहन निरीक्षण किया और तत्काल रिपोर्ट

भी दे दी कि रक्तस्राव का कोई सम्बन्ध लिवर से नहीं था। दुश्चिन्ता का कुछ वक़्त के लिए अन्त हुआ। डॉ. मिश्रा ने मुझसे कहा, 'ममताजी सबसे पहले कालिया जी को अच्छे से नाश्ता करवाइये।'

इलाहाबाद से वापस दिल्ली आकर भी हम दरअसल वापस नहीं आ पाते थे। वहाँ की निःस्वार्थ दोस्तियाँ, निर्मल प्रेम, सुबह-शाम का बतरस, नहीं बिसरता कई कई दिन। दिल्ली में रहना हमारी मजबूरी थी। रवि के विशेषज्ञ डॉक्टर यहीं थे। उनकी पाबन्द जाँचें और परीक्षण, छमाही निरीक्षण और नित नयी दवाएँ। जब रवि थोड़ा-सा दलिया खाकर सवेरे की दवाइयाँ हथेली पर निकालकर गिनते, मेरी तरफ़ देखकर एक मजबूर हँसी हँसते, 'मेरी तो दवाओं की दावत हो रही है।' इसके समानान्तर वे होमियोपैथिक दवाएँ भी लेते रहते, एक चम्मच पानी में बीस बूँद, कभी नम्बर तीन, कभी नम्बर सात। जब भी हम बाहर निकलते, बैंक और केमिस्ट के ज़रूर जाते।

सचाई यह है कि कैंसरग्रस्त व्यक्ति का मनोविज्ञान धीरे-धीरे जटिल होने लगता है, वह प्रत्याशा और हताशा के बीच झूलता रहता है। वह अपनी मेज़ पर बढ़ती दवाइयों के ढेर और अपने कम होते वज़न में कोई तालमेल वहीं बैठा पाता। कभी उसे लगता है वक़्त बहुत तेज़ चल रहा है और उसकी अपनी रफ़्तार धीमी है, कभी वह सोचता है वक़्त कहीं पीछे थम गया है और वह ख़ुद बहुत आगे बढ़ आया है। जो जितना संवेदनशील होता है उसे उतनी ही यातना होती है।

इस जटिलता में एक ही बात सकारात्मक थी कि रवि को कुछ अधूरे काम पूरे कर लेने की लगन थी। उनके दिमाग़ में सर्वोपरि था कि मन्नू इलाहाबाद से अपना घरबार और कारोबार दिल्ली ले आये। हम यह सुझाव मन्नू को बहुत वर्षों से दे रहे थे जिस पर वह ग़ौर करने को तैयार नहीं था। न जाने पिता की बीमारी का ख़याल उसे आया अथवा उसका अपना मन ही इलाहाबाद से उचट गया कि सितम्बर 2015 में मन्नू ने दिल्ली आने का फ़ैसला कर लिया। रवि एकदम प्रसन्न हो गये। उन्होंने ख़ुद उसके लिए, जगह-जगह जाकर मकान ढूँढ़ा, बच्चों के लिए स्कूल का पता लगाया और बड़े चाव से इन्तज़ार करने लगे।

मन्नू भी कोई कम अलबेला जीव नहीं है। उसने अपना तीन चौथाई सामान इलाहाबाद वाले घर में बन्द किया, केवल कपड़े, बिस्तर और कम्प्यूटर

लेकर अपनी कार खुद ड्राइव कर दिल्ली हमारे पास पहुँच गया। हमने उसे बार-बार ताकीद की थी कि अकेले इतनी लम्बी ड्राइव करने का जोखिम न उठाये। मन्नू ने हमारे उपदेश पर बिना ध्यान दिये थोड़े और झटके दिये। उसने दो दिनों में अपने लिए एक अच्छी-सी नौकरी तलाश कर ली। हमारे दिखाये हुए मकानों को धता बताकर उसने क्रॉसिंग्स रिपब्लिक की सबसे शानदार बस्ती, पैरामाउंट अपार्टमेंट में एक बड़ा-सा मकान ढूँढ़ लिया।

रवि को राहत मिली। किन्तु नयी नौकरी में मन्नू को दिन-रात व्यस्त रहना पड़ता। उसकी दिनचर्या वही बन गयी जो इलाहाबाद में वर्षों से थी। नींद और चैन से वंचित, वह सप्ताह में छह दिन दफ़्तर जाता और सातवें दिन हमें और अपने परिवार को देखता। उसे गुस्सा आता कि उसकी कम्पनी शनिवार की छुट्टी नहीं देती जबकि नोएडा के सभी दफ़्तर शनिवार को बन्द रहते हैं। कुछ और दिक़्क़तें भी होने लगीं जिनका खुलासा मन्नू ने नहीं किया।

'दिल ही तो है न संग-ओ-ख़िश्त, दर्द से भर न आये क्यों
रोयेंगे हम हज़ार बार कोई हमें सताये क्यों'

ग़ालिब

20

इस बीच राजेन्द्र राजन के बुलावे पर हम लोग हमीरपुर भी गये। उनकी पुस्तक का लोकार्पण और संवाद सत्र था। विभूतिनारायण राय भी आमन्त्रित थे। रवि, विभूति जी, पद्मा और मैं बहुत बढ़िया मूड में हमीरपुर के लिए चले। बीच रास्ते चण्डीगढ़ पड़ा। यहाँ उनके बेटे शाश्वत राय की ससुराल है। शिवानी के माता-पिता और भाई ने हमारा ख़ूब सत्कार किया। हमें अनगिनत फल खिलाये और उसके साथ खाना भी। लम्बी ड्राइव में इस एक पड़ाव से आराम के साथ आहार भी भरपूर मिल गया। मौसम यहीं से सुहाना हो गया। दरअसल, हिमाचल प्रदेश का क़स्बा हमीरपुर शिमला से काफ़ी नीचाई पर है। हमारे अतिथिगृह के लॉन से वहाँ का विहंगम दृश्य आँखों के रास्ते आत्मा तक उतर रहा था। डेढ़ दिन में बहुत से हिमाचली रचनाकारों से परिचय हुआ। वहाँ एस. आर. हरनोट और विजय उपाध्याय भी आये हुए थे। सरिता शर्मा आयोजन में मिलीं। उस छोटी-सी जगह में हिन्दी साहित्य और साहित्यकार का सम्मान देख महसूस हुआ कि हिन्दी के प्रति असली अनुराग अहिन्दीभाषियों में ही मिलता है।

हमीरपुर में हमने बहुत बगूगोशे खाये। बगूगोशे हरे तो होते ही हैं, हमीरपुर में हमने लाल बगूगोशे देखे। क़ीमत बहुत कम। इतने मीठे और रस भरे। रवि को बार-बार स्वदेश दीपक की कहानी 'बगूगोशे' याद आती

रही और उनसे बगूगोशे नहीं खाये गये। उनको न खाने का बहाना मिल ही जाता हर कहीं।

अक्टूबर में गुग्गू की सालगिरह थी। उसकी पैदाइश 11 अक्टूबर सन् 2011 की है। रवि की जन्मतिथि भी 11 नवम्बर थी। बच्चों ने गुग्गू के पैदा होने पर कोई बड़ा उत्सव नहीं मनाया क्योंकि रवि उस साल बेहद अस्वस्थ रहे। इस बार सब साथ थे। मन्नू की कार में हम सब ग़ाज़ियाबाद गये। वहाँ रवि ने गुग्गू के लिए पैडलकार ख़रीदी। बर्थडे केक, पेस्ट्री, बिरयानी वग़ैरह लेकर हम सब लौटे। रवि अपने लिए जूते ख़रीदना चाहते थे। हम बाटा पर रुके। रवि ने मायूसी से अपने पैरों की तरफ़ देखा और बोले, 'जब सूजन उतर जायेगी तब लूँगा।' वह सूजन उतरी नहीं, दिनोंदिन बढ़ती गयी। रवि सूजन कम करने की कई होमियोपैथिक दवाएँ खाते रहे। वारको तेल भी लगाया। कोई फ़र्क़ नहीं पड़ा। वास्तव में उनके पेट में प्रदूषित द्रव इकट्ठा होने लगा था जिसे 'एसाइटिस' कहते हैं। मेरे बहुत कहने पर सर गंगाराम अस्पताल में डॉ. प्रवीण शर्मा को दिखाया। डॉक्टर रवि के ऊपर नाराज़ हुए कि उनके बताये परीक्षण क्यों नहीं करवाये गये। रवि ने डॉक्टर और अस्पताल बदल लिया लेकिन अपनी ज़िद नहीं छोड़ी। कोलम्बिया एशिया अस्पताल में भी डॉक्टर ने वही परीक्षण करवाने को कहा। रवि ने होमियोपैथिक दवाओं की तादाद बढ़ा दी। दिसम्बर तक पैरों में सूजन इस क़दर बढ़ गयी कि पुराने, ढीले मोज़े पहनने, उतारने में भी उन्हें दिक़्क़त होने लगी। पेट फूलने लगा, साँस भारी होती गयी।

रवि ऐसे मरीज़ नहीं थे जो अपने बारे में दूसरों को निर्णय लेने दें। मेरा कहना कि 'चलो अपोलो अस्पताल में दिखा देते हैं' उन्होंने सिरे से ख़ारिज कर दिया क्योंकि वहाँ के विशेषज्ञों ने उन्हें सन् 2011 में रुख़सत करते हुए कहा था कि 'हम अपनी तरफ़ से आपका समस्त इलाज कर चुके हैं।' चिकित्सा के चक्रव्यूह में रवि अभिमन्यु की तरह घिर गये। अभिमन्यु की तरह ही वे उस चक्रव्यूह में से निकल नहीं पाये। 'हे उत्तरा के धन रहो तुम उत्तरा के पास ही' क़िस्म की मेरी मौन प्रार्थना का कोई सफल परिणाम नहीं निकला।

तो अब मैं हूँ और मेरी तनहाई है।

यहाँ एक राज़ की बात बता दूँ। जीते-जी साथी से हमें लाख शिकायतें

होती हैं। अनुपस्थित साथी से कहीं ज़्यादा शिद्दत से मुहब्बत की जा सकती है। वह बात-बात में मुझे चिढ़ाने वाला, खिझाने वाला, मेरी आधी बातें हँसी में उड़ाने वाला, कहीं दूर जाकर बैठ गया है। कमाल है कि उसकी नागवार बातें मुझे एकदम भूल गयीं। पतनशील पत्नियों की तरह मुझे उसमें देवता दिखाई दे रहा है। याद आ रहे हैं वे दिन जब श्रीलाल शुक्ल जी अपनी पत्नी गिरिजा जी के निधन के बाद अक्सर उन्हें सम्बोधित करते हुए ऐसे बोलते थे जैसे वे उनके पहलू में बैठी हैं। मुझ पर ऐसी खब्त तो सवार नहीं होती किन्तु जब बच्चे मेरी बात नहीं मानते, नहीं समझते, तब मैं यादों में रवि के साथ उन संवादों में पहुँच जाती हूँ जिनमें हम दोनों का यह जीवन-दर्शन बना था कि ज़िन्दगी मिल बाँटकर जीना, बच्चों के साथ रहते हुए सम्भव नहीं होता। न केवल उनकी समय-सारिणी अलग होती है उनके सरोकार भी अलग होते हैं, उनके संघर्षों की हमें सीमित जानकारी है, अपने संघर्षों की असीमित स्मृतियाँ हैं। भला इसी में है कि बच्चों के ऊपर अपने को मत लादो। वे भी कोई सहारा कहाँ माँगते हैं। वे अपनी दफ़्तरी दिक़्क़तों और निजी निराशा की कोई भनक तक नहीं लगने देते।

संकटकाल में लिखना और पढ़ना बहुत बड़ा सहारा बनता है। एक अच्छी किताब हमें खींचकर गड्ढे में से बाहर निकाल देती है। कभी कथ्य जँच जाता है तो कभी शिल्प, कभी लेखक की कोई अदा। हमारे आसपास की हवा ख़ुशनुमा हो जाती है। कभी कोई पुरानी कहानी फिर से उठाकर पढ़ने पर एकदम नया अनुभव देती है और हम उत्फुल्ल हो जाते हैं। ज़िन्दगी की मुश्किलें कम नहीं होतीं लेकिन अपनी तैयारी बेहतर होती जाती है। धन्य हैं पुस्तकें, उनके लेखक और प्रकाशक जिनके बिना यह जीवन कितना बेमज़ा, बेनूर और बेस्वाद होता। इस ख़ज़ाने में पत्र-पत्रिकाएँ भी कम योगदान नहीं करतीं। 'तद्भव' 'बनास जन', 'पहल', 'मन्तव्य', 'कथन', 'पल-प्रतिपल', 'परिकथा', 'रचना-समय' और 'हंस' अपने हर अंक के प्रति उत्कण्ठा बनाये रखती हैं। कभी-कभी 'हंस' और 'पाखी' में अच्छी कहानियाँ आ जाती हैं। कई पत्रिकाएँ मिलनी बन्द हो गयी हैं, ग़ाज़ियाबाद जैसी जगह में कोई पत्रिका-स्टॉल भी नहीं है। उनकी हूक और हुड़क हृदय में बनी रहती है।

पढ़ने-लिखने की भी एक सीमा होती है। या कहना चाहिए विकल्पों की अपनी सीमा होती है। पुस्तकें प्रियतम का पर्याय नहीं बन सकतीं। सहचर

के चले जाने पर घर साँय-साँय करता है। पुरुषविहीन घर भूतनी का डेरा होता है। वहाँ लोग आने से बचते हैं। कुछ समय बाद आप ख़ुद लोगों से बचने लगते हैं। आप कितनी भी ज़ोर से गाने बजायें, सन्नाटा उससे ज़्यादा ज़ोर से बजता है। अपने पिता याद आते हैं। माँ के निधन के बाद वे सिर्फ़ 6 महीने ज़िन्दा रहे लेकिन अभिशप्त जीवन जीते हुए। बतरस के शौक़ीन पापा को हर वक़्त एक श्रोता चाहिए था। आकाशवाणी में काम करने वाले लोग श्रोताओं के अभ्यस्त व अनुरागी हो जाते हैं। कमलेश्वर ने एक जगह लिखा है कि रेडियो में काम करने वाले लोग हमेशा बजते रहते हैं। उन्हें चुप बैठना सज़ा लगता है।

तो पापा ठहरे पक्के रेडियोवाले। वे हर समय किसी-न-किसी से सम्बोधित होना चाहते। उनकी बातें विद्वत्ता और विनोदप्रियता से भरी होतीं। जब वे नौकरी में थे, उनके पास श्रोताओं की कमी नहीं थी। उनका एक मित्रवर्ग था और मातहत तो मजबूरी में उन्हें सुनते ही रहे होंगे। घर पर माँ उनकी स्थायी श्रोता थीं। माँ के चले जाने से पापा हक्के-बक्के रह गये। रवि ने कहा, 'तुम्हारे पापा ऐसे लग रहे हैं जैसे उनका राजपाट छिन गया हो।'

मैं उनकी ख़बर लेने इलाहाबाद से दो-एक दिन को ग़ाज़ियाबाद आती तो पापा शिकायतों का अम्बार लगा देते, 'जब तुम्हारी ममी घर में थीं, इस मित्तल को मैंने कितनी बार चाय पिलायी। अब मैं इसके यहाँ जाता हूँ तो दरवाज़े पर खड़ा-खड़ा पूछता है, अग्रवाल साब, कोई ख़ास काम हो तो बताओ।' मित्तल उनका पड़ोसी था। पापा दुखी आवाज़ में कहते, 'दूसरी तरफ़ वाला जैन बार-बार बेटों के पास बंगलौर चला जाता है। मैं कहाँ जाऊँ, सड़कों पर कितने चक्कर लगाऊँ।'

मैं परेशान होकर कहती, 'पापा किताबों में मन लगाइए।' पापा कहते, 'जब मैं किताब पढ़ता था, इन्दु चाय बनाकर ले आती थी। अब तो आँखों से मोय टिपे भी नायं।' घर की सेविकाएँ अलग तंग करतीं। सुबह की दोपहर हो जाती वे काम पर न आतीं। अनुशासन के पाबन्द पापा उनके आने पर स्पष्टीकरण माँगते। सेविकाएँ हिमाकत से कहतीं, 'बाबूजी, सवेरे सबको दफ़्तर जाने की जल्दी रहती है। आपको कहीं जाना तो रहता नहीं। हम जब खाली हों तो आयें।'

पापा भड़क जाते, 'इसका क्या मतलब। क्या मुझे बैंक नहीं जाना

होता, क्या मुझे पोस्ट ऑफ़िस नहीं जाना पड़ता। डॉक्टर भी सुबह दस बजे मिलता है।'

सेविकाओं पर उनके बोलने का कोई असर न होता।

इस होली पर मेरी सेविकाओं ने भी हाथ खड़े कर दिये।

'हमारा हिसाब कर दें', उन्होंने कहा।

'क्या हुआ?' मैं चकित।

'पारसाल आपके यहाँ होली नहीं मनी। चलो कोई बात नहीं। पर इस साल क्यों नहीं मनी। ऐसा कैसे, आप कोई भी त्योहार नहीं मनातीं।' मैंने फ़ौरन सौ-सौ का नोट दोनों के हवाले किया। रुपया ब्लाउज़ में खोंसकर वे कहने लगीं, 'जब तक घर में कड़ाई न चढ़े, त्योहार नहीं माना जाता। सूखे रुपये से क्या होता है।'

'तुम्हीं बताओ क्या चाहती हो?' मैंने ख़ुशामद की।

'गुझिया और नमकीन दीजिए साथ में साड़ी या सलवार सूट।'

मार्गदर्शन हुआ साथ ही याद आयी अपनी दो सखियों की बतकही।

रंगकर्मी उषा गांगुली ने रचनाकर्मी चित्रा मुद्गल से अपनी मुश्किल बयाँ की, 'मैं अपनी कामवाली को चाहे कितनी भी बख़्शीशों से लाद दूँ, वह भाग जाती है। वह कहती है यहाँ उसका मन नहीं लगता।'

चित्रा ने बड़े दिलचस्प अन्दाज़ में इस समस्या पर 'सुख' शीर्षक कहानी लिखी जिसमें कामवाली सचमुच यही कहकर काम छोड़ देती है कि 'जिस घर में मरद नहीं वहाँ हम काम नहीं करतीं।'

इस कथन की आत्मा यही है कि बसे हुए घर में सब आना पसन्द करते हैं। अब यहाँ बाई का क्या ख़ुद अपना भी मन नहीं लगता। विद्या सुबह आठ-नौ बजे मुझे ताज़ा नाश्ता देने के बाद, दिन-भर का खाना बनाकर रख देती है। अक्सर अगली सुबह वह बड़बड़ाते हुए काम शुरू करती है, 'क्यों नईं खाती हैं खाना, वैसा का वैसा धरा रहता है। अगर आज नईं खाया तो कल से हम नईं बनावेंगें।'

इससे कुछ पहले मेरे पास एक पूर्णकालिक सेविका थी। एक प्लेसमेंट एजेंसी को तगड़ी फीस देकर उसे रखा गया था। उसे व्यस्त रखने लायक काम घर में था नहीं, लिहाज़ा उसकी दोस्ती हमारी बस्ती के धोबी के साथ हो गयी। मैं कमरे में किताबों में उलझी रहती और बसन्ती बेसमेंट में जाकर

सुरेन्दर के साथ नज़दीकियाँ बढ़ातीं। तीन-साढ़े तीन महीने बाद दोनों इकट्ठे भाग निकले। मैं कोई एंटी-रोमियो दल का सिपाही तो थी नहीं जो उनके ख़िलाफ़ थाने में रपट लिखवाती। एजेंसी को कई बार फ़ोन किया जो उसने कभी उठाने की ग़लती नहीं की।

सच पूछो तो मुझे भी चैन में चैन आया। अपना दिल-दिमाग़ ऐसा हो गया है कि ज़्यादा देर न किसी का सान्निध्य बर्दाश्त होता है न दूरी। बसन्ती सिर पर सवार थी तो लिखना हराम था। वह टी.वी. चला लेती और गाने आने पर आवाज़ बढ़ा देती। मनपसन्द गानों पर नाचने लगती। त्योरी चढ़ाने के बाद तरस भी आने लगता उस पर। मेरे दुख में उसकी हिस्सेदारी कैसे होती जब उसके सुख में मेरी हिस्सेदारी नहीं थी। वह अपने हिस्से का जीवन जीना चाहती थी। 'जा सिमरन जा' मन-ही-मन दुहराकर मैंने यह क़िस्सा तमाम किया।

यह कितना अजीब है कि हम जो अपने को यथार्थवादी रचनाकार मानते आये हैं, असल जीवन में यथार्थ की ज़रा करारी मार पड़ने पर तिलमिला जाते हैं। हमारी वैचारिक और भावगत तैयारी फिस्स हो जाती है। एक साल से ऊपर हो गया किन्तु यथार्थ के थप्पड़ और थपेड़े ख़ूब पड़ रहे हैं। शायद सबके साथ ऐसा होता आया है।

घर, डाकघर, बैंक, जीवन बीमा निगम, धीरे-धीरे आपके सब आँसू सुखा डालते हैं। हर कार्यालय पूछता है, 'मृतक की पत्नी हो, प्रमाण लेकर आओ। सिद्ध करो उनकी ब्याहता हो।' पचास साल पहले की शादी का प्रमाण कहाँ मिले। विवाह का पंजीकरण करवाया नहीं था। सरकारी बैंक वसीयत के काग़ज़ों से सन्तुष्ट नहीं है। वहाँ छोटी-छोटी रकम पड़ी हुई हैं पर उनका क्या किया जाय। उन खातों को बर्फ़ में दबा दें या क़ानून की भाप लगाकर जीवित करें। हम कोई धन्ना सेठ नहीं थे जिनके खातों में अकूत धनराशि पड़ी हो। बड़ी मेहनत से बचाये चन्द हज़ार रुपयों के लिए भागदौड़ करनी है। इलाहाबाद का मकान हमारी कुल जमा पूँजी थी जिसे बेचकर दिल्ली में मकान लेना है। बाहरी सलाहकारों और बैंक के बददिमाग़ वकीलों ने इसमें भी अड़ंगे लगाये हैं।

सरकारी बैंकों का झमेला सुलझाने, लोकभारती के पुराने मित्र रमेश जी, दिनेश जी आगे आते हैं। वे लिखित गारंटी देते हैं कि दावे का प्रतिवेदन

सच्चा है; झूठा निकलने पर वे इसकी प्रतिपूर्ति करने को तैयार हैं। बैंक प्रबन्धक कोई तर्क नहीं मानते। उन्हें कचहरी का बना क़ानूनी शपथ-पत्र चाहिए। यह सब उस शहर में घटित हो रहा है जिसने हमें तैंतीस बरस पाला-पोसा और जिसे हमने सबसे अपना समझा।

इलाहाबाद की, चौरासी खम्भों वाली कचहरी का यथार्थ, सड़न और सीलन से भरा है। खम्भों के बीच की सँकरी जगहों में वकीलों ने अपनी कुर्सी-मेज़ डाली हुई हैं। एक-दूसरी से इतनी सटाकर कि उनका विभाजन केवल उस जंज़ीर से पहचाना जा सकता है जो हर कुर्सी-मेज़ की टाँगों में बँधी है। इस जंज़ीर के कई फ़ायदे हैं। वकीलों की कुर्सी-मेज़ परिसर में खुले में पड़ी हैं। सब एक-सी दिखती हैं। इन्हें किसी आदिम बढ़ई ने निर्मित किया है जिसने काष्ठकला में सिर्फ़ इतना हुनर हासिल किया है कि चार पाँवों के फ्रेम पर एक तख़्ता आड़ा और एक खड़ा, जड़ दे। मेज़ बची खुची लकड़ी से बनाई गयी है। उसके काली, भूरी, मटमैली लकड़ी के फट्टे साफ़ दिख रहे हैं। हैरानी की बात यह है कि ऐसी कुर्सी-मेज़ के भी यहाँ उठाईगीर हैं। जंज़ीर बाँधकर न रखो तो अगले दिन वकील साब बैठने को तरस जायें। रंग और पलस्तर उड़े खम्भों पर काले तारकोल से वकीलों के नाम लिखे हुए हैं। सुनील कोठारी, बच्चू प्रसाद, आरिफ़ मुहम्मद और मोहित पटेल। ये उनके नामपट्ट हैं। दिन में भी यहाँ रोशनी सीमित है। गनीमत है कि खम्भों के ऊपर पड़ी खपरैल की छत बीच-बीच में से टूटी हुई है। उसमें से सूरज की रोशनी की घुसपैठ हो जाती है। जिस मेज़ पर रोशनी पड़ती है वहाँ ऐसा लगता है जैसे टेबल लैम्प जलाकर रखा हुआ है। जिन अधिवक्ताओं की आँखों की रोशनी मन्द पड़ रही है, वे इस टेबल लैम्प का लाभ लेने अगली-पिछली क़तार में चले आते हैं। वकीलों के टंकक भी कमोबेश इसी रोशनी में टाइपराइटर पर टिक-टिक करते रहते हैं।

कॉफ़ी हाउस अगर फ्रीलांस पत्रकारों, लेखकों का जमावड़ा है तो कचहरी, वकीलों का। इन वकीलों को रोज़गार की कोई गारंटी नहीं। विशुद्ध बुद्धि और अवसर का खेल है यह। 'मत चूको चौहान' वाले संकल्प के साथ ये मुवक्किल को साधते हैं। कचहरी पहुँचते ही, अपने बस्ते से निकालकर काली बैंड गले में बाँध लेते हैं और काम शुरू करते हैं। कोई बनारस से आया है, उससे भोजपुरी बोलेंगे ये, कोई हरदोई से आया है, उससे अवधी।

अब उसे क़ानून का पेच समझायेंगे। इसके बाद इस पेच की काट बतायेंगे। इतनी माथापच्ची मुफ़्त खाते में करने के बाद वे अपना जाल फैलायेंगे।

कचहरी में एक पूरा दिन बिताने के दौरान मैंने यह पाया कि वहाँ कुछ अन्य लोग हैं जो सामान्य लगते हुए भी बहुत महत्त्व के हैं। कचहरी परिसर में पानवाला और फलवाला अपनी गुमटी लगाये हुए हैं। पानवाला पान के बीड़े लगाकर बेचने के साथ-साथ ग्रामीण मुवक्किलों का सलाहकार भी है। वह पान के साथ अगर ग्राहक से कह दे कि आजकल शंकरबाबू की बड़ी पूछ है तो मुवक्क्लि सारे खम्भे छोड़कर सत्ताईसवें खम्भे पर शंकरबाबू को खोज निकालेगा। फलवाला दो-ढाई घण्टे में ताड़ लेता है किसकी प्रेक्टिस आज कैसी चल रही है। जिस वकील की बोहनी हो जाती है, वह सन्तरे का रस पीने उसकी दुकान पर आता है।

उस दिन वकीलों की हड़ताल थी, अतः काम फँसता नज़र आया। अन्नू ने अपने एक दोस्त पुनीत खरे से सम्पर्क किया जो हाईकोर्ट का वकील है और लोअर कोर्ट में उसकी दोस्तियाँ हैं। वह अपनी कार में एक वकील और उसके टाइपिस्ट को बैठाकर कचहरी ले आया। उसने मामला समझा और काम में लग गया। उस शपथ-पत्र की भाषा विचित्र थी। अपने हस्ताक्षर के सिवा सब कुछ अबूझ और अपठनीय था। भागमभाग जाकर उस काग़ज़ को सरकारी बैंक में जमा किया और लखनऊ की राह ली जहाँ से हमें मुम्बई जाना था।

याद आती रहीं वे कितनी उड़ानें जब रवि और मैं मुम्बई जाते थे। मुम्बई का नाम उन्हें नये आह्लाद से भर देता। अन्नू हमें शहर का कोना-कोना घुमाता। जिस जगह रवि रुकने को कहते वह गाड़ी रोक देता। रवि जहाँ पुरानी इमारतों का विध्वंस देखकर सुस्त होने लगते, अन्नू उनका ध्यान समुद्र की तरफ़ कर देता। रवि बहल जाते। इसी तरह की बाज़ीगरी से अन्नू उन्हें टाटा मेमोरियल अस्पताल भी ले आया। वहाँ लिवर विशेषज्ञ डॉ. गर्ग से उसने समय ले रखा था। जैसे ही हम डॉक्टर के कमरे में घुसे, रवि की तरफ़ देखकर उन्होंने तपाक से कहा, 'अरे, आपकी तो बहुत लम्बी उम्र होगी। आपको कुछ नहीं हुआ है। बस आपको जमकर खाना खाना है और फलों के रस या पानी में दो चम्मच यह दवा पीना है।' प्रोश्योर नाम का पाउडर उन्होंने बताया जो रवि नियम से लेते रहे। टाटा मेमोरियल अस्पताल

से रवि बहुत अच्छे मूड में बाहर आये। अन्नू और मैं भी नयी उमंग से भर गये। घर पर प्रज्ञा भी बहुत प्रसन्न हुई। अन्नू कहने लगा, 'आप दिल्ली से यहीं आ जाइए। मैं तीन की बजाय चार कमरों का फ़्लैट ले लूँगा।' बच्चों का ऐसा सोचना और कहना भी हमारे अन्दर नयी ऊर्जा पैदा कर रहा था लेकिन चार-पाँच दिन बाद हमें दिल्ली लौटना ही था। रवि ज्ञानपीठ से बँधे थे और अपने काम में उन्हें आनन्द आता था। घर से ज़्यादा उनका मन दफ़्तर में लगता। मुम्बई में हमारे पास बच्चों के प्यार-सत्कार का आधार था तो दिल्ली में हिन्दी की हलचल और दोस्तों की दुनिया। बीमारी के बाद के चार वर्षों में रवि को उनके डॉक्टर 'कैंसर विजेता' के रूप में प्रस्तुत करते रहे। अपोलो अस्पताल के विशेषज्ञ अपने मरीज़ों को रवीन्द्र कालिया का फ़ोन नम्बर देकर नसीहत देते, 'आप इस इलाज से फ़िज़ूल डर रहे हो। कालिया जी से बात करो। वे ठीक हो गये हैं और दफ़्तर भी जाते हैं।'

अक्सर रातों में, डरे और घबराये अजनबियों के फ़ोन हमारे यहाँ आते कि उन्हें रवीन्द्र कालिया से ज़रूरी बात करनी है। रवि बड़ी तसल्ली से डॉक्टर की बात की तसदीक करते। लगे हाथ दो-चार होमियोपैथिक दवाओं का हवाला देते और खुश हो जाते। होमियोपैथिक दवाओं में उनकी इतनी आस्था थी कि हर शहर में सबसे पहले इसकी बड़ी दुकान ढूँढ़ते। इलाहाबाद के इन्दिरा भवन में मदान होमियो हॉल, कलकत्ते में मुरली होमियो क्लिनिक, दरियागंज, दिल्ली में रेक्वैग होमियोपैथिक स्टोर, ग़ाज़ियाबाद के मालीवाड़ा चौक पर वर्द्धमान होमियो स्टोर, सब में उनका आना जाना रहता। स्टोर पर अपनी ज़रूरत की दवायें तो ख़रीदतें ही, मेरी, बच्चों की, पड़ोसियों की और दोस्तों की तकलीफ़ें भी याद आती जातीं और वे दवाएँ बताते जाते। अपनी जेब के कुल पैसे लगा देते। कभी पैसे कम पड़ जाते तो डेबिट कार्ड निकालकर देते। वापसी में हम एक बार फिर ए.टी.एम. जाते।

दवा से लेकर दारू तक और अनुराग से लेकर विराग तक रवि को इन्तहा की हद तक जाना पसन्द था। सोनोडाइन के म्यूज़िक सिस्टम पर गाने सुनने का शौक़ चर्राता तो एल.पी. ला-लाकर कमरा भर डालते। एक-एक गाना बार-बार सुनते। अन्नू ढाई साल का था जब घर में पहला म्यूज़िक सिस्टम आया। उसने चिड़ियों की चूँ चूँ और कौवे की काँव काँव पेड़ पर बाद में सुनी, पहले कमरे में 'अब दिल्ली दूर नहीं' फ़िल्म का गीत 'छुन छुन

करती आयी चिड़िया' से सुना। वह बचपन से संगीत का रसिया बन गया। अन्नू को जब पता चला कि मैं रवि पर संस्मरण लिख रही हूँ, उसने उन गानों की एक फ़ेहरिस्त मुझे भेजी जो उसे अपने पापा की याद दिलाते हैं। ये सब गाने और संवाद सिर्फ़ अन्नू ने नहीं उसके दोस्तों ने, हमारे दोस्तों ने, गली-मुहल्लेवालों ने बारहा सुने हैं, पंचम सुर में। रवि की तबीयत ऐसी थी कि जो भी शै पसन्द आ जाय वह सबके साथ बाँटनी ज़रूर है। इनमें सहगल की आवाज़ में 'एक राजा का बेटा लेकर उड़ने वाला घोड़ा' से लगाकर मुकेश की आवाज़ में 'सजन रे झूठ मत बोलो, ख़ुदा के पास जाना है' तक बहुत से गाने थे। किशोर कुमार की आवाज़ में 'गाड़ी बुला रही है, सीटी बजा रही है', भी ख़ूब सुना गया। बाद में बच्चों के आग्रह पर इस सूची में 'शोले' फ़िल्म के संवाद भी जुड़ गये। अन्नू तब पाँच साल का था। एक-दो बार सुनकर शोले के संवादों का एल.पी. उसे पूरा का पूरा मुँह ज़ुबानी याद हो गया। वह आवाज़ बदल-बदलकर संवाद अदा करता और आस-पड़ोस के लोग समझते हमारे यहाँ 'शोले' फ़िल्म चल रही है।

कभी रवि को कोई चूरन पसन्द आ जाता। जो भी घर आता उसे पहले चूरन की महिमा सुनाई जाती, फिर चूरन चखाया जाता। यह काम इतनी शिद्दत से किया जाता कि अगर हम चूरन का धन्धा शुरू कर देते तो सारी शीशियाँ बिक जातीं। एक बार रवि को एक दन्तमंजन पसन्द आ गया। फिर क्या था। मेरी जो भी दोस्त घर आती, वक़्त-बेवक़्त उसे पहले मंजन करवाया जाता, बाद में उसे बैठने की मोहलत मिलती।

'घर में था क्या कि तेरा ग़म उसे ग़ारत रखता
वो जो रखते थे हम इक हसरत-ए-तामीर सो है'

ग़ालिब

21

अभी हाल की बात है, लेखक-मित्र धीरेन्द्र अस्थाना का फ़ोन आया, 'ममताजी मेरी किताब 'ज़िन्दगी का क्या किया' ज़रूर पढ़ियेगा। मैंने उसमें कालिया जी को बड़ी शिद्दत से याद किया है।' जानकर खुशी हुई। यह हक़ भी सिर्फ़ दोस्तों का होता है कि वे कहें 'मेरी किताब पढ़ो।' फ़ौरन राजकमल प्रकाशन को फ़ोन लगाया। बस जितनी देर पुस्तक को डाक से आने में लगी वह घटा दी जाय तो मिलते ही मैंने पढ़नी शुरू कर दी। धीरेन्द्र की पुस्तक 'ज़िन्दगी का क्या किया' उन गिनी-चुनी रचनाओं में है जो मैंने एक बैठक में पूरा एक दिन और आधी रात लगाकर पढ़ ली। धीरेन्द्र की शैली अन्धड़ की तरह उड़ाये ले चलती है। जिस रफ़्तार से उसने जीवन जिया उसी रफ़्तार से लिखा है। कई जगह लगा जैसे इसमें रवीन्द्र कालिया की किताब 'ग़ालिब छुटी शराब' जैसी रवानगी और दीवानगी है। दरअसल, ये सुराप्रेमियों की सल्तनत है, त्वरा-प्रेमियों की तबीयत, ख़तरों के खिलाड़ी की तरह ये छलाँग लगाकर चलने वाले लोग हैं। रवि ने जीवन में तीन-चार बार अपनी लगी लगाई, पक्की सरकारी नौकरी छोड़कर, कच्ची, कमतर, डाँवाडोल नौकरी का चुनाव किया। वे केन्द्रीय हिन्दी निदेशालय में दस से पाँच में अपने जीवन की तसल्ली बनाये रहते और प्रेमपूर्वक पेंशन याफ़्ता उम्र बिता सकते थे। धीरेन्द्र को भी कोई सरकारी नौकरी मिल सकती थी।

अखिलेश भी हिन्दी संस्थान की साँकल खोलकर भागे। आख़िर वे कौन-से दबाव हैं जो एक सृजनात्मक रचनाकार को धीर-गम्भीर स्थायी सम्माननीयता की सरकारी सीमारेखा से सरपट भाग निकलने को उकसाते हैं। डगमग बुनियाद पर, कच्ची पगडण्डी पर चलती पत्रकारिता उन्हें ज़्यादा रास आती है। जीवन भर की गारंटी की जगह उन्हें धूम-धड़ाके के दस साल मिल जायें तो वे परम प्रसन्न होते हैं।

जब-जब रवि रचनात्मक लेखन से ज़रा हटकर साहित्यिक पत्रकारिता में हाथ आजमाते, मैं उनके लिए फ़िक्रमन्द हो जाती। साहित्य की पत्रकारिता दिन-ब-दिन पेचीदा पराक्रम बनती जा रही थी। 'तहलका' पत्रिका ने भले ही रवि का शुमार 'साहित्य के खिलाड़ी' में किया, असलियत में वे साहित्य के अनाड़ी ही थे। दूसरे की वक्रता का अनुमान किये बग़ैर अपने पत्ते खोल देने का ख़ामियाज़ा उन्होंने एक बार नहीं, बार-बार भरा। मेरे समझाने पर वे और भी अड़ियल हो जाते। मैं मन-ही-मन ग़ालिब को याद कर पीछे हट जाती 'यारब वो न समझे हैं न समझेंगे मेरी बात। दे उनको जिगर और जो न दे मुझको जुबाँ और।' रवि को हस्तक्षेप नापसन्द था, जीवन में, लेखन में, सम्पादन में। अजब आज़ाद तबीयत पायी थी इस इन्सान ने। पहले जीने में मनमानी की फिर बीमार पड़ने में। इलाज में मनमानी जानलेवा साबित हुई। मेरे मन में किन्तु-परन्तु की एक लम्बी लाइन छोड़ गये। उनके पसन्दीदा शायर फ़ैज़ याद आ जाते हैं—'जिस धज से कोई मकतल में गया वो शान सलामत रहती है।'

दोस्तों ने रवीन्द्र कालिया की यादों के चिराग अभी तक रौशन रखे हुए हैं। पिछले एक साल में ऐसी कोई पत्रिका नहीं जिसमें रवि पर संस्मरण न आया हो। अखिलेश ने तो 'तद्भव' के सौजन्य से लखनऊ में पूरे दिन की स्मरण-संगोष्ठी ही रख दी जिसमें काशीनाथ सिंह, विभूतिनारायण राय, वन्दना राग, चन्दन पाण्डेय, मनोज कुमार पाण्डेय, मोहम्मद आरिफ़, अखिलेश, नरेश सक्सेना और अन्य अनेक दोस्तों ने रवि को याद किया। इस गोष्ठी से इतर, डॉ. विश्वनाथ त्रिपाठी, दूधनाथ सिंह, लीलाधर मण्डलोई, केशुभाई देसाई, ए. असफल, चित्रा मुद्गल, जितेन्द्र श्रीवास्तव, उमेश सिंह चौहान, भारत भारद्वाज, जगदीश पीयूष, राजेन्द्र मेहरोत्रा, अनुज, उमाशंकर चौधरी, शैलेन्द्र शैल, प्रांजल धर, यश मालवीय, कानन झींगन और धनंजय चोपड़ा

ने अलग से रवि पर संस्मरण लिखे। कहने का अर्थ यह है कि रवि अस्त होने की बजाय प्रशस्त होते चले गये।

पिछले दिनों साथी रचनाकार शिवमूर्ति से संवाद हो रहा था। शिवमूर्ति ज़मीन और ज़िन्दगी से जुड़े ऐसे कथाकार हैं कि जब भी उनसे बात करो, समृद्ध होते चले जाओ। बात रवि की स्मृतियों की हो रही थी। शिवमूर्ति जी ने बताया जब तक एक भी ऐसा व्यक्ति इस संसार में रहेगा जिसकी स्मृतियों में रवीन्द्र कालिया हैं तब तक उनकी स्मृति बची रहेगी। इस एक बात से शिवमूर्ति जी ने न केवल मुझे भावसमृद्ध किया, उन्होंने स्मृतिजीविता का एक लम्बा पुल निर्मित कर दिया। मैं काफ़ी हद तक चिन्तामुक्त हुई यानी न सिर्फ़ मैं, रवि के मित्र-परिचित, स्नेही-स्वजन, बन्धु-बान्धव, शिष्य, लेखक, सहलेखक, बेटे-बहुएँ, बेटों के बेटी-बेटे, जो कोई भी इस पृथ्वी पर बचा रहेगा, उसी के साथ रवि की स्मृति भी बची रहेगी। रवि यकायक यादों की साँकल बजा देंगे, ज़रा-सा द्वार खुला नहीं कि वे अन्दर चले आयेंगे, हँसते हुए।

मैं जो सुबह-शाम रवि की किताबों, पत्र-पत्रिकाओं के ऊपर से धूल झाड़ती रहती हूँ, दिन में तीन बार उनकी तस्वीर पोंछती हूँ, अब निश्चिन्त हुई कि शेष संसार उन पर धूल नहीं बैठने देगा। उन्हें ढूँढ़ते हुए आते रहेंगे विद्यार्थी, शोद्यार्थी, लाभार्थी। जब-जब हिन्दी कहानी की चर्चा छिड़ेगी, रवीन्द्र कालिया उसमें नज़र आयेंगे, कभी मौन कभी मुखर, कभी सहमत कभी असहमत। हर स्मृति उन्हें नया जीवन देगी।

अब इन्हीं तसल्लियों के साथ जीना सीखना पड़ेगा। फ़ैज़ के संग कहना पड़ेगा—

'इक तिरी दीद छिन गयी मुझसे
वरना दुनिया में क्या नहीं बाक़ी।'

युवा कवि आशुतोष दुबे की कविता की पंक्तियाँ बार-बार दिल पर दस्तक दे उठती हैं—

'एक दिन मैं सीख लूँगा
तुम्हारे बिना रहना।
एक दिन दुख भी नहीं बचेगा
दुख की एक पुरानी पड़ती याद रह जायेगी।
जैसा भी होगा जीवन हमें सोख लेगा।

हम एक दिन की सुरंग में दाख़िल होते रहेंगे
अगले दिन की सुरंग में
हम बिल्कुल रोज़मर्रा में अपने घर बनाएँगे।
जिन्हें लगातार उखाड़ना, बसाना होगा।
इसी तरह हम अपने बीतने का विन्यास रचेंगे।'...

यह एक उदास करती हुई कविता है, इसलिए सचाई के इतनी निकट है। बिना एनेस्थीसिया के शल्यक्रिया भी साहित्य के हाथों होनी है।

'दुनिया ने तेरी याद से बेगाना कर दिया
तुझसे भी दिलफ़रेब हैं ग़म रोज़गार के'

फ़ैज़

22

जब पति-पत्नी का कार्यक्षेत्र एक हो तो लोगों को एक अतिपरिचित सवाल पूछने में बड़ा आनन्द आता है। हमसे भी पूछा जाता रहा, 'आप लेखक हैं, आप लेखिका हैं, क्या कभी ईगो प्रॉब्लम आप दोनों के बीच नहीं आयी?'

रवि इस सवाल पर हँस देते, 'मैं तो बड़ा आलसी हूँ, लिखने से कतराता हूँ। जो भी मुझसे रचना माँगता मैं कह देता, "तुम ममता से माँग लो, वही लिखती रहती है।" ईगो और आलस में मुझे चुनने को कहा जाय तो मैं आलस चुनूँगा।'

उनके जवाब से प्रश्नकर्ता विमूढ़ हो जाता कि अब अपने सवाल के साथ क्या सलूक करे।

जहाँ तक मेरा सवाल था मैंने लेखन को लेकर कोई नखरा नहीं पाला। मैं घर में तो लिखती ही, कॉलेज जाते हुए रिक्शे या कार में भी लिख लेती। मैं रेल में भी लिख सकती थी। घर में मेरे लेखन को गम्भीरता से नहीं लिया जाता। बच्चे ऊँची आवाज़ में स्टीरियो पर गाने लगाकर नाचते रहते, मैं बहरी बनकर प्रेमकहानी लिखती रहती। मैं चौबीस घण्टे में कहानी लिखकर दे देती। मैं खाना बनाते हुए लिख लेती। मैं किसी भी हाल में लिख लेती।

रवि अपने को स्पर्धा से बाहर रखते। नियमित लिखने वालों को वे शिकायत से देखते गोया वे गुनाह कर रहे हों। उनके यार दोस्त भी उसी मिज़ाज के थे। ज्ञानरंजन एक कहानी लिखने में छह महीने लगा डालते।

दूधनाथ और काशीनाथ सिंह भी बड़ी तसल्ली से कहानी पूरी करते। एक-एक प्रसंग पर बार-बार विचार करते। उपेन्द्रनाथ अश्क जी के शब्दों में, ये लोग कहानी में पत्ते लगाते रहते। मैं ऊब जाती, ये सब सीनियर्स कहानी का कीमा कूटते हैं। कहानी लिखी जाती है मनोरंजन के लिए। लिखने वाले का भी, पढ़ने वाले का भी मन रमे। अरे जो एक कहानी में नहीं अँटा वह अगली में लिख देंगे, कौन-सी बस छूटी जा रही है। हमें तो सैकड़ों लिखनी हैं। कहानी में बेलबूटों की पच्चीकारी करना मेरे बस की बात नहीं।

दरअसल दिनचर्या भी लिखने की आदतें तय करती है। मैंने अख़बारों में और पॉपुलर पत्रिकाओं में लिखा। रवि और उनकी मित्र-मण्डली ढूँढ़कर लघु पत्रिकाओं में लिखा करती। ये सब लघु पत्रिका 'आन्दोलन' के सक्रिय सदस्य थे। लेकिन रवि भी कामधाम छोड़कर फ्रीलांसर बनने के पक्ष में नहीं थे। उन्होंने सन् 1966 के 'वातायन' पत्र में अपने लेख 'मुक्त लेखन की पराधीनता' में साफ शब्दों में लिखा :

'हिन्दी में बहुत-सी ऐसी चीज़ों की बड़े धड़ल्ले से चर्चा होती है, जिनका अस्तित्व तक सन्देहास्पद होता है। इधर कुछ बरसों से लोग मुक्त लेखन की बातें भी करने लगे हैं, जबकि देखने पर लगता है कि हिन्दी में मुक्त लेखन मात्र बेरोज़गारी का यथार्थ है। जिसे नौकरी नहीं मिलती, वह मुक्त लेखक हो जाता है। जिन्हें किन्हीं अपरिहार्य कारणों से नौकरी छोड़ने पर मजबूर हो जाना पड़ता है, वे मुक्त लेखन का लबादा ओढ़ लेते हैं, जबकि उनके लेखन में वही दब्बूपन बना रहता है, जो नौकरी करते समय था। ताज्जुब तो तब होता है जब हमारे वे लेखक भी सत्य का साहसपूर्वक साक्षात्कार नहीं कर पाते, जो ऐसा करना 'एफोर्ड' कर सकते हैं।

स्थितियों को समझने के लिए यह जानना ज़रूरी हो जाता है कि हिन्दी का सामान्य लेखक समाज के किस वर्ग से आता है? समसामयिक समाज व्यवस्था में उसकी क्या स्थिति है? हिन्दी के अधिकांश लेखकों को मध्यमवर्ग का दब्बूपन और समझौतापरस्ती तो विरासत में उपलब्ध होती है। अगर वह किसी व्यवस्था का अंग है तो सामान्यतः उसकी स्थिति एक अधीनस्थ कर्मचारी से अधिक नहीं है। कुछ पहुँचे हुए नामों को छोड़ दिया जाये तो हिन्दी का आम लेखक आपको किसी सरकारी या ग़ैर-सरकारी दफ़्तर में क्लर्की करता नज़र आयेगा, डॉक्टर-वॉक्टर हुआ तो विश्वविद्यालय में अध्यापन

कर रहा होगा, जैन-धर्म या तथाकथित मानव-मूल्यों में विश्वास दिखायेगा तो किसी व्यावसायिक पत्रिका का सम्पादक हो जायेगा। अगर दुर्भाग्य से वह क्लर्क, अध्यापक या पत्रकार नहीं हो पाया तो मुक्त या स्वतन्त्र लेखक तो हो ही जायेगा। जिस तरह हिन्दुस्तान की अधिकांश कन्याएँ शादी के इन्तज़ार में ढेरों डिग्रियाँ इकट्ठी कर लेती हैं, ठीक उसी तरह मुक्त लेखक तब तक धारावाहिक रूप से लिखता है जब तक उसकी नौकरी पक्की नहीं हो जाती। नौकरी के इन्तज़ार में किया जाने वाला लेखन कहाँ तक 'मुक्त' हो सकता है, यह जानना काफ़ी रोचक होगा। दरअसल ऐसा लेखन तो सबसे अधिक अ-मुक्त लेखन है, जो सम्पादकों की ज़रूरतों को दृष्टिगत रखकर किया जाता है। मुक्त लेखन का एक दूसरा छोर है—अनुवाद! देखने में आया है, मुक्त लेखक ठीक उसी तरह अनुवाद की घात में रहता है जैसे बिल्ली दूध या चूहे की घात में रहती है।'

इसी पराधीनता को पटकनी लगाने के लिए रवि ने कभी उद्यम नहीं छोड़ा। विद्यार्थी जीवन में पढ़ाई के साथ कहानियाँ लिखते रहे। जब एम.ए. उत्तीर्ण हो गये उनके पिता ने अख़बारों में निशान लगा-लगाकर उन्हें नौकरी के इश्तेहार दिखाये। रवि ने महीने-भर में दसियों अर्जियाँ प्रेषित कर दीं। रवि के ही शब्दों में कहूँ तो, 'हम लोग दिन-भर पोस्टमैन की प्रतीक्षा करते। पोस्टमैन आता और कभी-कभी इंटरव्यू की चिट्ठी दे जाता। इंटरव्यू पर जाने से पहले मेरी माँ दही में तुलसी के पत्ते डाल कर मेरे मुँह में लगा देती। कुछ ही देर में मैं मुँह लटकाये लौट आता। एक कॉलेज में मेरा इंटरव्यू अच्छा हो गया मगर वे लोग ढाई सौ की रसीद देकर पौने दो सौ देना चाहते थे। पापाई ने कहा, 'हाँ कर दे, बाद में मुकदमा कर देंगे।' मगर मेरा मन नहीं माना।

मैं इंटरव्यू देकर लौटता तो माँ पूरा इंटरव्यू सुनतीं। एक बार शहर के रोज़गार अधिकारी ने मुझसे पूछा कि मैं नौकरी में तीन सौ रुपये क्यों चाहता हूँ, कम की नौकरी क्यों नहीं कर लेता? बहुत सोचने पर भी मुझे कोई जवाब नहीं मिल रहा था। मैंने कहा, 'मेरे पापाई रिटायर होने वाले हैं, मेरी माँ बीमार रहती हैं। तीन सौ से कम में हमारा गुज़ारा नहीं चलेगा।' घर लौटकर जब मैंने माँ को यह सब बताया तो माँ नाराज़ हो गयीं। माँ ने कहा, 'ये क़िस्से सुनाने का क्या मतलब था। तुम्हें कहना चाहिए था, मैं तीन सौ से भी अधिक के लायक हूँ। मैंने ऊँचे नम्बरों में एम.ए. पास किया है।'

मुझे अपनी ग़लती का अहसास होने लगा। मैंने कभी ऐसा सोचा ही नहीं था कि मैं तीन सौ से ज़्यादा के लायक हूँ। मैं उस कमरे में चला गया जहाँ मैं पैदा हुआ था और घण्टों बिस्तर पर लेटा रहा।

रवि के परिवार में सभी सदस्य परिश्रमी और स्वाभिमानी रहे लेकिन माताजी की ठसक सबसे ज़्यादा थी।

ठसक की वजह केवल यह नहीं थी कि वे हैडमास्टर या प्रिंसिपल की बीवी हैं। उन्हें अपने सोच-विचार और रुख़ पर गुरूर रहता। अच्छे-अच्छे लोगों को एक धमकी से ठण्डा कर देतीं। आस-पड़ोस के बच्चों से पूछकर अक्षर ज्ञान कमा लिया था। भजन-संग्रह से शुरू कर वेदान्त तक पढ़ने लग गयीं।

माताजी की ठसक का हम सब ख़याल रखते कि उसे ठेस न लगने पाये लेकिन खुद हमने यह जान लिया था कि अपनी ठसक को जब तक हम रोज़गार की टेक नहीं लगायेगें, वह ठनठनाकर लुढ़क जायेगी।

'मुझसे पहली-सी मुहब्बत मिरे महबूब न माँग'

फ़ैज़

23

रवीन्द्र कालिया और मैं उन भाग्यशाली जोड़ों में रहे जिन्होंने बीसवीं सदी के चार और इक्कीसवीं सदी के डेढ़ दशक जी लिए। बिना ब्रेक या ब्रेकडाउन के इतने लम्बे साथ का स्वप्न हम दोनों में से एक ने भी नहीं देखा था। सातवें दशक में जब हम दोस्त बने तब शादियाँ टूटने के लिए की जाती थीं। 'इन' की जगह 'एक्स' से बौद्धिक समाज की पहचान बनती थी। दिलों की दरारों को अमेरिकी असर के मत्थे मढ़ लड़का-लड़की अपनी-अपनी राह चल देते।

हमारा जोड़ तो और भी बेढब था। हमारी भाषा अलग, संस्कृति अलग, शिक्षा विलोम और जीवन-शैली विलग। मेरे परिवार में पान खाने पर भी पाबन्दी; रवि की ज़िन्दगी में पाबन्दी सबसे नागवार लफ़्ज़। वैसे रवि के माता-पिता, भाई-बहन एकदम सादे, स्वच्छ, निष्कलुष प्राणी थे। उनसे प्रेरणा या प्रशिक्षण लेना रवि ने बहुत पहले बन्द कर दिया।

रवि के घर और दिल के दरवाज़े दोस्तों के लिए खुले रहते। दोस्त भी उन्हें अपने कलेजे की गर्मी देते। 12 दिसम्बर सन् 1965 को हमारी शादी की रात जब रवि के माता-पिता और अन्य रिश्तेदारों ने नींद का बहाना बनाकर मण्डप में आने से इनकार कर दिया तब सत सोनी, उर्मिल, कृष्ण भाटिया और उनकी पत्नी ने ही आधी रात को आकर फेरों की रस्म पूरी करवायी।

विवाह परिपाटी ही ऐसी है कि इसमें शुरू-शुरू में तालमेल की बजाय

घालमेल बहुत होता है। अगले दस-बारह दिन के लिए रवि ने मुझे जालन्धर के अपने परिवार के बीच ले जाकर छोड़ दिया और ख़ुद यार-दोस्तों में मशगूल हो गये। घर में रिश्तेदारों का ताँता लगा था। सब बड़े कौतुक से मुझे देखते और आपस में सलाह करते 'ये तो हिन्दी बोलती है, हमारा इससे क्या मेल?' मेरी क़िस्मत अच्छी थी कि दिसम्बर माह के अन्त में ही कलकत्ते में विशाल कथा-समारोह आयोजित हुआ जिसमें रवि और मैं दोनों आमन्त्रित थे। घरवाले अभी मुझे और खराद पर चढ़ाते उसके पहले ही हम पंजाब से हवा-हवाई हो गये।

कलकत्ते में अपनी बड़ी बहन प्रतिभा और नरेन्द्र भैया के साथ ठहरे। मैं बरसों से अपने जीजू को भैया कहा करती थी। उन दोनों की जीवन-शैली में आधुनिकता के लक्षण-चिह्न थे : रोज़ क्लब जाना, पार्टी देना या उसमें शामिल होना, नृत्य करना और खाने से पहले व्हिस्की और जिन के जाम टकराना। गोष्ठियों के लम्बे-लम्बे सत्रों के बाद यह बढ़िया रिलीफ़ था। नृत्य के सिवा हम लोगों को और किसी गतिविधि से परहेज़ नहीं था। नवीनता का आकर्षण, सबके साथ क़दम से क़दम मिलाकर चलने की ललक और प्यार का नित नूतन चमत्कार हमें विद्युत तरंगों पर उठाये रहता।

वे तीन-चार दिन बड़ी जल्दी बीत गये। हम मुम्बई आ गये। अरे मुम्बई नहीं बम्बई। यहाँ एकदम नया और चुनौतीपरक दैनिक-चक्र हमारी बाट जोह रहा था। यहाँ शीतला देवी टैम्पल रोड पर आधे कमरे की जगह थी, 9:11 की लोकल थी, वी.टी. के सामने टाइम्स ऑफ़ इंडिया बिल्डिंग थी और क्रॉस मरीन लाइंस में एस.एन.डी.टी. विश्वविद्यालय था। आलम यह था कि अगर हमसे अपनी डबल फास्ट लोकल छूट जाय तो हमें काम पर पहुँचने में देर हो जाय।

काम का मोर्चा दोनों जगह विकट था। यूनिवर्सिटी की आर्ट्स फैकल्टी में पहले ही साल मुझे एम.ए. पूर्वार्द्ध की कक्षा दे दी गयी। जिसकी काफ़ी तैयारी करनी पड़ती। घर में रसोई के मोर्चे पर किये जा रहे प्रयोग फेल हो रहे थे। एक छोटा-सा सेवक कहीं से ढूँढ़कर रवि लाये थे जिसे पाक पुस्तक से पढ़-पढ़कर पंजाबी खाना बनाना सिखाया जाता। सेवक दक्षिण भारतीय था–गोपी। वह दोसा, इडली बहुत अच्छा बनाता था और सांभर। लेकिन रवि उसे राजमा और साबुत माह बनाने की थ्योरी समझाते। मुझे

बड़ी झुँझलाहट होती। मैंने कभी खाने को इतना महत्त्व नहीं दिया था। माँ के घर में जो सामने आ जाता मैं खा लेती। मैंने रवि और गोपी को उनके हाल पर छोड़ दिया और अरस्तू के काव्यशास्त्र के अध्ययन में लग गयी।

इस एक बटा दो जीवन की कई और मुश्किलें थीं। हमारा वक़्त एक बटा दो था, हमारा सेवक एक बटा दो था और हमारा कमरा भी एक बटा दो था। कमरे के पार्टीशन के बाहर गोपी सोता था। कमरे की निजता इस तथ्य से बाधित होती। मुझे लगता कि हमारी करवट भी उसे साफ़ सुनाई दे रही है। घर में और कोई जगह नहीं थी जहाँ सेवक को रखा जाये।

इससे भी बड़ी एक और असुविधा थी। शादी में मुझे रवि के और अपने घर से हल्के वज़न के थोड़े से गहने मिले थे। मैंने कभी भी गहने पहने नहीं पर इतनी चेतना थी कि इन सौगातों को सँभाल कर रखना है। हमारे पास लोहे की अलमारी थी न सन्दूक। ले-देकर एक गोदरेज का फ्रिज़ था। कमरे में इसके आलावा एक पलँग था, मकान मालकिन का दिया हुआ। दो कुर्सी और एक चाय की मेज़ मेरी दीदी ने भेंट की थी। तो यह कुल जमा पूँजी थी। बीस-बीस रुपये की दो अटैचियाँ थीं। जिनमें हमारे कुल कपड़े रखे थे। समस्या यह थी कि जब हम दोनों काम पर जायें तो गहने और वे दो-चार सौ रुपये कहाँ रखे जायें कि चोरी न हों? रवि ने कहा 'तुम अपने कड़े चूड़े एक रूमाल में बाँधकर मकान मालिकन के पास जमा कर दो। पहनकर तो एकदम बहनजी बन जाओगी।'

मैंने बिदककर कहा, 'अगर वहाँ से भी चोरी हो गये तो?' रवि बोले, 'चोरी नहीं होंगे। तुम्हें मकान मालकिन पर भरोसा नहीं है यह कहो।'

'अच्छा नहीं है, कल को ये चीज़ें अगर खो गयीं, तो माताजी के ताने तो मुझे सुनने पड़ेंगे।'

'अच्छा हो इन्हें बेचकर एक अलमारी ख़रीद लें' रवि ने कहा।

'फिर तो अलमारी की ज़रूरत ही नहीं रहेगी' मैंने कुढ़कर कहा।

ससुराल से मिले सामान की हिफ़ाज़त सिरदर्द बन गयी। तभी रवि को एक आइडिया सूझा। बोले, 'फ्रिज़ में इतना बड़ा मक्खन रखने का खाँचा है। वहाँ डाल दो यह सारी मुसीबत। अगर चोर आयेगा भी तो कम-से-कम फ्रिज़ की तलाशी तो नहीं ही लेगा।'

सुझाव मौलिक था। मैं एक कपड़े में लपेटकर अपने गहने और

चार सौ रुपये बटर-शटर में रखने लगी। फ्रिज़ का ताला उस समय तक बरक़रार था।

इलाहाबाद में हमारे घर में चोरियाँ हुईं मगर उनमें घर की बजाय प्रेस का नुक़सान हुआ। लैटर प्रेस में सीसे के अक्षर ढेरियों में पड़े रहते। घर की बगल में ठठेरी बाज़ार था जहाँ चोरी के माल की तुरन्त बिक्री हो जाती। कभी चोर बाहर से आये, कभी प्रेस के अन्दर से। पुलिस रपट से कभी कुछ बरामद नहीं हुआ।

सन् 2006 में जब हम एक बार फिर दिल्ली आ गये, रवि ने मकान की तलाश शुरू की। पता नहीं क्यों उन्हें लाजपत नगर से लगाव था। लड़कपन में किसी पंजाबी रईस की कोठी यहाँ देखी होगी उन्होंने। अब का लाजपत नगर बिल्कुल अलग था। शरणार्थियों ने यहाँ दस-दस हज़ार में जो प्लॉट ख़रीदे, उन पर चार मंज़िले सँकरे, हटरीनुमा मकान बना लिए। किसी भी मकान में लिफ्ट नहीं थी। बिना जेट पम्प के पानी नहीं चढ़ता था। सुरक्षा की कोई व्यवस्था नहीं थी।

रवि के दिमाग़ में एक बार जो बात घुस गयी वह जम गयी। इन्हें उससे हटाना मुश्किल था। उन्होंने कहा, 'ज्ञानपीठ का दफ़्तर लोधी रोड पर है, यहाँ से पाँच मिनट की ड्राइव। नीचे उतरते ही सारा बाज़ार मिलेगा। डॉक्टर, केमिस्ट, बैंक सब पास है, यहीं रहेंगे। दोपहर में मैं लंच पर भी घर आ जाऊँगा।'

मुझे लाजपत नगर का वातावरण बिल्कुल पसन्द नहीं था। सड़क का शोर घर के अन्दर सुनाई देता। हर घर के बाहर कपड़े सूखते दिखायी देते। वहाँ घर के आगे खड़ी कारों पर भी, औरतें कपड़े सुखाने डाल देतीं। सामने का म्युनिसिपल पार्क भी तरह-तरह के प्राणियों से भरा रहता।

कुछ दिन हम बंगाली मार्केट के पास 'गोमती' हॉस्टल में रहे। उसके बाद रवि के ढूँढ़े हुए मकान में लाजपत नगर आ गये। जीवन नयी चाल ढाल में ढलने लगा। उन्हीं दिनों ऑक्सफ़ोर्ड बुक्स ने देहरादून में एक साहित्यिक संगोष्ठी के लिए मुझे आमन्त्रित किया। शायद 2 और 3 अप्रैल को कार्यक्रम था। उन दिनों सत्यानन्द निरुपम ऑक्सफ़ोर्ड बुक्स में निदेशक थे। 2 अप्रैल को ही मन्नू की बेटी आद्या की पहली सालगिरह थी। हमारे यहाँ आद्या के सभी उत्सव बहुत तामझाम से मनाये जाते थे। मैं परेशान

थी कि संगोष्ठी में जाऊँ तो मन्नू निराश और नाराज़ होगा। मेरा मन तो देहारादून जाने को लालायित था।

रवि ने मुझे बेफ़िक्र करते हुए कहा, 'मैं इलाहाबाद चला जाता हूँ बच्ची की पार्टी में। तुम सुबह देहरादून चली जाना।'

मैं बेफ़िक्र हो गयी।

रात, रवि प्रयागराज एक्सप्रेस से इलाहाबाद चले गये। मैंने सुबह जल्दी उठकर अपना छोटा सूटकेस पैक किया। मेरी गोदरेज की अलमारी में, बड़े कसाले से जोड़े हुए मेरे इक्कीस हज़ार रुपये रखे हुए थे और तीन सोने की चेन। एक जोड़ी सफ़ेद सोने के नये कंगन थे ओर तीन हल्की अँगूठियाँ। मुझे कभी भी अँगूठी पहनना नसीब नहीं हुआ। मेरी पतली उँगलियों में हर अँगूठी बेनाप निकलती। नहाते समय तो हमेशा गिर जाती। तंग आकर मैंने पहनने का झंझट ही छोड़ दिया। कुछ ही दिन पहले मुझे ऐसा लगा कि इतने हल्के गहनों के लिए बैंक लॉकर का 2300 रुपये साल का किराया चुकाना बहुत भारी है। मैंने लॉकर छोड़ दिया था और यह सामान घर ले आयी थी। ये सब चीज़ें इलाहाबाद में किसी-न-किसी दोस्त के साथ जाकर गुपचुप ख़रीदी गयी थीं, रवि की अनभिज्ञता में। रवि को सोने से, गहनों से जन्मजात चिढ़ थी। सोना पहनने वाली औरतों को वे कुन्द-मन्द मानते। गहनों से लगाव मुझे भी नहीं था, लेकिन कॉलेज की सहकर्मियों की देखी-देखी कभी-कभार सजने का चाव चर्राता।

लाजपत नगर में जो कभी रहा है वही जान सकता है कि वहाँ की नागरिक चेतना कितनी अर्द्ध-विकसित और सुरक्षा व्यवस्था कितनी आदिम है। दिनदहाड़े मकान में घुसकर लोग हत्या, बलात्कार, लूट कर डालते हैं, कोई उन्हें रोकता न टोकता। पुलिस के सिपाही भी अपराधियों से बचकर गश्त लगाते हैं। लाजपत नगर की यह ख़ासियत इक्कीसवीं सदी की देन नहीं, बीसवीं सदी से ही मौजूद है। हर फ़्लैट एक बन्द रहस्य है। संवादहीनता वहाँ चरम पर है।

हमें सुबह सात बजे कार से निकलना था।

देहरादून जाते वक़्त मैंने सोचा हमें कौन-सा महीने भर को जाना है। कल रवि लौट आयेंगे और परसों मैं। ये थोड़ी सी चीज़ें और रुपये अलमारी में पड़े रहेंगे।

कार में केकी दारूवाला और कुछ साथी रचनाकारों के साथ रास्ता हँसी ख़ुशी पार लग गया। शाम को वहाँ पार्टी में बहुत सारे रचनाकार-मित्रों से मुलाक़ात हुई। अगली सुबह अभी निरुपमजी ने मुझे मंच पर बैठाया ही था कि मेरे फ़ोन की घण्टी बजी। रवि का कॉल था। मेरी मुश्किल कि मंच की गरिमा रखूँ या फ़ोन की। मैंने घबराकर फ़ोन बन्द कर दिया। तब रवि ने शेखर जोशी जी को फ़ोन मिलाया। वे भी आमन्त्रित रचनाकारों में थे।

शेखरजी ने मुझे इशारे से बाहर आने को कहा। मैं उलझन में उठी और उनके पीछे-पीछे हॉल के गलियारे में आ गयी। उन्होंने बताया, 'कालियाजी का फ़ोन आया है, घर में चोरी हो गयी है। उन्हें कुछ समझ नहीं आ रहा है कि क्या-क्या सामान चोरी हो गया है। लाजपत नगर थाने की पुलिस घर पर आ चुकी है। उन्होंने आस-पास के सब नौकरों की पेशी बुलाई है। सबसे कड़ी पूछताछ की जा रही है। आपकी नयी नौकरानी भी वहीं खड़ी है। आप जल्दी दिल्ली पहुँचिए।'

मुझे फ़ौरन अपनी जमा पूँजी इक्कीस हज़ार रुपये और कड़े छड़े याद आये। शेखरजी ने यह भी बताया कि घर का सामान सीढ़ियों से लेकर सड़क तक पर फैला हुआ है। मेरा मन गोष्ठी से उचाट हो गया।

नमिता गोखले, सत्यानन्द निरुपम ने इस वाक़ये की गम्भीरता पहचान कर फ़ौरन मेरे लिए एकल टैक्सी मँगवा दी ताकि मैं जल्द-से-जल्द दिल्ली पहुँच जाऊँ। रवि के दफ़्तरी सहयोगियों ने मेरे आने तक सारे कपड़ों का एक ढेर और काग़ज़ों का दूसरा ढेर अन्दर के कमरों में लगा दिया था।

असली दिक़्क़त थी कि प्रथम सूचना रपट में कितने का नुक़सान दर्ज़ किया जाये।

मैं उन लोगों में से नहीं जो चोट लगने पर धूल झाड़कर उठ खड़ी होऊँ और कहूँ कुछ नहीं हुआ।

अलमारी का टूटा हैंडिल और ख़ाली तिजोरी देखकर मन चीत्कार कर उठा। एक गृहिणी ही समझ सकती है वह कितनी तकलीफ़ झेलकर जमा पूँजी बनाती है। मेरी शादी में मिला सोना, दोनों बेटों की शादियों में काम आ गया था। अब जो गहने पास थे वे बड़े चाव से चुपचाप इलाहाबाद में ख़रीदे थे अपने वेतन से। सबके डिज़ाइन आधुनिक थे।

मैंने रवि को अपने इक्कीस हज़ार रुपये और गहनों के बारे में बताया।

रवि का पारा चढ़ गया, 'ये गहने कहाँ से आ गये। तुम्हें कभी पहने भी नहीं देखा। क्या ये चोरों के लिए रख छोड़े थे।'

मुझे याद आया तिजोरी में बैंक में की गयी फिक्सड डिपॉज़िट की रसीदें थीं और थोड़े से पाउंड जिनकी नगद राशि मैंने अपने बैंक से रुपये निकालकर कमलेश को दी थी। हमारे पासपोर्ट भी थे। कागज़ों के बेतरतीब ढेर में से सब चीज़ें सलामत मिल गयीं। चोर के प्रति मन कृतज्ञ हो आया। अगर ये भी ले जाता तो दौड़-भाग कितनी बढ़ जाती।

रवि ने कहा, 'जो गया उसे भूल जाओ। आइन्दा यह न सुनूँ कि तुमने सोना रखा हुआ है।'

पुलिस ने महीनों हमें दौड़ाया, कभी एक थाने तो कभी दूसरे। हमारे हाथों की छाप ली। बार-बार घर पर डिस्टर्ब किया। अन्त में हार कर हमने कचहरी में अपनी शिकायत वापस ले ली कि हमारा कोई नुक़सान नहीं हुआ।

'अब कहाँ रस्म घर लुटाने की
बरकतें थीं शराबख़ाने की'

फ़ैज़

24

ठण्ड का मौसम। फ़रवरी के स्वागत में जनवरी जाऊँ-जाऊँ कर रही। वर्ष 1960। दिल्ली के राजौरी गार्डन से मेरी बड़ी बहन प्रतिभा समस्त घरवालों की इच्छा के विरुद्ध प्रेमविवाह कर रही है जिसे माँ-बाप ठोंक-पीटकर पारम्परिक विवाह की शक्ल दे रहे हैं। माँ त्योरी चढ़ाकर तोरन लटका रही हैं, पापा फूलवाले से फूलों के दाम के लिए झगड़ रहे हैं।

कमरे के अन्दर लाल मखमल के ब्लाउज़ और लाल रेशम की सलमे-सितारे वाली साड़ी में लिपटी मेरी दीदी बार-बार घड़ी देख रही है।

उसे समझ ही नहीं आ रहा कि जब उसने अपनी पसन्द से अपना साथी ढूँढ़ लिया है, लड़के के माता-पिता भी रिश्ते से ख़ुश हैं, शादी भी दहेजरहित है, फिर ममी-पापा को क्या अड़चन है। बी.ए. में पढ़ने वाली मैं, अपनी उन्नीस साल की बुद्धि से अन्दाज़ लगा लेती हूँ, पापा को क्या मलाल है।

मेरी मूर्ख दीदी भूल गयी कि पापा हम दोनों को महान बनाने के ऊँचे सपने देखा करते। जिस भी ऊँचे पद पर किसी स्त्री को देखते, वही वे अपनी बेटी की जगह मानते। पापा अपना सीना ठोंक कर कहते, 'मैं प्रतिभा को सरोजिनी नायडू बनाऊँगा', 'मेरी बेटी विजय लक्ष्मी पण्डित बनेगी।'

उनके सपनों को धता बताते हुए दीदी ने जब बी.ए. की परीक्षा पूरी किये बग़ैर शादी का निर्णय सुनाया, हमारे घर पर जैसे पहाड़ टूट पड़ा। उस

ज़माने में दीदी ने पापा से कहा, 'आप मेरा इमोशनल ब्लैकमेल कर रहे हैं। रहा बी.ए., वह मैं कभी भी आकर पूरा कर लूँगी।'

दीदी की विदा के वक़्त पापा ने मुझे अपने से चिपटा कर कहा, 'बेबी मुझे धोखा देकर चली गयी। तू मेरा साथ निभाना।'

आँसू भरी आँखों से मैंने कहा, 'जी पापा।'

बी.ए. में पढ़ने वाली इस लड़की ने सोच लिया अब किसी लड़के से प्रेम-व्रेम नहीं करना है। ममी-पापा को दुखी नहीं करना है। सिर्फ़ पढ़ना और आगे बढ़ना है। मौसम बदले, शहर बदले, कॉलेज और विश्वविद्यालय भी बदले। थोड़ी-बहुत दोस्तियाँ हुईं, सभी तरह की। लड़के-लड़कियाँ पढ़ाकू भी मिले, लड़ाकू भी। कोई विनम्र तो कोई अकड़फूँ। मेरे सामने एक ही लक्ष्य था एम.ए. इंग्लिश साहित्य में दिल्ली विश्वविद्यालय में इतने अंक आ जायें कि लेक्चररशिप के लिए किसी के आगे गिड़गिड़ाना न पड़े।

यह सब एक झटके में हासिल हो गया, अब क्या किया जाय। पापा सुझाते रिसर्च कर डालो। मेरी दिलचस्पी कविता पढ़ने और लिखने में थी। रिसर्च की यान्त्रिकता से भय लगता।

कविताएँ कैमरे के फ़्लैश की तरह मेरी चेतना में चमक जातीं, कहीं भी लिख डालती, अख़बार पर, दीवार पर, किताब पर, कॉपी में। ज़्यादातर खो जातीं। बाद में याद आता तब तक अख़बारों के ऊपर इतने अख़बार अट जाते कि सारी रद्दी खँगालनी पड़ती। यह आदत अब तक गयी नहीं है। फ़ोन नम्बर की तो पूछो मत। रद्दी में पड़े हर अख़बार का पन्ना-पन्ना देखा जाता है कि कहाँ, किस कोने में नम्बर लिखा था।

शादी के तीन महीने बाद दीदी इन्दौर आयी और पन्द्रह दिन की पढ़ाई में बी.ए. फाइनल का इम्तहान दे दिया। पढ़ने का तरीक़ा वही राजसी। मेरे हाथ में किताब थमाकर कहती, 'मुन्नी मुझे रामचन्द्र शुक्ल का निबन्ध 'श्रद्धा और भक्ति' पढ़कर सुना दे।'

दीदी का आदेश वज्र की तरह टूटता मुझ पर। जो कुलिश कठोर चीज़ें मैंने अपने लिए नहीं पढ़ीं वे दीदी के लिए पढ़नी पड़तीं।

जब दीदी ने प्रथम श्रेणी में बी.ए. उत्तीर्ण कर लिया उसने सगर्व घोषणा की, 'मेरे इतने अच्छे नम्बरों का पूरा श्रेय नरेन्द्र को जाता है।' नरेन्द्र मेरे जीजू का नाम था जिन्हें मैं भैया कहती थी।

मुझे बड़ा बुरा लगा। ध्रुवस्वामिनी, साकेत और चिन्तामणि सुना-सुनाकर मेरे पसीने छूट गये और बेवक़ूफ़ दीदी ने सारा श्रेय पति परमेश्वर को दे डाला।

इन्दौर में जितने दिन दीदी रही, मलका-ए-मुहब्बत की तरह बर्ताव करती रही। उसने मुनादी कर दी, 'इस पूरी दुनिया में नरेन से ज़्यादा सुन्दर, स्मार्ट, लम्बा और रौबदार कोई लड़का आज तक न हुआ है न होगा।'

भैया में ये सारी ख़ासियतें थीं लेकिन यह कहना कि वे पूरी क़ायनात के इकलौते कोहिनूर थे, कुछ ज़्यादा लगा।

मैंने मन-ही-मन तभी ठान लिया कि अव्वल तो मैं शादी करूँगी नहीं लेकिन अगर कभी की तो मैं अपने लिए भैया से ज़्यादा सुन्दर, स्मार्ट और लम्बा लड़का ज़रूर ढूँढूँगी। एक पैमाना था जिसे पार करना ही करना था।

मुझे मिला। मेरा मनमीत मिला। भैया से हर मामले में बीस—लम्बा, गोरा, सुन्दर, शिक्षित और मेरे मामूलीपन पर मर मिटने वाला। उसका जीने का अन्दाज़ बेढ़ब था, बेतरतीब। जो झटके उसने खाये उसके धचके हमें भी लगे। औरों की मुश्किलों को लेकर तीन चौथाई वक़्त परेशाँ रहना। परेशाँ है तो पीना, पशेमाँ हैं तो पीना। ख़ुश हैं तब तो ज़रूर पीना। मायूस है तो मायूसी के नाम पीना। ग़ालिब 'उग्र' हमेशा पास रखा रहता, रामायण की तरह। स्टीरियो पर चलता रहता। फ़ोन पर सुनाया जाता।

रवि के जीने के अन्दाज़ में इतनी मौलिकता थी कि किसी समयसारिणी को वहाँ लागू नहीं किया जा सकता था। इलाहाबाद आकर उनका जीने का अन्दाज़ दिन-पर-दिन मनमाना होता गया। वे प्रेस की रातपाली में कभी दिक़्क़तों के कारण जागते तो कभी मशीनमैन के न आने के कारण ख़ुद मशीन चलाते। दिन की पाली में भी हज़ार झंझट रहते। कभी बिजली गोल तो कभी कारीगर ग़ायब। रवि के सोने-जागने का समय अनिश्चित हो गया था।

माताजी हमारे साथ ही थीं।

रवि सुबह नौ बजे पहली चाय पीते। नौ बजे माताजी का नाश्ते का समय होता। रवि प्रेस का काम शुरू करवाकर, बारह बजे नाश्ता करते। माताजी बारह बजे दोपहर का भोजन लेतीं। मैं जब कॉलेज से लौटती तब रवि दोपहर का खाना खाते, हालाँकि उस वक़्त चार बजे होते। चार बजे माताजी शाम की चाय चाहतीं। आठ बजे तक रात में माताजी खाना खा लेतीं और नींद की गोली लेकर सो जातीं। रवि रात ग्यारह बजे खाने के

लिए तैयार होते। मैं बिल्ली की तरह दबे पाँव रसोई में जाकर खाना गरम करती लेकिन माताजी को आहट लग जाती।

'ममता अद्धी अद्धी रात की करदी पईं तू?' माताजी कहतीं। मैं कोई जवाब नहीं देती। खाने की ट्रे लेकर कमरे की तरफ़ लपकती।

सेविका मालती सवेरे सात से तीन और शाम पाँच से सात बजे तक अपनी सेवा देती। शेष समय की भागदौड़ मेरे ज़िम्मे।

इतनी विकट दिनचर्या सिर्फ़ प्यार की डोर से बँधकर चलाई जा रही थी। मेरे मरियल कॉलेज की अड़ियल दिक़्क़तें थीं तो रवि के छापेखाने की छप्पन मुसीबतें। लैटर प्रेस के ज़माने की छपाई कशीदाकारी से कम पेचीदा नहीं थी। ज़रा-सा मैटर हिल जाय तो पूरा पृष्ठ फिर से कम्पोज़ हो। छपने से पहले शब्दशः सारा मैटर पढ़ना पड़ता कि कहीं अक्षर टूट या छूट तो नहीं गये। कभी बिजली ग़ायब हो जाती तो कभी कारीगर। इन्हीं झमेलों से निजात पाने के लिए रवि अपने कमरे में घुस जाते। वहाँ गम ग़लत करने का सारा इन्तज़ाम होता। दिन में ख़रीदकर रखी गयी व्हिस्की होती, स्टीरियो पर बेगम अख़्तर या जगजीत सिंह होते, कूलर के ठण्डे झोंके होते और सुकून होता।

इस लिहाज़ से रवि के जीवन में रोज़ाना मुठभेड़ और पलायन आमने-सामने होते। यह उनकी जीवनीशक्ति थी जो वे जानलेवा हालात में भी हँसते-हँसाते जीते गये। उन्होंने सुदूर भविष्य का स्वप्न देखने की जगह आज और अभी का फलसफा अपना लिया। हमप्याला, हमनिवाला दोस्तों की सूची में इज़ाफ़ा हुआ। सलाहकारों की गिनती घटती और कटती गयी।

मेरा जीवन भी कम समस्याग्रस्त नहीं था। लेकिन मैंने कभी शराब पीने का विकल्प नहीं चुना। एक तो बच्चों और उनकी दादी की उपस्थिति में यह मुमकिन नहीं था दूसरे घर की आर्थिक स्थिति ऐसी नहीं थी कि दो दारूबाज़ों को पनाह दे दे।

'हम जीते-जी मसरूफ़ रहे
कुछ इश्क़ किया, कुछ काम किया'
फ़ैज़

25

जितनी बार रवि का ध्यान आता है उनकी ख़ूबसूरती के साथ उनकी खुशमिज़ाजी भी चली आती है। एक ऐसा इन्सान जिसके पास दोस्तों के लिए, घर के लिए, वक़्त ही वक़्त था। कोई हमारे यहाँ आता तो मेहमान से ज़्यादा मेज़बान मुदित हो जाता। कुर्सी समेत ठहाके लगाना, वक़्त बेवक़्त चाय की फ़रमाइश, सिगरेट के कश और बिना किसी तैयारी, दोपहर के भोजन का इसरार। मालती भी अभ्यस्त हो चली थी इन आकस्मिकताओं की। वह लोकनाथ जाकर दही, मिठाई, दमआलू लाकर खाने की रूपरेखा बैठाती।

रवि की हाज़िरजवाबी और सेंस ऑफ़ ह्यूमर के कारण उनसे आकृष्ट होने वाली लड़कियों और महिलाओं की तादाद भी कम न थी। इनमें वे छात्राएँ तो थीं ही जिन्होंने उनकी कहानियाँ पढ़ रखी थीं, वे भी थीं, जिन्हें इनके लिखने से ताल्लुक कम और बतरस से ज़्यादा था। प्रेस चलने के कारण दिन-भर ड्योढ़ी का दरवाज़ा खुला रहता जहाँ ऑफ़िस की कुर्सी पर रवि सफ़ेद कुर्ते-पाजामे में बैठे मिलते। उनकी आदत थी सवेरे उठकर ब्रश और शेव करने की। भले ही नहाते दोपहर बारह बजे, जब प्रेस का काम क़ाबू में आ जाता। रवि की त्वचा में नमी थी। मात्र मुँह धोने-भर से चेहरा खिला-खिला लगता। वे अपनी कत्थई आँखों समेत सफ़ेद दाँतों से जब हँसते, लगता सूरज और चाँद एक साथ निकल रहे हैं।

पड़ोस में बहुत-सी लड़कियाँ रहतीं। कुछ तो घर के सामने। कुछ आसपास के घरों में। मुझे आंटी बनाकर कइयों का घर में प्रवेश था। मेरे रहते तो वे आतीं ही, मेरे पीछे से भी उनके आने पर कोई पाबन्दी नहीं थी। उनकी छोटी-छोटी परेशानियाँ थीं, बड़े-बड़े सपने। आमना मुझसे कहती, 'आंटी आपकी निगाह में कोई अच्छा-सा लड़का हो तो बताइयेगा। मुझे तो बस बी.ए. करना था। कहाँ मैं डी.फिल. में पहुँच गयी।' आमना का धूप धुला रंग, तराशी हुई भवें, नये फ़ैशन के कटे हुए बाल तनिक भी अन्दाज़ा न देते कि इनके पीछे एक परेशान लड़की है।

'क्यों तुम्हें तो कोई यूँ माँगकर ले जायेगा, तुम्हारी शादी में क्या दिक़्क़त है!' मैं कहती।

आमना कहती, 'आंटी आपको पता नहीं।, सैयदों में लड़कियाँ घर बैठी-बैठी बूढ़ी हो जाती हैं। ख़ालिस ख़ून के चक्कर में हमारे माँ-बाप रिश्ता होने ही नहीं देते।'

मेरी ग़ैर-मौजूदगी में आमना फ़ोन करने आती। रवि से कहती, 'अंकल हमारे घर से फ़ोन करना मुहाल है। आप ज़रा ऊपर चले जायें। मैं प्रेस भी देख लूँगी, फ़ोन भी कर लूँगी।' मज़ा यह कि रवि मान भी जाते। आमना जिसे पूनम सिंह पुकारकर बात करती वह पूनम सिंह नहीं, उसका बेरोज़गार भाई अनिल था।

घर के एकदम सामने एक प्ले स्कूल खुला हुआ था, नवाब साहब की इमारत में। अभी नया था। उसमें बच्चे कम थे। नवाब साहब ने एक टीचर रखी हुई थी जो स्कूल की प्रिंसिपल भी थी और शिक्षिका भी। रानी मण्डी के बाशिन्दों को यह समझाना काफ़ी मुश्किल काम था कि ढाई-तीन साल के बच्चे को प्ले स्कूल में दाख़िल करना चाहिए। हमारे घर में तो दो साल के अन्नू से ही इतना तूफ़ान मचा रहता कि हमसे वह सँभाले न सँभलता। हमने अन्नू को वहाँ दाख़िल कर दिया। मेरे कॉलेज जाने पर रवि को भी कुछ राहत मिल जाती। हमारी देखादेखी कुछ और परिवारों ने भी अपने बच्चे वहाँ भेजने शुरू कर दिये। एक दिन स्कूल की दाई हमारे घर पर एक बन्द लिफ़ाफ़ा लेकर आयी।

'बाऔजी को देना है, मैडम ने बोला है।'

मैं उस वक़्त प्रेस में बैठी थी। मैंने उसके हाथ से लिफ़ाफ़ा ले लिया।

ऊपर जाकर मैंने रवि को चिट्ठी थमायी और कहा, 'लगता है अन्नू ने स्कूल में भी बदमाशियाँ शुरू कर दी हैं। यह उसकी प्रिंसिपल मिसेज़ जमाल ने भेजी है।'

रवि ने चिट्ठी पढ़ी और परेशानसूरत मेरी तरफ़ बढ़ा दी।

चिट्ठी में लिखा था, 'जनाबेआली कालिया साहब, हमें लगातार शर्मिन्दगी है कि हम इस बार भी आपकी दी हुई रक़म लौटा नहीं पा रहे हैं। हमारी कई महीनों की तनख़्वाह बकाया है। इधर हमारे शौहर को भी तनख़्वाह नहीं मिली है। उनके मालिकान का कहना है कि पैलेस टॉकीज़ घाटे में चल रहा है।

'अब नये सैशन में हमें आदिल की कॉपी-किताबें सब ख़रीदनी हैं। जिस पर वह क़द भी निकाल रहा है। पिछला यूनिफ़ॉर्म छोटा हो गया है। एक जोड़ी यूनिफ़ॉर्म की भी सख़्त ज़रूरत है। मेहरबानी कर दाई के हाथ तीन सौ रुपये भेजने की दानिशमन्दी करें। तनख़्वाह मिलते ही मैं पूरी रक़म वापस कर दूँगी।'

रवि बोले, 'कितनी भयानक बात है, स्कूल की टीचर के पास अपने ही बच्चे की फीस देने के लिए पैसे नहीं हैं। नवाब साहब रईस आदमी हैं। क्यों इस मजलूम का पैसा मारे बैठे हैं।'

रुपये की खींचतान हमारी ज़िन्दगी में भी बनी हुई थी। मैंने थोड़ी शिकायत के लहजे में कहा, 'तुम कौन-से धन्ना सेठ हो। किस-किस की भरपाई करोगे।'

रवि बोले, 'कोई बड़ी उम्मीद से ही ऐसा ख़त लिखता है। ऐसा करो तुम सेल्फ का चेक बनाकर ख़ुद दे आओ मिसेज़ जमाल को। पता नहीं कितनी बेचैन होगी।'

उरूज का उन दिनों घण्टाघर के एक डॉक्टर से प्रेम चल रहा था। वह डॉक्टर के साथ रायबरेली, प्रतापगढ़ कहीं भी चली जाती।

उस दिन नहाने के बाद जब मैं गाउन पहनती हुई अपने कमरे में आयी, मैंने देखा रवि पलँग पर लेटे हुए हैं और सटकर बैठी उरूज उनसे कह रही है, 'अंकल हम बहुत ख़राब लड़की हैं, ऐसा सब कहते हैं। आप हमें यहाँ बैठने देते हैं। हम आपकी क्या ख़िदमत करें। आपके सिर में तेल लगा दें?'

रवि फ़ौरन उठ बैठे। मुझसे बोले, 'एकदम बच्ची है उरूज। इसे कुछ खिलाओ पिलाओ। अकल सिखाओ किससे क्या बोलना है।'

दरअसल डॉक्टर साहब की गाड़ी में घूमते रहने से उसकी बदनामी हो गयी थी।

इन लड़कियों को हमसे, हमदर्दी के सिवा, कुछ हासिल न होता लेकिन फिर भी वक़्त-बे वक़्त हमारे यहाँ चली आतीं।

रानी मण्डी तवायफ़ों का पुराना मुहल्ला था। अब वहाँ पेशा नहीं होता था। बहुत-सी तो किसी साजिन्दे या बाशिन्दे के साथ घर बसाकर बैठ गयी थीं। कुछ एक की अगली पीढ़ी अब भी इस धन्धे में थी लेकिन सँभलकर। उन्होंने रानी मण्डी में गृहस्थी रखी हुई थी और गुड़ मण्डी में किराये का कमरा।

एक बार कॉलेज में वार्षिकोत्सव में हमने क़व्वाली का आइटम रखा। तैयारी हो गयी। मगर हमें मखमल की जैकेट, ढंग की, नहीं मिल पा रही थी। हम बड़े परेशान। जलसे का दिन पास आ रहा था। एक रोज़ छोटी गली की सईदा ख़ान आयी और बोली, 'मैम आप किसी को न बतायें तो हम कुछ कहें।'

'बोलो।'

'हमारी अम्मी के पास बक्से में बहुत-से पेशवाज़ और जैकेट रखे हैं। आपको दिखायें।'

मैंने ख़ुशी-ख़ुशी हामी भरी।

उस दिन वह कपड़े के झोले में डालकर ऐसी रंग-बिरंगी, सलमा सितारे जड़ी जैकेटें लेकर आयी कि हमारा कमरा रौशन हो गया। दुपट्टों पर लचके की किनारी, टोपी पर गोटा सब दमक रहा था। उस बार कॉलेज में क़व्वाली आइटम सबसे अच्छा हुआ।

रसूलाबाद वाले घर में जाकर माहौल बदल गया। पता नहीं इस बस्ती में जवान लड़कियों का क्या हुआ था।, जो भी दिखती शादीशुदा ही होती। भले घर की लड़कियाँ जो पति के अलावा हर पुरुष को भाईसाहब कहतीं। वे लाख पुकारें भाईसाहब, रवि की शरारती ज़ुबान उन्हें हँसा ही डालती, कभी किसी बात पर, कभी किसी घात पर। उनके पढ़े-लिखे पति भी कम होशियार नहीं थे। रक्षाबन्धन के दिन सब अपनी पत्नी के हाथों रवीन्द्र कालिया की कलाई पर एक-एक राखी बँधवाकर बेफ़िक्र हो जाते। शाम

तक रवि का हाथ, कोहनी तक राखियों से भर जाता। रवि विवश अपना हाथ यों देखते गोया राखी नहीं हथकड़ियाँ पड़ी हों हाथों में। मुझे परसाई जी का व्यंग्य 'सदाचार का ताबीज़' याद हो आता।

वापस एक शाम याद आयी रानी मण्डी की। जीवन की असली रौनक तो वहाँ मिली।

अनिता गोपेश, प्रसिद्ध गीतकार और बुद्धिजीवी गोपीकृष्ण गोपेश की बेटी थी जिसे हमने सन् 1970 या '71 में पहली बार देखा। तब वह स्कर्ट-ब्लाउज़ पहनती थी। हायर सेकेंड्री पास हुई थी। खिले गुलाब की रंगत, गुड़िया जैसे घुँघराले बाल और दरमियाना क़द। गोपेश जी की ही तरह सुन्दर, स्मार्ट और साहसी। देखते-देखते एम.एससी. कर ली। डॉक्टरेट भी ले ली। पिता के आकस्मिक निधन और बड़े भाई की अकाल मृत्यु से बहुत समस्याएँ उसके आगे खड़ी हो गयीं। शेष परिवार उतना संवेदनशील नहीं था जो उसकी प्राथमिकताओं को समझे। ऐसी ही शशि शर्मा थी। स्टेट बैंक में अधिकारी, पर परिवार में अधिकारच्युत। ये दोनों हम दोनों को पसन्द करतीं। मधु व गौरा मालवीय रचनाकार लक्ष्मीधर मालवीय की बेटियाँ भी जब-तब अपनी दिक़्क़तें लेकर आतीं। हमसे बात करने से दिक़्क़तें तो शायद दूर न होतीं, बस मन हल्के हो जाते। हम सब चहकने लगते। अनिता के संग आयी गुड्डी उर्फ़ वन्दना जो अब प्रसिद्ध रंगकर्मी है, पकौड़े बनाती और शाम की चाय जम जाती। अनिता गोपेश खुद लेखक है। उसने पिछले हफ़्ते अपने एक पुराने बयान का हवाला दिया। उसकी गोल-गोल लिखावट में दर्ज था—अनिता गोपेश की डायरी में :

सन् 1971

'कितनी ख़ुशी हुई आज रवीन्द्र कालिया और ममता कालिया से मिलकर। पूरे व्यवहार में कैसा कल्चर है। उनकी वैल्यूज़ मेरी अपनी वैल्यूज़ से मिलती-जुलती हैं। बड़ा ताज्जुब हुआ जब ममता दी अपने पेरेंट्स की बात बताने लगीं। सब कुछ एक सा जैसे मेरी बात सामने रखती जा रही हैं। किन्हीं दो व्यक्तियों और परिस्थितियों में इतनी समानता हो सकती है। तो दो व्यक्तित्व क्या एक से नहीं हो सकते। यह प्रश्न दिमाग़ में आ रहा।'

अनिता, शशि शर्मा, मीनू दुबे, मधु, गौरा इन सबका हमारे घर पर आना-जाना निर्बाध चलता। एक दिन शशि शर्मा हमारे शामिल दोस्त

डॉ. नरेन्द्र खोपर जी के साथ आयी। रवि ने कहा, 'आज तुम अपने साथ बॉडीगार्ड लायी हो।'

डॉक्टर खोपर जी ने हँसकर कहा, 'बॉडी तो है गार्ड का हमें क्या पता है कि नहीं।'

शरारतों का सिलसिला हर मौसम में चलता रहता। ठण्ड की शाम थी। हस्बेमामूल रवि तिब्बती थुलमे (मोटा कम्बल) में अपने पैर ढँके हुए मसनद के सहारे अधबैठे थे। पास में जाम बना रखा था। स्टीरियो पर बेगम अख़्तर को पचासवीं बार सुना जा रहा था। तभी कुण्डी खड़की।

दरवाज़ा खोला तो अनिता और शशि शर्मा अपने साथ ठण्डा झोंका लिए घर में घुसीं। हम सब नये कमरे में गये क्योंकि यही रवि की गुफा थी जहाँ बैठना उन्हें पसन्द था। इसे हमारे यहाँ नया कमरा कहते थे हालाँकि इसे बने 15 साल हो चुके थे। हमारे मकान का पटाव बहुत ऊँचा था। उसी ऊँचाई के बीच में छत डालकर यह कमरा निकाला गया था।

हालचाल पूछने और चाय पीने के बाद लड़कियों को थोड़ा अच्छा लगने लगा। शशि शर्मा ने अपने पाँव थुलमे के अन्दर कर लिए, गरम करने के लिए। अनिता ने भी देखा-देखी अपने पाँव थुलमे के अन्दर पसार लिए। मैं कुछ दूरी पर थी। न जाने मुझे क्या हुआ मैंने भी इस तिकड़ी के बीच अपने पैर थुलमे में फँसा दिये।

रवि फ़ौरन थुलमे में से बाहर निकल आये। 'रवि दा क्या हुआ, बैठिए न।' सब कहने लगीं। रवि ने कहा, 'मुझे एक ज़रूरी फ़ोन याद आ गया।' अपना गिलास उठा कर रवि चल दिये ऊपर।

लम्पट और शरारती में यही बारीक़-सा फ़र्क़ होता है। लम्पट शरारत का कोई मौक़ा नहीं छोड़ता जबकि शरारती लम्पटपन का कोई मौक़ा क़बूल नहीं करता। उसकी इसमें दिलचस्पी नहीं होती।

इससे भी बढ़कर एक दोस्ती थी एक परिवार से जिनके हमारे जैसे ही दो बच्चे थे। पत्नी प्रोफ़ेसर, पति सरकारी अधिकारी। अन्नू-मन्नू और राजू-काजू सब एक ही स्कूल में पढ़ते थे। उनकी बातों और शरारतों का लम्बा सिलसिला था। राजू-काजू, अन्नू और मन्नू चारों को बचपन में सुगन्धित रबड़ इकट्ठे करने का शौक़ था। ये रबड़ अलग-अलग आकार और रंगों में होते। उनमें तीखे इत्र की ख़ुशबू आती रहती। मुश्किल से एक या दो

रुपये का एक रबड़ आता। बच्चे उन्हें ऐसे बदलते आपस में जैसे आजकल पोकेमॉन कार्ड की अदला-बदली होती है।

बच्चों की माँ इलाहाबाद की ग्रेसफुल महिलाओं में शुमार थीं। दुबली काया, संवेदनशील चेहरा और सुराहीदार ग्रीवा। मैंने मन-ही-मन उनका नाम रखा हुआ था श्यामा-सुन्दरी। वे थोड़ी-थोड़ी वहीदा रहमान लगा करतीं। उनका बात करने का ढंग आत्मीय था जबकि वे बहुत कम बोलतीं। उनके छात्रों का कहना था कि जब वे विद्यापति पढ़ातीं तो विद्यापति की नायिका लगतीं और जब बिहारी पढ़ातीं तो बिहारी की। रवि और वे फ़ोन पर लम्बी वार्ता करते। शहर में उनके मुरीद बहुत थे। पति दौरे पर रहते। जब घर में होते तब भी वे घर की सामाजिकता से अलग-थलग रहते। ठाकुरजी की तरह रात नौ बजे विश्राम करने चले जाते।

महफ़िल उसके बाद जमती। यह इलाहाबाद की ऐसी अनोखी महफ़िल थी, जहाँ न साक़ी था न शराब लेकिन जो लौटता सुरूर में होता।

कई बार रवि बच्चों को पटा लेते, 'अन्नू-मन्नू बड़े दिनों से तुमने अपने रबड़ राजू-काजू को नहीं दिखाये। आज चला जाय वहाँ।' दोनों बच्चे उछल पड़ते, 'हाँ पापा चलो, मेरे पास तो पाँच नये रबड़ हैं। मन्नू कहता मेरे पास सात हैं।'

रवि तब तक दो पेग अपने अन्दर उतार चुके होते। वे मुझसे कहते, 'अभी भूख नहीं है। थोड़ा घूम फिरकर आते हैं तो शायद लग जाय। बच्चे ज़िद कर रहे हैं राजू-काजू के यहाँ जाने की।'

मुझे क्या एतराज़ होता। दैनिकता से निकलना किसे अच्छा नहीं लगता।

हम चारों रवि के चेतक पर सवार होकर श्यामा सुन्दरी के घर पहुँचते। उनका बाहरी कमरा भरा मिलता। वहाँ बैठे होते साथी प्रोफ़ेसर, वकील, डॉक्टर, व्यवसायी। कुछ शोधछात्र ठण्डे-गरम की पूछताछ में लगे रहते।

मैंने रवि और श्यामा-सुन्दरी को कभी रू-ब-रू बात करते नहीं देखा। 'भरे भौन से होत है नैनन ही सों बात' वाला संवाद होता हो तो हुआ होगा।

रबड़ों की अदला-बदली होती। बच्चे आँगन में बैठकर अपनी बातें करते कि रवि की घोषणा होती, 'देर हो रही है, हम घर चलेंगे।'

चार साल पुराने चेतक पर हम डगमग-डगमग वापस आ जाते।

रवि का मूड बढ़िया होता। उस रात वे बिना चकल्लस के खाना खा लेते।

'ग़ैर से रात क्या बनी, ये जो कहा तो देखिए,
सामने आन बैठना और ये देखना कि यों'

ग़ालिब

26

हम लेखक हैं इसलिए लिखते हैं। सच कहें तो ज़्यादा समय लिखने के इरादे और तैयारी में बिताते हैं। कई बार सोच-विचार की प्रक्रिया इतना थका देती है कि लिखने का नम्बर आने के पहले नींद का नम्बर आ जाता है। इसीलिए लेखक इस दुनिया के सबसे लद्धड़ प्राणी माने जाते हैं।

कभी-कभी हम लेखकों को गोष्ठियों, सभा-सम्मेलनों में जाने का मौक़ा मिलता है। इनमें जाने से लेखन के क्रम में व्याघात आता है लेकिन दिमाग़ को ऑक्सीजन मिलती है, अग्रज, अनुज और साथी रचनाकारों से मिलने का मौक़ा मिलता है, प्रेम से लेकर डाह तक के भावों से टक्कर होती है। फिर भी हम जाते हैं क्योंकि इससे जीवन की एकरसता टूटती है। नये सम्पर्कों से नयी दुनिया खुलती है।

इन गोष्ठियों या सम्मान-सभाओं में जाने पर लेखक को कोई भौतिक उपलब्धि नहीं होती। रेल या हवाई किराया मिलता है जो रेल या हवाई यात्रा में ख़र्च हो जाता है। आतिथ्य में प्रायः एक शॉल मिलता है और फूलों का गुलदस्ता। फूल वहीं मंच पर छूट जाते हैं। लेखक शॉल लेकर घर आ जाता है।

हिन्दी के सभी लेखकों की तरह हमारे पास भी बहुत शॉल आये। यहाँ तो एक घर में दो लेखक थे। शॉलों से घर भर गया। जो सूटकेस खोलो

उसमें शॉल। हमने दोस्तों को बाँटने शुरू किये। लेकिन दोस्तों को पसन्द नहीं आये। किसी ने कहा इसमें गरमी नहीं है, किसी ने कहा, इसमें ठण्डक नहीं है। आलम यह हो गया कि हम शॉल पाने से डरने लगे। इतने मीटर कपड़ा फ़िज़ूल जगह घेर रहा।

लेकिन बाहर जाने से हम कब बाज़ आते। बुलावे आते रहते। कभी-कभी हम दोनों को साथ बुलाया जाता तो कभी अलग। रवि तो बाहर तभी जाते जब इनकी यार-चौकड़ी का कोई सदस्य होता। मैं कभी भी, कहीं भी चल देती। समाज में पहुँचने की ललक इन्हीं संक्षिप्त यात्राओं से सन्तुष्ट होती। सन् 2006 में नये सिरे से दिल्ली आये तो यहाँ भी गोष्ठियों का सिलसिला चल निकला। एक बार की बात है, जयपुर के एक प्रतिष्ठित डॉक्टर जो बहुत अच्छे लेखक भी हैं, उनकी नयी किताब प्रकाशित हुई थी। उनकी इच्छा थी कि मैं उनकी पुस्तक का लोकार्पण जयपुर आकर कर दूँ। पाण्डुलिपि मैंने देखी थी। पुस्तक स्तरीय थी। मैंने जाने की सहमति दे दी। डॉक्टर साहब ने ज्ञानपीठ के पूर्व निदेशक दिनेश मिश्र जी, उनकी पत्नी और मुझे टैक्सी में जयपुर आने की सुविधा दी।

जयपुर में पुस्तक लोकार्पण भव्य स्तर पर आयोजित हुआ। नगर के नये-पुराने रचनाकार मित्रों से मिलना हुआ। शाम को डॉक्टर साहब के पड़ोसी भगवान अटलानी के घर गये जहाँ उनकी पुत्रवधू ने हमें स्वादिष्ट सूप पिलाया। भगवान अटलानी सिन्धी और हिन्दी दोनों भाषाओं में लिखते हैं। अगले दिन दिनेश मिश्र वेदव्यासजी से मिलने गये। पवन सुराणा, सुदेश और नीलिमा टिक्कू हमेशा की तरह प्रेम से मिलीं। हर बार की तरह यह जयपुर प्रवास भी बढ़िया रहा। दोपहर में वापस चलते समय डॉक्टर साहब ने एक ख़ूबसूरत जयपुरी रजाई उपहार में दी। शायद उसी जैसी एक रजाई दिनेश जी को भी दी गयी। दिल्ली पहुँचते तक रात हो गयी। दिनेश दम्पति ने पहले मुझे घर उतारा। ड्राइवर ने वह नाज़ुक पीली जयपुरी रजाई पहली मंज़िल पर हमारे घर में रख दी।

रवि ने आई.आई.सी. से खाना मँगवा रखा था। वे अपने पेग के साथ सम्पादकीय लिखने की कोशिश में थे। थोड़ी देर को सब एक तरफ़ छूट गया और हम एक-दूसरे की बाँहों में बँध गये। मैं कुछ घण्टों के लिए भी बाहर जाती तो रवि एकाकी हो जाते। यहाँ तो मैं पूरे एक दिन बाद लौटी

थी। वे इसरार करने लगे कि उनके गिलास से एक सिप मैं ले लूँ। बड़ी मुश्किल से मैंने अपने को बचाया। मुझे व्हिस्की नागवार लगती है भले ही वह स्कॉच हो। रात में भी मैं रोज़ रवि पर ज़ोर देती कि वे दाँत साफ़ कर सोने आयें। कुछ साल इस माँग को लेकर बहस रही। फिर रवि की आदतों में दाँत साफ़ करके सोना शुमार हो गया।

उस रात भी यही हुआ। बातें हुईं, खाना गरम करके खाया गया और ब्रश वॉश और चेंज करके हम बिस्तर पर आये। मैंने बिस्तर पर नयी जयपुरी रजाई रख दी थी। ए.सी. चलने के कारण पतली रजाई की ज़रूरत हमेशा बनी रहती थी।

रवि ऐसे इन्सान थे जो नयी चीज़ों को थोड़ा सन्देह से देखते। रजाई देखते ही उन्होंने कहा, 'यह क्या चीज़ है। मेरा खेस कहाँ है।'

मैंने कहा, 'डॉक्टर साहब ने यह रजाई उपहार में दी है। खेस मैंने दूसरे कमरे में रख दिया।'

रवि ने माथा सिकोड़कर रज़ाई देखी, 'यह तो सिंगल रजाई है।'

'तो क्या हुआ। तुम्हीं तो कहते हो सिंगल बैड पर डबल सोना, डबल बैड पर सिंगल सोने से बेहतर है।'

'बैड की नहीं रज़ाई की बात हो रही है।'

'हाँ वही कायदा इस पर लागू होगा।'

रवि उखड़ गये। उनकी विनोदप्रियता ग़ायब हो गयी। तीन पेग की तल्ख़ी उनकी ज़ुबान पर आ गयी, 'क्या डॉक्टर साहब को नहीं पता कि लेखिका का एक पति भी है जो साथ ही सोता है। क्या वे दो रजाई नहीं दे सकते थे।'

मैंने कहा, 'दूसरी रजाई उन्होंने दूसरे मेहमान को दे दी। इसमें इतना उखड़ने की क्या बात है।'

'यह संवेदनशीलता का सवाल है। कोई आपको सौग़ात दे रहा है, वह भी अधूरी और तुम उसे क़ुबूल भी कर रही हो।'

नींद और रात का कचूमर निकल गया। पीले साँप सी पीली रजाई हम दोनों के बीच खलनायिका की तरह पड़ी रही। रवि अगले कमरे में दीवान पर पंखा चला कर सोने चले गये।

मैंने मरे मन से पीली रजाई सोफ़े पर डाल दी। ए.सी. बन्द कर दिया, बिजली बन्द कर दी और सोचने लगी रवि को वापस कैसे ख़ुश किया जाय।

अगले दिन जब रवि दफ़्तर चले गये मैंने लाजपत नगर के सेंट्रल मार्केट की राह पकड़ी। वहाँ दुनिया की हर चीज़ मिलती है, बस सही दुकान तक पहुँचने की देर है।

जयपुरी रजाइयों की दो दुकानें दिखीं। मैंने पीली रजाई सामने रखकर कहा, 'इसके मेल की रज़ाई चाहिए।' दुकानदार ने करीने से चिने अपने माल पर नज़र डाली, नीला, हरा, गुलाबी, उन्नाबी, सफ़ेद, बैंगनी सब रंग थे वहाँ। इक्का-दुक्का पीली रजाई भी थी, पाव-भर रुई वाली, लेकिन वह वैसा पीला नहीं था। डॉक्टर साहब वाली रजाई का रंग बसन्ती पीला था जबकि दुकानदार के पास नीबू पीला और नारंगी पीला। दूसरी दुकान का भी यही हाल था। दूसरे दुकानदार ने कहा, 'क्यों परेशान हो रही हैं आप। जोड़ नहीं मिल रहा तो दो एक सी रजाई ख़रीद लीजिए, थोड़ी सस्ती लगा दूँगा।'

मैं घर में सामान नहीं बढ़ाना चाहती थी। छोटा-सा घर सामान से उटाउट्ट भरा हुआ था। मन मारकर पीली रजाई लेकर वापस घर आ गयी। सारे दिन रजाई दीवान पर पड़ी मुझे मुँह चिढ़ाती रही। उसके साथ याद आती गयीं रवि की नाक़ाबिल-ए-बर्दाश्त तुनकमिज़ाजियाँ जिन्होंने जीवन कितना दुश्वार बनाया। पीली रजाई से याद आयी अरहर की पीली दाल जिसे लेकर हमारा पहला झगड़ा हुआ। दरअसल प्रेम और विवाह तो हम कर बैठे थे, एक-दूसरे की खानपान की आदतों को बिल्कुल नहीं जानते थे।

मैंने बड़े चाव से खाना बनाया था, अरहर की दाल, चावल, आलू की सूखी सब्ज़ी, रायता और रोटी। रवि ने एक नज़र खाना देख कर घोषित किया, 'मैं नहीं खाऊँगा। भूख नहीं है।'

मैंने इसरार किया।

रवि ने इनकार किया।

मैंने फिर इसरार किया।

रवि ने कहा, 'यह क्या बनाया है।'

'खाना है,' मैंने कहा।

'किस चीज़ की दाल है।'

'अरहर की', मैंने गर्व से कहा।

उत्तर प्रदेश में अरहर की दाल रोज़ के भोजन का आवश्यक अंग है। उसका स्वाद देसी घी के छौंक से उभरकर आता है।

रवि ने कहा, 'मैं अरहर की दाल नहीं खाता, तुम्हें इतना भी नहीं पता।'

मुझे सचमुच नहीं पता था। मैंने तो सारा खाना रच-रच कर बनाया था, स्टोव पर। हमारे पास कुकिंग गैस नहीं थी। 'मैं आलू भी नहीं खाता। रायता पी लूँगा। यह इतना पतला है जैसे लस्सी में पकौड़े डाले हैं।'

रवि के प्रवचन से पता चला कि पंजाब के किसान अरहर की दाल पशु के चारे के रूप में उगाते और इस्तेमाल करते हैं। पंजाब की दालें हैं मा, राजमा, साबुत मूँग, मोठ और छोले।'

रवि ने कहा, 'मैं तो कहूँगा तुम भी अरहर की दाल छोड़ दो अगर हम दोनों को सुखी देखना चाहती हो।'

'तुम चेतावनी दे रहे हो? किसलिए?' मैं भी अकड़ गयी।

रवि बोले, 'मेरा खाना ख़राब कर दिया। यह पशुओं वाला खाना खाने के लिए मैं पैदा नहीं हुआ हूँ। तुमने जालन्धर में देखा था हमलोग क्या खाते हैं।' जालन्धर का खाना याद कर मेरी रूह काँप गयी। इतना गरिष्ठ भोजन मैंने जीवन में कभी नहीं खाया था। दोपहर के खाने में साबुत उड़द, शाम के खाने में राजमा। नाश्ते में प्याज बेसन के भारी पराँठे और बीच में दूध वाली चाय। वहाँ मेरा पेट चौपट हो गया था। सब्ज़ी और रोटियों के ऊपर इतना देसी घी डाला जाता कि अपने सर्वांग से केवल घी की महक आती रहती।

वे सात दिन बहुत विकट गुज़रे थे। रात-भर रवि सक्रिय, दिन-भर इनके परिवारी जन। मैं एकल परिवार की अभ्यस्त थी। माता-पिता के घर रेडियो के अलावा और कोई ध्वनि सुनाई न देती। जालन्धर में सवेरे छह बजे से मुहल्ले के बच्चे-बड़े पैरी पैनां करने आते रहते। पापाजी प्रिंसिपली करने स्कूल चले जाते पर माताई की चौधराहट और चौपाल चलती रहती। मैंने लगभग सदमे की हालत में पूछा, 'क्या तुम पंजाब जैसा खाना खाना चाहते हो।' रवि बोले, 'वह तुमसे नहीं बनेगा। मैं एक कुक का इन्तज़ाम करता हूँ।' धीरे-धीरे राज़ खुला कि रवि के एक दोस्त ने अपनी बातों से इनके मन में अरहर की दाल और उत्तर प्रदेश के भोजन के प्रति अरुचि डाली थी।

रवि के ऊपर दोस्तों की बात का गहरा असर होता था। एक बार कवि और रवि के दोस्त जगदीश चतुर्वेदी ने कहा था, 'मैं जब भी अपनी

पत्नी के नज़दीक जाता हूँ मुझे उसमें से अरहर की दाल की गन्ध आती है। मुझे इस गन्ध से इतनी वितृष्णा है कि मैं कभी ठीक से उसे चूम भी नहीं पाता।'

रवि ने यह बात गिरह बाँध ली और ज्यों की त्यों अपने जीवन में चिपकाने की कोशिश की। मैंने गूगली बॉल मारकर रसोई से अरहर की दाल ही हटा दी। रवि के रहते कभी अरहर की दाल का हमारे घर में प्रवेश नहीं हुआ।

और इस वक़्त मैं पीली रजाई सामने रखकर सोच रही थी; इसके साथ क्या सलूक किया जाय।

यकायक मुझे लगा कि अरहर की दाल की तरह इसे भी परिदृश्य से अदृश्य कर दिया जाय। मैंने दिवान का गद्दा चादर सरकाया। इस बॉक्स बेड में घर का फालतू सामान पड़ा रहता था। मैंने पीली रजाई उसमें डाल दी। वह आज तक वहीं पड़ी है, पिटारी में पड़े साँप की तरह। मैंने बिस्तर पर पुराने खेस रखे और मुँह-हाथ धोकर नये सिरे से प्रियतम का मुक़ाबला करने को तैयार हो गयी।

वह साहित्य का प्रतिगामी दौर था जो तरह-तरह के साहित्य-रूपों में सामने आ रहा था। धड़ाधड़ शादियाँ टूट रही थीं, प्रेम प्रसंग पिट रहे थे और दाम्पत्य दरक रहे थे। दिल्ली में यह दौर अपने सांघातिक रूप में था तो अन्य शहरों में कमोबेश। यह कविता में अकविता का दौर था जब श्रीकान्त वर्मा जैसे कवि ने कहा था, 'क्या मैं पड़ा रहूँ अपनी पत्नी की जीभ और जाँघ के चालू भूगोल में?' कहानी में यह अकहानी का दौर था। नाटक की जगह अब्सर्ड नाटक का बोलबाला था।

युवा पीढ़ी पर इन परिवर्तनों के घातक प्रभाव पड़ रहे थे। उस दौर में न जाने कितने जोड़े बिछड़े और कितने घर उजड़े। इसी से कहते हैं, 'शादी करना आसान है घर बसाना मुश्किल।' इन्दौर क्रिश्चियन कॉलेज के दिनों से ही मुझे डिबेट, कवि-गोष्ठियों और कविता-प्रतियोगिताओं में बाहर जाने का अभ्यास पड़ गया। पापा ने कभी इस प्रवृत्ति पर रोक नहीं लगायी बल्कि बढ़ावा ही दिया।

यही आदत मेरी बाद तक कायम रही। कहीं कोई प्रेम से बुलाता, मैं दस काम बीच में छोड़कर चल देती। आम तौर पर जीवन में सज्जनों से मेल हुआ। कोई ऐसी वारदात न हुई कि मैं बाहर जाना छोड़ती। रवि,

माताजी और बच्चों को मेरे जाने से असुविधा होती। उनके ऊपर कामों की ज़िम्मेदारी आ जाती जिसके वे अभ्यस्त नहीं थे। पता नहीं वे यह पहचानते थे या नहीं कि घर के घरेलूपन से ही छुटकारा पाने के लिए मैं बार-बार बाहर जाती थी। न मैं बदली न वे।

इसी तरह एक बार इलाहाबाद में रोटरी क्लब के सचिव मेरे पास आये और उन्होंने कहा वे मुझे अपने क्लब में सम्मान देना चाहते हैं।

मैंने उन्हें समझाया, 'इस शहर में सभी मुझसे अच्छा लिखने वाले मौजूद हैं, वे उनकी तरफ़ ध्यान दें। मैं नाम सुझा सकती हूँ।'

वे नहीं माने। उन्होंने मनमोहक तर्क दिये, 'आप लगातार छपती हैं, आप सबसे सक्रिय हैं, हम थकी चुकी विभूतियों को नहीं वरन् युवा गतिशील प्रतिभा को सम्मानित करना चाहते हैं।' प्रस्ताव आकर्षक था। रोटरी क्लब की बहुत ख्याति थी।

थोड़े संकोच के बाद मैंने सहमति दे दी।

एक भव्य समारोह में मुझे सम्मान-पत्र, रोटरी क्लब का प्रशस्ति चिह्न, अंगवस्त्र और उपहार से अलंकृत किया गया। अपनी लेखकीय गरिमा सन्तुष्ट और प्रसन्न हुई। चाय के दौरान क्लब और शहर के प्रतिष्ठित लोगों से मिलना, नये परिचय बनाना, सभी कुछ अच्छा लगा।

उन दिनों हमारे पास कार नहीं थी। जिस भी आयोजन में मैं जाती, आयोजकों से कह देती कि 'वापसी में घर पहुँचाने का ज़िम्मा आपका।'

प्रायः जो घर छोड़ने आता, आयोजन का ही कोई सदस्य होता। वह राह-भर यह बताता कि अब तक के हुए सभी आयोजनों में आज का आयोजन सबसे जानदार, शानदार था।

रात साढ़े नौ बजे मैं घर पहुँची। आयोजक के ड्राइवर ने सभी सामान और उपहार नीचे ऑफ़िस टेबल पर रख दिये।

रवि नये कमरे में स्टीरियो पर गाने सुन रहे थे। मैं भी साथ बैठ गयी। मुझे महसूस हुआ रवि कुछ खिंचे हुए हैं।

शहर में विद्यमान सभी क्लबों को रवि आलोचनात्मक रवैये से देखते थे। उनका कहना था इन्हें विदेश से ख़ूब ग्रांट मिलती है जिसका शतांश भी ये शहर के समाज पर ख़र्च नहीं करते। ऊँचे होटलों में आयोजन करना, नकली

मानवता दिखाना और असली सवालों को दबाकर रखना इनकी फ़ितरत है।

मैंने कहा, 'यह विसंगति तो हर संस्था और व्यक्ति में है। हम किससे कितना और कहाँ लड़ सकते हैं।'

रवि ने व्हिस्की का लम्बा घूँट लेकर कहा, 'कम-से-कम इतना तो कर सकते हैं कि इनके छद्‌म को बढ़ावा न दें।'

मैंने कहा, 'जब मैं जा रही थी तब यह फ़िलॉसफ़ी क्यों नहीं बतायी। अब उपदेश झाड़ रहे हो।'

रवि बोले, 'क्या हर बात बोलकर समझाने की होती है। तुम्हारा मन था जाने का। मैं रोकने वाला कौन होता हूँ।'

मैं दुखी, रुआँसी और असहमत होकर नये कमरे की सीढ़ियाँ उतर गयी। अब मुझे समस्त सम्मान चिह्न, अपमान चिह्न लग रहे थे। इन्हें कहाँ छुपा दूँ कि मेरे साथी को सुकून मिले। अंगवस्त्र में रखकर सारा सामान ऊपर लायी। उपहारों में एक बहुत सुन्दर घड़ी थी। बाक़ी सामान तो मैंने ऊँची अलमारी के ऊपर डाल दिये। घड़ी मैंने फ़्रिज के ऊपर रख दी। सोचा इस कमरे में कोई घड़ी नहीं है, आते-जाते वक़्त पता चलता रहेगा।

अपना कोटा पूरा कर रवि ग्यारह बजे ऊपर आये। खाना खाया, नेचुरलैक्स पिया और बिस्तर पर सो गये। मैंने चौका समेटा, दही जमाया, कपड़े बदले और ब्रश वॉश के बाद बिस्तर पर लेट गयी।

रवि गहरी नींद में थे। मैं भी सो गयी। सुबह जब मैं उठी, रवि पहले से जगे हुए थे और सिगरेट पर सिगरेट फूँक रहे थे।

'क्या हुआ आज जल्दी उठ गये?' मैंने बड़े लाड़ से पूछा।

रवि ने कहा, 'मुझे तो रात-भर नींद नहीं आयी। पता नहीं कहाँ तुमने ऐसी मनहूस घड़ी रख दी है जिसकी टिक-टिक रात-भर मेरे कलेजे पर हथौड़े की तरह होती रही। ऐसी हालत में कौन सो सकता है।'

'मैं भी तो यहीं सो रही थी। मुझे तो कोई टिक-टिक सुनाई नहीं दी।' मैंने कहा।

रवि ने कहा, 'मैं तुमसे ज़्यादा सेंसिटिव हूँ ममता।'

वह घड़ी घर के सभी कमरों में भटकती रही। उसे कोई ठौर न मिला। अन्त में उसे बच्चों के खिलौनों में पटक दिया गया।

'क़ासिद के आते-आते, ख़त इक और लिख रखूँ
मैं जानता हूँ, जो वो लिखेंगे जवाब में'

ग़ालिब

27

कल किसी ख़ास योजना पर काम करते हुए सम्पादक, लेखक अनुज ने कहा, 'आपके और रवि जी के प्रेम-पत्र भी चाहिएं।' मैं ठगी-सी देखती खड़ी रही। यादों का कारवाँ गुज़र गया—आँखों के सामने।

रवि पत्र लिखने से बचते। कभी समुद्र में बहुत उफान आ जाता तभी लिखते। छोटा-सा, सघन, मुझे बाँहों में समेटता-सा ख़त। कुल ग्यारह महीने की कोर्टशिप में आख़िर कितने लिखे होंगे। हालात इतने खस्ता रहे कि शादी के बाद भी अलग रहना पड़ा, मन मारकर। रवि 'धर्मयुग' की नौकरी छोड़ इलाहाबाद पहुँच गये, संघर्ष करने और मैं बम्बई के एस.एन.डी.टी. यूनिवर्सिटी के हॉस्टल में। डाक व्यवस्था सुस्त थी। एक चिट्ठी के आदान-प्रदान में एक सप्ताह लग जाता। नये शहर में नयी चुनौतियाँ।

फिर से जब साथ रहना शुरू किया तब मेरे संचित कोष में एक छोटी-सी पोटली थी रवि के लिखे ख़तों की। मेरे लिखे दो-चार ख़त ही रवि ने कहीं से ढूँढ़ कर दिये। उन दिनों हर चीज़ बक्से में रखी जाती थी। अलमारियाँ हमारे पास थीं भी नहीं। मेरी बाक़ी चिट्ठियों का रवि ने क्या किया, यह कभी स्पष्ट नहीं हुआ। अचानक वह पोटली ग़ायब हो गयी। मुझे कई बार लगता है कि काग़ज़ों को या तो पंख लगे होते हैं या पहिये। न जाने कहाँ ग़ायब हो जाते हैं।

रवि बड़े दुखी हुए। बोले, 'कहीं रद्दी में तो नहीं बेच दिये तुमने।'

प्रेस में हर तीसरे दिन कतरन और कंडम काग़ज़ों का इतना ढेर लगता कि रद्दीवाला नियम से रद्दी लेने आता रहता। घर में इकट्ठे होने वाले पुराने अख़बारों को समिधा की तरह उसी बड़े ढेर में डाल दिया जाता। मैंने कहा, 'पागल हो। मैं क्या बक्से में से चिट्ठियाँ निकालकर बेचने जाऊँगी?'

रवि आश्वस्त नहीं हुए। जब भी मुझे सताना होता यह प्रसंग शुरू कर देते 'तुमने मेरे प्रेम-पत्र रद्दी में बेच दिये।'

अब रवि के जाने के बाद दो-तीन पत्र उन्हीं के काग़ज़ों में दबे मिले हैं। प्यार शादी के बाद भी खिला रहा। हाँ कभी-कभी उसमें गिला रहा। तंगहाल में भी रवि कभी अपनी मौलिक गरिमा और मानवीय अपेक्षाओं से समझौता नहीं करते। एक बार लिफ़ाफ़े के अभाव में मैंने उन्हें अन्तर्देशीय पत्र पर चिट्ठी लिख दी। उनका फ़ौरन लिफ़ाफ़ा मिला जिसमें सिर्फ़ एक पंक्ति का पत्र था, 'अब तुम मुझे पोस्टकार्ड लिखना कब शुरू कर रही हो।'

शादी के बाद जब-जब अलग रहना पड़ा हमने परस्पर प्रेम-पत्र लिखे।

हॉस्टल में मेरे पास एक अलमारी थी जिसमें लिखने वाला डेस्क लगा हुआ था। मैं उसी में पत्र रखा करती। लेकिन उस अलमारी का ताला कुछ ऐसा था कि किसी भी ताली से खुल जाता। कमोबेश यही हाल हॉस्टल की अन्य अलमारियों का भी था।

मेरी रूममेट एक गुजराती लड़की थी केतकी पटेल। वह भूगोल विभाग में सहायक प्रवक्ता थी। गोरी, सुन्दर, बड़ी-बड़ी आँखों वाली केतकी की शादी में कोई समस्या हो गयी थी और उन दिनों उसका अपने पति से वैधानिक अलगाव चल रहा था। किसी भी समय दिन में, जब मैं बाहर होती या रात में बेख़बर सोयी होती वह अलमारी से निकालकर मेरे पत्र पढ़ लेती। जब मैंने यह बात रवि को बताई उन्होंने छूटते ही कहा, 'अब से मैं चिट्ठी नहीं लिखूँगा। तुम्हीं लिखा करो।' हमारी चिट्ठियों में परेशानियाँ ज़्यादा होती थीं। प्यार की बस एक-दो सतरें। लेकिन रवि तो चिट्ठी लिखने के चोर थे ही।

दरअसल हर शहर और शख़्स का प्रेम करने का तरीक़ा अलग-अलग होता है। हिन्दी फ़िल्मों में प्यार की छेड़छाड़ सातवें दशक में शीर्ष पर थी। लड़की खड़ी-खड़ी अपनी शान में गाये गाने सुनती रहती और कभी कमर लचकाती हुई झाड़ियों के पीछे दौड़ जाती। बीसवीं शताब्दी के सातवें दशक पर आज

नज़र डालने पर यह कहा जा सकता है कि साहित्य में दर्ज़ प्रेम और प्रेम-पत्र बहुत प्रत्यक्ष, प्रगाढ़ और प्रतिबद्ध थे। थिएटर और फ़िल्मों में प्रेम पिछड़ रहा था। प्रेम का पारावार और प्रकार दिखाने की थोड़ी-सी कोशिशें बांग्ला फ़िल्मों में हुई थीं लेकिन वहाँ प्रेम के स्मरणीय दृश्य आदर्शोन्मुख हुआ करते। हिन्दी सिनेमा में साहिर लुधियानवी और गुलज़ार ने कभी-कभी प्रेम की आत्मीयता और निजता बयान की किन्तु व्यावसायिक फ़िल्मों में प्रदर्शित फूहड़ भागादौड़ी और छीनाझपटी की सस्ती लोकप्रियता में वह कहीं गुम हो गयी।

कई लोग प्रेम कम करते हैं किन्तु प्रेम-पत्र ज़्यादा लिखते हैं। कुछ इनसे उलट प्रेम ज़्यादा करते हैं मगर प्रेम-पत्र यदा-कदा लिखते हैं। यह अपनी आन्तरिक संरचना पर आधारित होता है। जैसे धर्मवीर भारती ने प्रेम में लम्बे-लम्बे पत्र लिखे। उन दिनों संवाद का और कोई माध्यम भी नहीं था। उन्होंने अपनी अल्हड़ प्रेमिकाओं को शिष्याओं की तरह प्रेम में शिक्षित किया।

बहरहाल बात तो रवीन्द्र कालिया की चल रही है। अब जब वे ज़िन्दगी से दबे पाँव बाहर चले गये हैं, उनकी हर बात एक चलती-फिरती प्रेम कहानी लगती है। आलम यह है कि उनके लिखे और छपे बेशुमार लेख, वक्तव्य-साक्षात्कार के काग़ज़ों को हाथ लगाते हुए डर लगता है कहीं ये भी खो न जायें। 'बनास जन' के सम्पादक डॉ. पल्लव ने जब रवि के काग़ज़ात देखने चाहे मैंने उनका बक्सा दिखा दिया। ताज्जुब, उनके हाथ हमारा एक प्राचीन पत्र लग गया जो रवि ने मुझे लिखा था नवम्बर 1965 में। दिसम्बर 1965 में हमारी शादी हो गयी। यथार्थवादी प्रेमी ही ऐसा पत्र अपनी प्रिया को लिख सकता था—

'मम

तुम्हारे दोनों ख़त आज मिले। मैं इन दिनों काफ़ी अकेला और व्यस्त रहा जबकि आदमी जब अकेला होता है तो व्यस्त नहीं होता। इसके बावजूद मैं अकेला था।

इस बीच एक बड़ा इंटरव्यू लिया, एक कलाकार से। फिर लिखा। फिर एक और मकान देखा बॉम्बे सेंट्रल में। 200 रुपये डिपॉजिट, एक खुला कमरा, किचन, अपेक्षाकृत साफ़ बाथरूम। देखकर परेशानी हुई। पहले वाले मकान का क्या करें। ब्रोकरेज! कुछ तय नहीं कर पाया।

अभी गया था अपनी सीट के सिलसिले में बॉम्बे सेंट्रल। सीट मिल गयी है।

मकान के लिए कल तक सोच लूँगा।

और फिर आऊँगा। 30 को। दूल्हा बनके। तुम स्टेशन पर आओगी न?

तुम्हारा

रवि,

रवि की शख़्सियत में दोस्ती की हसरत ठसाठस भरी हुई थी। जालन्धर में उन्होंने अपने कठोर, अनुशासनबद्ध घर का सामना दोस्तों के सहारे ही किया। वे घण्टों बिता देते अख़बारवाले, चायवाले के अड्डे पर, भिक्खु जी से मिलने आकाशवाणी चले जाते पैदल और क्लास में अपने गुरु मोहन राकेश की कहानियों का पहला ड्राफ़्ट सुनते। सातवें दशक के इस आवारा मसीहा का जन्म इन्हीं हालात में हुआ। घरवालों ने उनकी रचनात्मक ज़रूरतों को कभी समझने की कोशिश नहीं की। परिवार की घुड़कियों, झिड़कियों ने उनके दिमाग़ की खिड़कियाँ खोल दीं। जालन्धर में जनमी उनकी आवारगी, अड्डेबाज़ी और अराजकता जीवन-भर उनके साथ चली। इन्हीं फ़ितरतों ने उन्हें आज़ाद-तबीयत बनाया।

यों तो रवि की यारी-दोस्ती बहुतों से चली, ताउम्र चली। कन्हैयालाल नन्दन, ज्ञानरंजन, दूधनाथ सिंह, काशीनाथ सिंह, विजयमोहन सिंह, अश्क जी, दिनेश ग्रोवर, अमरकान्त, मार्कण्डेय, अवधनारायण और चित्रा मुद्गल। लेकिन उनका दिली लगाव युवा पीढ़ी से रहा। अखिलेश के लिए उनके दिल का एक कोना हमेशा उपलब्ध रहता। अखिलेश भी उनसे उन्हीं के तापमान पर मिलता। कितनी ही दोस्तियों में न वक़्त की सीमा थी न उम्र का बन्धन। देखते-देखते रवि इतने जुड़ जाते कि उनकी अपने जीवन की जटिलताएँ गौण हो जातीं और हमारा पूरा घर दोस्तों की दिनचर्या जीने लगता।

डॉ. लक्ष्मीधर मालवीय उन दिनों ओसाका यूनिवर्सिटी जापान में हिन्दी के प्रोफ़ेसर थे। वे महामना मदनमोहन मालवीय के प्रपौत्र थे और हमारे घर के क़रीब ही उनका पुश्तैनी मकान था। वे कभी-कभी इलाहाबाद आते। उनकी पत्नी और दो बेटियाँ मधु और गौरा इलाहाबाद में रहतीं।

लक्ष्मीधर जी अलबेली प्रतिभा के विद्वान थे, कथाकार और कलाकार थे। वे बहुत अच्छे फ़ोटोग्राफ़र भी थे। जैसी जटिल और बारीक-बयानी से वे अपनी कहानियाँ बुनते वैसी ही बारीक़-बयानी उनकी जीवन-शैली और अभिव्यक्ति में थी।

सन् 1980 का कोई दिन था जब रवि अपने स्कूटर से हीवेट रोड से गुज़र रहे थे। 'रूपबानी टॉकीज़' के सामने, पतले, तीखे नाक-नक्श वाले लक्ष्मीधर मालवीयजी ने रवि को रोककर अपना परिचय दिया और कहा, 'मैं आपसे समय लेकर मिलने आना चाहता था।'

रवि मालवीयजी के नाम और काम से परिचित थे। उन्होंने अपने अगम्भीर अन्दाज़ में कहा, 'मेरे पास समय ही समय है। मेरा किसी औपचारिकता में यक़ीन नहीं है। मैं सारा दिन इलाहाबाद प्रेस में दरवाज़ा खोलकर ऑफ़िस में बैठा पाया जाता हूँ। आप जब मर्ज़ी आइए।'

मालवीयजी की तसल्ली नहीं हुई। उन्होंने कहा, 'मैं कल चार बजे आऊँगा। कृपया आप किसी अन्य को यह समय न दें।'

रवि के लिए ऐसा करना ग़ैर-मुमकिन था। रोज़ शाम छह बजे अमरकान्त जी हमारे यहाँ आते थे। रवि के जीवन में औपचारिकताओं के लिए कोई जगह नहीं थी। मालवीयजी आये।

हमने इकट्ठे चाय पी।

मालवीयजी ने कई नयी सूचनाएँ दीं जिनसे मन उत्फुल्ल हो उठा।

रवि का उपन्यास 'ख़ुदा सही सलामत है' ओसाका यूनिवर्सिटी में छात्रों को पढ़ाया जा रहा था और मालवीयजी चाहते थे कि रवि उस उपन्यास के कुछ अंशों का पाठ अपनी आवाज़ में रिकॉर्ड करवा कर छात्रों के लिए एक टेप तैयार करने में मदद करें। रवि ने हामी तो ज़ोर से भरी लेकिन वादा निभाने में कई महीने लगा दिये।

तब तक मैं ज्ञानरंजन पर अपना संस्मरण लिख चुकी थी जो सत्यप्रकाश के सम्पादन में 'नयी कहानी' पत्रिका में छपकर चर्चित हो गया था। मालवीयजी और ज्ञानरंजन इलाहाबाद विश्वविद्यालय में सहपाठी और मित्र रहे। मालवीयजी ने संस्मरण की चर्चा सुन रखी थी।

उनका आग्रह था कि ज्ञानरंजन को समझने में उस संस्मरण से विदेशी छात्रों को मदद मिलेगी अतः मैं भी एक टेप में अपनी आवाज़ में वह संस्मरण पढ़कर रिकॉर्ड कर दूँ।

हमारी एक नहीं अनेक दिक़्क़तें थीं। पहली तो हमारी दिनचर्या। शाम सात बजे तक रवि घिरे रहते। प्रेस में अगर रात-पाली चलती तो रात में भी देखभाल करनी पड़ती। मेरा आधा दिन कॉलेज की भेंट चढ़ जाता और

आधा घर व बच्चों की। प्रेस की महिमा ऐसी कि कोई-न-कोई ग्राहक या मेहमान भी घर में अड्डा जमाये रहता। इन सबसे निजात पाकर यदि हम रिकॉर्ड करने का मन बनाते तो छपाई मशीनों का शोर, वक़्त-बेवक़्त आती टेलीफ़ोन की कर्ण कटु ध्वनियाँ और गली से गुज़रते वाहनों की आवाज़ें इतनी मोहलत न छोड़तीं कि रिकॉर्ड करने लायक माहौल बने।

मालवीयजी ने हिम्मत नहीं हारी। वे अपना जापानी टेपरिकॉर्डर और खाली कैसेट हमें भेंट करके चले गये कि आप दोनों अपनी आवाज़ें भरकर कैसेट मधु को दे दें। वह पार्सल कर देगी।

बाद में तो रवि की कहानियों पर ओसाका यूनिवर्सिटी के विद्यार्थियों का बाकायदा कैसेट हमें मिला जिसमें उन्होंने रवि के कहानी संग्रह 'गली कूचे' की कहानियों की विस्तृत समीक्षा की।

मालवीयजी के अन्दर दो व्यक्तित्व आसन जमाये बैठे रहते थे; एक विलासी और एक संन्यासी। सन् 1993 की बात है। हमारी दोस्ती को बारह-तेरह साल हो चुके थे। इस बीच हम तीनों, चारों के बीच बहुत प्रेमालाप हो चुका था। हम सब आपस में सघन सखा थे। मालवीयजी, उनकी पत्नी अकिकोसान, उनकी पुत्रियाँ मधु और गौरा, उनके जापानी बच्चे अमित और तारा, मैं और रवि। वे एयरोग्राम चिट्ठियों द्वारा मुहब्बत करने के दिन थे। हम एक एयरोग्राम लाते। शायद सवा रुपये का आता था। लम्बी वाली जगह पर रवि ख़त लिखते। बीच में मेरी शिकायत भी करते। छोटी वाली जगह में मैं ख़त लिखती। मैं उसी ख़त में रवि की शिकायत लिखती। मालवीयजी हमसे थोड़े बड़े थे। वे राइस पेपर पर हमें लम्बा-सा ख़त लिखते और समझाते। वे कभी दोस्त बन जाते, कभी अभिभावक।

न जाने क्या हुआ सन् 1993 में एक रोज़ मालवीयजी ने हमारी और अपनी लिखी समस्त चिट्ठियों का पुलिन्दा हमें डाक से वापस कर दिया। हम हक्के-बक्के रह गये। मालवीयजी ओसाका में कई मकान बदल चुके थे। अब वे कुछ भारहीन होना चाहते थे। एकदम निस्संग भाव से उन्होंने सारी भावनाएँ ट्रांसपोर्ट कर दीं।

हम दोनों सन्न बैठे रह गये। गंगा-यमुना में बहुत पानी बह चुका था पर दोस्त और दोस्ती हमारे मस्तूल थे। मालवीयजी को इसकी कोई कुण्ठा नहीं थी। कुण्ठित तो हम भी नहीं हुए। धक्का ज़रूर लगा।

'शिकवा समझो इसे या कोई शिकायत समझो
अपनी हस्ती से हूँ बेज़ार, कहूँ या न कहूँ'

ग़ालिब

28

संयुक्त राज्य अमेरिका के न्यूयॉर्क में विश्व हिन्दी सम्मेलन का आयोजन था। प्रतिनिधिमण्डल में हम दोनों आमन्त्रित थे। अमेरिका जाने के लिए सुरक्षा जाँच नियम बहुत सख़्त थे। इसके पहले वीज़ा लेने के लिए भी लम्बी क़तार का सामना किया। सुरक्षा जाँच की समस्त जामा तलाशी के बाद भी सुरक्षा अधिकारी ने पूछ लिया, 'आपके पास किसी भी प्रकार की धारदार या नुकीली चीज़ तो नहीं है।'

रवि ने अधिकारी से कहा, 'मुँह में दाँत हैं, कहिए तो निकालकर रख दूँ।'

सुरक्षा अधिकारी में कोई विनोदप्रियता नहीं थी। वह चकराया-सा रवि की तरफ़ देखता रहा, बिना बोले या हँसे।

हम अन्दर के परिसर में प्रवेश कर गये।

मैंने रवि से कहा, 'तुम्हारे जवाब से उस आदमी ने यही सोचा होगा कि तुमने नक़ली दाँत लगा रखे हैं।'

रवि झल्ला उठे, 'क्या उसे नहीं सोचना चाहिए था कि मैंने क्या सोचा।'

बहस आगे न बढ़े यह सोचकर मैं कई बार चुप लगा जाती।

रवि तर्क करते, कुतर्क भी करते। जैसे-जैसे दिन तमाम होता रवि अक्खड़ होते जाते।

घर में मुझे यह पता था कि अगर मैं दूसरे कमरे में चली आऊँ तो बहस ठण्डी हो जाय, पर पता नहीं क्यों मैं उन्हीं के कमरे में जमी रहती।

छुट्टी की एक दोपहर हमारी ज़रा ज़्यादा खटपट हो गयी।

'जो बात तुम्हें सूट नहीं करती, वह तुम समझना भी नहीं चाहतीं।' रवि ने तीर छोड़ा।

मेरी मनोदशा भी बर्दाश्त बाहर वाले कोष्ठक में चली गयी।

मेरी कोई भी बात यह इन्सान समझना नहीं चाहता। मैं इसे नागवार हूँ तो यह भी मुझे नागवार है।

बड़ी मुश्किल यह कि ऊपर की मंज़िल में रवि की कटूक्तियाँ। नीचे की मंज़िल में माताजी की सूक्तियाँ। मैंने तय किया इन सबको धता बताकर आज इन सबको ऐसा सबक सिखाऊँगी कि होश आ जायेगा।

शीतयुद्ध के तहत रवि बिस्तर पर आँखें मींचकर पड़े हुए थे। माताजी भी रक्तचाप की गोली खाकर सो गयी थीं।

मैं मुख्य दरवाज़ा उढ़ककर बाहर निकली। अचक से फाटक खोला और गंगा की दिशा में चल दी।

घर से ज़्यादा दूर नहीं थी नदी। यह घर एक गीत से प्रेरित होकर ही लिया गया था

'गंगा की रेती में
बँगला छवाय दे
बलमा तेरी ख़ैर होगी
सजना तेरी ख़ैर होगी।'

इसकी मासिक क़िस्तें देने में वो पापड़ बेलने पड़े कि हम चौदह साल इसमें रह ही नहीं पाये।

रानी मण्डी के किराये के मकान में चूहों, छिपकलियों, बिल्लियों और कॉकरोचों के साथ इक्कीस साल बिता दिये। माताजी के पैर की हड्डी न टूटी होती तो शायद इस नदी किनारे के घर में हम पहुँचते ही नहीं। रवि कुछ भी सह सकते थे पर माताजी की तकलीफ़ नहीं।

आज उसी घर को छोड़कर मैंने मरने का इरादा ठान लिया। गुस्सा यह था कि सारी अकल मुझे ही सिखाई जाती है, न बच्चों को रोका जाता है न माताजी को टोका जाता है। यहाँ तक कि सेवक और सेविका के भी समस्त बेसलीक़े नज़रअन्दाज़ किये जाते हैं। बस मुझे समझदारी का सबक सिखाया जाता है। न किसी को नौकरी की क़द्र है न मूड की।

आज जान दे दूँगी। कूद जाऊँगी गंगा में तो यह पैर फैलाकर सोना वोना सब भूल जायेगा।

आधा किलोमीटर का रास्ता बहुत जल्द पार हो गया। मैं रसूलाबाद घाट पर थी।

घाट पर सुबह का स्नान आदि निपट जाने वाला समय था। आश्विन का महीना था। धूप थी मगर चुभ नहीं रही थी। घाट पर मल्लाहों के बच्चे और किशोर नंगे बदन पर सिर्फ़ जाँघिया पहने यहाँ से वहाँ दौड़ते हुए खेल रहे थे। कई वयस्क लोग भी सिर्फ़ धोती पहने बारादरी की मुँडेर पर बैठे हँसी-मज़ाक़ में मगन थे। वे तरकारियों के उगाने और फलने की चर्चा कर रहे थे।

मैंने नीचे उतरकर गंगा का पानी छुआ। 'उई' पानी बहुत ठण्डा था। धूप में भी मेरा बदन काँप गया। घर में मैं बारहों महीने गरम पानी से नहाती। ठण्डे पानी से तो मुझे हाथ तक धोना पसन्द नहीं था।

मैंने ज़रा-सा हटकर गंगातट पर नज़र दौड़ायी। किनारे पर भक्तों की फैलायी काफ़ी गन्दगी थी, बुझी और अधजली धूपबत्ती, अगरबत्ती, माचिस की खाली डिबिया, सूखे और ताज़े फूल, प्लास्टिक की पन्नियाँ, सब मिलकर पानी को मटमैला बना रही थीं।

मैंने सोचा, 'एक बार को पानी की ठण्डक सहकर मैं नदी में उतर भी जाऊँ मगर यह सारा कूड़ा-कचरा मेरी देह से चिपट जायेगा। ऊपर से ये सारे लोग जो यहाँ फ़ुरसत में बैठे हैं, ज़रूर तैरना जानते होंगे। ये छपाक से नदी में कूदकर मुझे ढूँढ़ लायेंगे। मान लो मेरे प्राण निकल चुके हों तब भी मेरी देह को इन सबके हाथ लगेंगे। पता नहीं कहाँ-कहाँ छू लें। इन्हें मेरे घर का पता कैसे मिलेगा।'

उस ज़माने में मोबाइल फ़ोन का चलन नहीं था। मैं घर से सिर्फ़ एक रूमाल लेकर निकली थी। अगर छोटा पर्स भी होता तो उसमें कोई पते-ठिकाने का सुराग मिलता। कहीं ये सब मुझे लावारिस समझकर फूँक-पजार दें तो।

गंगातट की ठण्डी हवा से दिमाग़ का पारा थोड़ा नीचे उतर रहा था। अब घर की फ़िक्र शुरू हुई। माताजी की नींद झटके से खुलेगी तो सबसे पहले मुझे पुकारेंगी, उसके बाद इन्दर को। रवि क्या सोचेंगे मैं कहाँ हूँ। अन्नू को इन्दौर में पता चलेगा कि माँ मर गयीं तो कितना रोयेगा। मैं

अन्नू की आँखों में आँसू नहीं देख सकती। मन्नू भूखा-प्यासा बाहर से घर में घुसेगा, उसे कोई पानी पूछने वाला भी न होगा। बड़ा फँसा हुआ महसूस किया अपने आपको। यह क्या कि मरने की भी फ़ुरसत नहीं मिल रही। कैसा फँसाऊ घर है और कैसे घरवाले। मैं वापस चल दी। माताजी अभी भी सो रही थीं। ऊपर गयी। रवि बिस्तर से उठकर मूढ़े पर बैठे हुए थे। उँगलियों के बीच सिगरेट थी।

मुझे देखते ही बोले, 'कहाँ गयी थीं?'

'मरने', मैंने मुँह फुलाकर जवाब दिया।

'फिर वापस कैसे आ गयीं?'

'पानी बहुत ठण्डा और मैला था।'

रवि को हँसी आ गयी, 'गंगा में गीजर लगवा लो।'

मुझे और गुस्सा आया। यह इन्सान मुझे गम्भीरता से क्यों नहीं लेता।

मैंने कहा, 'वहाँ एक से एक नंग-धड़ंग, निखट्टू बैठे हुए थे। वह मेरी लाश घसीटकर निकालते।'

'मरने के बाद क्या फरक पड़ता।' रवि ने एक और मिर्च कॉम्पलेक्स की ख़ुराक़ दी।

मैं बिफर गयी, 'हाँ तुम्हें तो कोई फरक नहीं पड़ता। मेरे अन्नू-मन्नू को कौन सँभालता। माताजी अपने पैर से लाचार। तुम्हें पता है बच्चे कैसे पाले जाते हैं।'

'बच्चे तो अब पल-पुस गये हैं।' रवि फिर हँसे।

मैं रूठ गयी, 'मैं फिर से जा रही हूँ मरने। इस बार वापस नहीं आऊँगी।'

रवि ने अपनी लम्बी बाँहें फैला दीं, 'एक बार भी यह नहीं कहोगी कि मेरे लिए लौटी हो! वाह री तुम्हारी ठसक! इधर आओ, तुम्हारा गुस्सा उतार दें!'

'वहम मनहूस परिन्दे की तरह आयेगा
सहम ख़ूँखार दरिन्दे की तरह आयेगा'

फ़ैज़

29

रवीन्द्र कालिया ने सन् '60 के बाद के दौर में लिखना शुरू किया जब कहानी जगत में तीन दिग्गज मैदान में खड़े थे, मोहन राकेश, कमलेश्वर और राजेन्द्र यादव। इन्होंने न केवल अपनी कहानियों से बल्कि कारनामों से समाज में ख़ूब धूम मचाई थी। इनके पास सशक्त पत्रिकाएँ थीं, कहानी, नयी कहानियाँ, धर्मयुग, साप्ताहिक हिन्दुस्तान और सारिका। उन दिनों अख़बार भी साहित्यिक सामग्री छापते थे। ऊपर से ये कहानीकार आत्मप्रचार को। कोई हथकण्डा इस्तेमाल करने से चूकते नहीं थे। 'मेरा हमदम मेरा दोस्त' संस्मरण श्रृंखला में इन्होंने जमकर एक-दूसरे की पीठ खुजायी। 'आईने के सामने' भी ऐसी ही श्रृंखला थी।

रवि की पीढ़ी ने दोस्तियाँ तो आजन्म निभायीं मगर छवि-निर्माण और नायक-पूजा का कोई काम नहीं किया। सन् साठ के बाद के कहानीकारों में ये नाम प्रमुखतः आये—दूधनाथ सिंह, ज्ञानरंजन, काशीनाथ सिंह, रवीन्द्र कालिया और विजयमोहन सिंह। इन्हें 'साढ़े चार यार' नाम से जाना जाता था। एक बार मैंने पूछा, 'यह 'साढ़े' का क्या चक्कर है।' पता चला कि क्योंकि विजयमोहन सिंह आधे काहनीकार हैं और आधे आलोचक इसलिए उनकी गिनती आधी मानी जायेगी। अज्ञेय ब्रांड दाढ़ी वाले दार्शनिक विजयमोहन सिंह को इस कटौती पर कोई एतराज़ न था। हाँ; उन्होंने कभी किसी पूरे

कहानीकार को अपने आधे कहानीकार पर हावी न होने दिया। 'आज की कहानी' पुस्तक में उन्होंने अपनी धारदार शैली में सभी समकालीनों की कहानियों का विश्लेषण किया। शेष चारों लेखकों की भी अपनी विशिष्ट शैली और भाषा थी। दूधनाथ सिंह जटिल फ़ैंटेसी से सरल, मौलिक यथार्थ की पहचान करते तो ज्ञानरंजन मध्यवर्ग के पाखण्ड को खण्ड-खण्ड करते। काशीनाथ सिंह समाज और समय के विडम्बनापूर्ण पहलुओं की पड़ताल करते हैं और देशज यथार्थ के शक्ति बिन्दुओं की पहचान करते हैं। रवीन्द्र कालिया समय-समाज की विसंगतियों को फोकस में लाते हैं। यह कह सकते हैं कि ये पाँचों कथाकार भिन्न होते हुए भी अभिन्न रहे। रोज़गार की मारामारी ने इन्हें मुख़्तलिफ़ शहरों में पटक दिया, लेकिन जब भी वे मिलते पूरी शिद्दत से गले लगते। वक़्त और रेल के फ़ासले, पीठ पर एक धौल जमाकर झाड़ दिये जाते।

रवि कहते 'मेरे लिए ज़िन्दगी में चार 'स' बहुत अहम हैं।'

'वे क्या?' दूधनाथ पूछते।

रवि कहते, 'सुरा, सिगरेट, साथी और साहित्य।'

दूधनाथ छेड़ते, 'सुरा के बाद सुन्दरी नहीं?'

रवि मेरी तरफ़ देखते हुए सावधान जवाब देते, 'आई एम हैप्पिली मेरिड।'

मुझ तक रवि की कुछ शिकायतें पहुँचतीं। उनमें अधिकांश साहित्य सम्बन्धी होतीं। किसी की सीधी बात का टेढ़ा जवाब, किसी के बारे में जुमलेबाज़ी, किसी की पोल खोलना। रवि साहित्य के खिलाड़ी कम, अनाड़ी ज़्यादा थे। जिन बातों पर मैं चुप लगा जाती वे उन पर बोलकर अपना सुख-चैन नष्ट कर डालते। सब पर विश्वास कर लेते, मित्र, सुमित्र, कुमित्र, सबका काम करने की कोशिश करते, पात्र, अपात्र, कुपात्र। मुझसे कहते, 'लोग सब भले होते हैं, हालात उन्हें मजबूर करते हैं।'

इसी विश्वास में रवि से नादानियाँ हो जातीं। एक बार कांग्रेस दल के पत्रकार जगदीश पीयूष ने योजना बनायी कि अमेठी के जायस ग्राम में जायसी की मज़ार पर साहित्यकारों से श्रद्धांजलि अर्पित करवायी जाये और वहीं गोष्ठी की जाये। उन्होंने साहित्यकारों को लाने का काम रवि के हवाले किया।

रवि ने खटाखट फ़ोन घुमाकर दोस्तों को इत्तला की कि सबको अमेठी चलना है। आननफ़ानन में लोग पिकनिक मूड में आ गये। पीयूषजी ने जीप

का इन्तज़ाम किया हुआ था। सभी रचनाकारों को सौ-सौ रुपया मानदेय मिलना भी तय था।

मार्कण्डेय, सत्यप्रकाश, दूधनाथ सिंह, शैलेश मटियानी, सतीश जमाली, रवीन्द्र कालिया और हमारा बेटा अनिरुद्ध जीप में सवार होकर अमेठी के जायस गाँव पहुँचे।

सबने गाँव की हवा, ताज़े सिंके-भुट्टे, गुड़ की चाय और जायसी चर्चा का आनन्द लिया। वादे के मुताबिक़ सबको सौ का नोट देकर विदा किया गया।

रवि ने अपना सौ का नोट रास्ते में ही ख़र्च कर डाला। कभी किसी को चाय की तलब उठी, कभी किसी को पान की। एक जगह मार्कण्डेयजी और सत्यप्रकाश ने पान लगवाये। मटियानीजी ने भी पान खाने की इच्छा ज़ाहिर की। मार्कण्डेयजी ने भूलवश उन्हें अपने वाला पान पकड़ा दिया जिसमें ज़र्दा और किमाम पड़ा था। पान खाते ही मटियानीजी को घबराहट होने लगी, चक्कर आने लगे। जीप रोककर उन्हें कुल्ला करवाया गया। आँखों पर पानी के छींटे मारे तब कहीं उन्हें चैन आया।

वापस घर आकर रवि ने बताया, 'मैंने रास्ते में एक भी दोस्त का सौ का नोट टूटने नहीं दिया।'

'अपना ख़र्च कर दिया?' मेरी वणिक-बुद्धि ने पूछा।

रवि ने गर्व से कहा, 'मैं ही तो सबको लेकर गया था। एक तरह से मैं मेज़बान था, मेरा फ़र्ज़ था कि मैं ख़र्च करता।'

मानदेय के साथ दिक़्क़त यही है कि जब तक जेब में पड़ा रहे, पर्याप्त और प्रतिष्ठित लगता है। जैसे-जैसे ख़र्च होता जाता है, वह अपर्याप्त और नगण्य बन जाता है। मटियानीजी को शिकायत हुई कि मानदेय कम मिला। मटियानीजी हालात के सताये हुए इन्सान थे। उनके अन्दर असुरक्षा-बोध भी भयंकर था। पहले उन्होंने ही यह असन्तोष जताया कि मानदेय कम था। ऊपर से जायसी की मज़ार पर श्रद्धांजलि वाला चित्र पहले 'धर्मयुग' में और बाद में 'अमेठी समाचार' में छप गया। बस मटियानीजी के अहं को ठेस लग गयी। उन्हें लगा उनका राजनीतिक इस्तेमाल किया गया। उन्होंने तीन तरफ़ा मुक़दमा ठोक दिया, धर्मयुग सम्पादक, मुद्रक और रवीन्द्र कालिया पर। जिस सुबह यह ख़बर हमने अख़बार में पढ़ी उसकी पिछली रात, मुझे

याद है, 31 दिसम्बर थी और मटियानीजी हमारे घर की फक्कड़ पार्टी में देर रात तक शामिल थे।

ख़बर पढ़कर रवि हक्का-बक्का रह गये। बड़ी देर चुप बैठे सिगरेट पीते रहे। फिर बोले, 'किसी ने मटियानीजी को भड़का दिया है। वे ऐसे नहीं हैं।'

यह मुक़दमा कई साल चला। इसमें रवि के होश तो फ़ना हुए ही हुए, मटियानीजी ने भी कम पीड़ा नहीं पायी। उनकी पारिवारिक समस्याएँ अपनी जगह थीं और निजी त्रासदियाँ अपनी जगह। हितैषियों से संघर्ष करने की उनकी फ़ितरत ने उन्हें अलगाव और अकेलेपन की ओर धकेल दिया जहाँ से रास्ता ढलान का था। इस मुक़दमे से किसी का भला न हुआ।

शायद इसीलिए शाम के समय रवि सुदर्शन फ़ाकिर की यह ग़ज़ल स्टीरियो पर लगा देते थे—

'दोस्त बन-बन के मिले मुझको मिटाने वाले
मुझसे अच्छे हैं मेरे हाल पे हँसने वाले।'

'इंशाजी उठो अब कूच करो, इस शहर में जी को लगाना क्या
वहशी को सुकूँ से क्या मतलब, जोगी का नगर में ठिकाना क्या'

इब्न-ए-इंशा

30

आज ई-मेल, मोबाइल फ़ोन और वॉट्सएप के तुरन्त-संचार के युग में लोग भूल गये होंगे कि दो-ढाई दशक पहले तक का ज़माना चिट्ठी-प्रेम का था। तब मुल्क में डाकतार सेवा दुरुस्त थी। कहीं भी चिट्ठी डालो, तीसरे-चौथे दिन पहुँच जाती। इतना इन्तज़ार नागवार न होता। चिट्ठी डालना सरल भी था। हर लेखक के पास पोस्टकार्ड, अन्तर्देशीय पत्र और लिफाफ़ों का एक छोटा-सा खज़ाना होता। जेब में कलम होती। लैटरपैड न भी हो तो कोई समस्या नहीं। लिखने वाले क्लिपबोर्ड में कागज़ लगे मिलते। जैसे ही कोई बात ध्यान में आयी, चिट्ठी लिख दी। हर गली के नुक्कड़ पर लाल डाकपेटी लगी दिखती। कई जगह तो उसके बगल में एक हरी डाक-पेटी भी लगी मिलती जिसमें सिर्फ़ स्थानीय चिट्ठियाँ डाली जातीं।

चिट्ठी डालने और उसका जवाब पाने के बीच का वक़्त, कभी ललक बढ़ाता तो कभी तड़प। लेखकों का तो समस्त कारोबार चिट्ठियों के सहारे चलता। बुक पोस्ट से डाकपेटियाँ भरी मिलतीं।

कुछ लेखक बहुत अच्छे चिट्ठी लेखक रहे। उपेन्द्रनाथ अश्क बहुत चिट्ठी लिखा करते। तब फ़ोटोस्टेट की सुविधा नहीं थी। अश्कजी को अपनी लिखी हर चिट्ठी इतनी साहित्यिक लगती कि वे उसे अपनी अगली किताब में छापना चाहते। अश्कजी बहुत सधे हुए, बारीक़ अक्षर लिखते। वे अपनी

आठ पृष्ठ की चिट्ठी की हू-ब-हू नकल तैयार करते। साफ़ कागज़ों पर दुबारा चिट्ठी उतारते। जो अन्य बात ध्यान में आती, उसे हाशिए में लिख डालते। कौशल्या अश्क की, कॉलेज में एक सहेली थी जिसके साथ वे ख़ूब समय बितातीं, लेकिन घर आकर उन्हें कोई ऐसी बात याद आ जाती कि सहेली को चिट्ठी लिखना ज़रूरी हो जाता। वे घण्टों बैठकर चिट्ठी लिखतीं और उसे डाकपेटी में छोड़ने के बाद चैन पातीं।

रवीन्द्र कालिया कभी चिट्ठी लिखने के शौकीन नहीं थे, लेकिन खत पाना उन्हें बहुत अच्छा लगता। वे इस मामले में ख़ुशक़िस्मत थे कि उन्हें अपने गुरुओं, दोस्तों और पाठकों का अमिट प्यार मिला। इनमें से किसी का भी ख़त मिलने पर वे फूले न समाते। जो मिलता उससे ज़िक्र करते। दिल फूल की तरह उत्फुल्ल रहता। यहाँ तक कि एक ख़त उन्हें लिखने की मेज़ तक ले आता। डॉ. धर्मवीर भारती के दो एक पत्रों से ही रवि इतने आन्दोलित हुए कि उन्होंने भारत सरकार की स्थायी नौकरी छोड़कर बम्बई में टाइम्स ऑफ़ इंडिया की अस्थायी नौकरी करना मंज़ूर कर लिया। भारतीजी के पत्र कलाकृति की तरह होते थे। हस्तलिखित, चित्रोपम। प्रायः दो पैराग्राफ़ का पत्र होता, छोटा-सा। नीचे सस्नेह लिखने के बाद वे जैसा हस्ताक्षर करते थे, वह दिल पर नक़्श हो जाता। भारती के 'त' में लगी वह 'ई' की मात्रा के साथ कलाकारी उनकी अपनी ख़ास पहचान थी। 8 मार्च सन् 1965 को उन्होंने रवि को उनकी नियुक्ति की मंजूरी सूचित करते हुए अन्तिम पंक्ति में लिखा,

'और अब शीघ्रतम आने की कोशिश करो।'

सस्नेह
भारती

रवि मार्च के आख़िरी सप्ताह में बम्बई के लिए चल पड़े। हमारी दोस्ती अभी नयी थी। हमारी मुहब्बत भी नयी-नयी थी, लेकिन 'धर्मयुग' की इन्द्रधनुषी दुनिया का आकर्षण इन सबके ऊपर था और रवि चल दिये।

बम्बई में न रहने का ठिकाना था न जेब में अधिक पैसे, लेकिन हर मुश्किल हल करने का हौसला था। एकाध दिन किसी लॉज में काटकर, पंजाबी लेखक स्वर्ण के माध्यम से रवि एस.एस. ओबेरॉय के मकान में पहुँच गये पेइंग गेस्ट की हैसियत से। यह सम्बन्ध जीवनभर चला। मैंने यह देखा

रवि के जीवन में जो कुछ भी हुआ, अकस्मात् हुआ। मैं भी उनसे अकस्मात् मिली और हमारी दोस्ती हो गयी। हम अपने व्यक्तित्व और विचारों में दो ध्रुव थे, उत्तरी और दक्षिणी। हमारी पारिवारिक पृष्ठभूमि एकदम विलोम थी, हमारी रुचियाँ अलग। यही खट्टे-मीठे का मेल, नमक चीनी का घोल हमें नज़दीक लाया और ऐसी लगन लगा दी कि हम एक सूत्र में बँध गये।

रवि की दोस्ती बड़े वरिष्ठ और गरिष्ठ लेखकों से थी। उनके बेतकल्लुफ़ ख़त रवि के पास देखकर मैं चकित होती, 'अरे तुम्हारे गुरु डॉ. मदान ने यह लिखा है!' यह सन् 1966 की बात होगी।

प्रिय कालिया,

क्या तुम अरबसागर में डूब गये हो?

सस्नेह

इन्द्रनाथ मदान

श्रीकान्त वर्मा ने नॉर्थ एवेन्यू के अपने पते से 25-4-67 को लम्बा-सा पत्र लिखा जिसकी दो तिहाई जगह सिर्फ़ इस बात से भरी हुई थी कि वे इससे पूर्व लिखना चाहकर भी नहीं लिख पाये। उन्हें 'अणिमा' पत्रिका के लिए सन् '60 के बाद की कहानी पर लेख लिखना था, किन्तु वे ख़ुद अपने विवाह की पेचीदगी में फँसे हुए थे, समय कहाँ से निकालते।

श्रीकान्त वर्मा ने लिखा, 'सन् '60 के बाद की कहानियों को लेकर जो चर्चा हो रही है उसमें पैंतरेबाज़ी अधिक है, विवेचन कम। मेरे ख़याल से यह बहस भी उसी तरह गिरती जा रही है जैसे कि नयी कहानी की बहस। मुझे यह बात अच्छी लगी कि आपने इस विषय पर जो भी लेख लिखे, उनमें केवल गम्भीर व्याख्या का प्रयत्न किया। आपने बहस का स्तर उठाने की कोशिश तो की। मगर हिन्दी में हर कोशिश नाकाम होती है; हर चर्चा नारा बन जाती है, प्रतिभाशाली लेखक खो जाते हैं और नक्काल नेता हो जाते हैं। समय मिलने पर पत्र लिखें।

आपका

श्रीकान्त वर्मा

हिन्दी में यह बहस बहुत लम्बी चली। नयी कहानी की पीढ़ी ने हम सातवें दशक के कहानीकारों पर दायें-बायें, ऊपर से अनेक वार किये। कमलेश्वर ने हम सबकी कहानियों पर दो क़िस्तों में लेख लिखा 'ऐयाश

प्रेतों का विद्रोह' जिसे भारतीजी ने धर्मयुग में प्रमुखता से छापा। दिग्गजों के विरोध से हम सबका यह फ़ायदा हुआ कि लोग हमें ढूँढ़कर पढ़ने लगे कि इनकी कहानियों में क्या अलग है। बिहार में आरा, पटना और अन्य जगहों पर बाकायदा गोष्ठियाँ हुईं।

रवि की मुश्किल यह थी कि वे नौकरी में रहते हुए प्रतिपक्षी ख़ेमे में नज़र आ रहे थे। भारतीजी चतुर खिलाड़ी की तरह नयी कहानी का साथ दे रहे थे और इस बहाने नवीन लेखकों पर अपनी भड़ास निकाल रहे थे। उनके सामने धर्मयुग की व्यावसायिक सफलता ही सबसे बड़ा मानक थी। वे अपने स्टाफ़ को अजीब-ओ-ग़रीब कामों में लगा देते। होली के अवसर पर उन्होंने नन्दनजी, रवीन्द्र कालिया और प्रेम कपूर को ज़िम्मेदारी दी कि वे लेखकों के नाम वाले साइनबोर्ड ढूँढ़कर उनकी फ़ोटो खींच लायें, यह होली की ठिठोली रहेगी। इन्होंने शहर के बाज़ारों की गश्त लगायी। शाम तक कई चर्चित नामों के साइनबोर्ड ढूँढ़ लाये। उनमें केशव केश कर्तनालय था तो लक्ष्मी बर्तन भण्डार भी; धर्मयुग के बीच के दो पृष्ठों पर ये चित्र छपे और इनकी ख़ासी चर्चा रही। एक तरफ़ इन तीनों पत्रकारों का चित्र भी छपा, नन्दनजी, रवीन्द्र कालिया और प्रेम कपूर का। तीन तिलंगे शीर्षक से। इसे देखकर भोपाल निवासी शरद जोशी का पत्र रवि के पास आया।

'डिअर तिलंगे,

देखो मेरा बोर्ड हिन्दी में नहीं मिला न। गुजराती में मिला। जो तस्वीर छपी है उसमें तुम मुस्कुरा रहे हो। यह निहायत अफ़सोस की बात है। तुम सीरियस रायटर हो। तुम्हें ऐसा नहीं करना चाहिए। इसके ज़िम्मेदार नन्दन होंगे या ममता अग्रवाल।'

ख़त के अन्त में शरद जोशी ने अपने नाम के नीचे लिखा 'भांडा बासन बेपारी।' व्यंग्यकार जो न लिख दें। जब रवि ने नौकरी छोड़ी उनके कई दोस्तों को उनकी फ़िक्र हुई। बम्बई के प्रिंटिंग प्रेस में शतप्रतिशत नुक़सान उठाकर, अपनी कुल जमा पूँजी गँवा कर, कालिया एक बार फिर सर्वहारा हो गया, निष्कवच। ऐसे समय जिन शुभचिन्तकों ने सच्चे मन से हमारी फ़िक्र की उनमें नामवरसिंह, उपेन्द्रनाथ अश्क और कन्हैयालाल नन्दन ही थे। नामवरजी का लिखना कि 'कभी अपने को निरुपाय न समझना' इतना आत्मविश्चास बढ़ा गया कि नन्दनजी का सुझाव कि इस बार 'तुम अकेले

प्रेस लगाओ' रवि ने मान लिया। औकात हमारी एक मीटर कपड़ा ख़रीदने की भी न थी और रवि ने इलाहाबाद में हिन्दी-भवन का छापाख़ाना, कठोर शर्तों पर ख़रीदने का ज़ोख़िम उठा लिया।

रवि के रवैये से जहाँ जीने के जंजाल बढ़े वहाँ अनुभव के संजाल समृद्ध हुए। कभी वक़्त हम पर भारी पड़ा, कभी हम वक़्त पर भारी पड़े। घनघोर हिन्दीभाषी क्षेत्र इलाहाबाद में इस अहिन्दीभाषी ने तीन दशक तक ख़ूब लिखा और बख़ूबी जिया। ठीक है जीवन के बहुत से सवालों में रवि के पूरे नम्बर नहीं आये। कितने ही फ़ैसले ग़लत लिए। कभी दोस्तों ने पटका, कभी दुश्मनों ने मारा। कितना पसीना व्यर्थ बहाया। अपनी लकदक सेहत का सत्यानाश किया, लेकिन वह एक ख़रा इन्सान था, दोस्तों का दोस्त, प्रेमियों का प्रेमी।

मेरा तो संसार था। साथी रचनाकार, सलाहकार, मेरा सारा तीज-त्योहार। जिस तरीक़े से वह जिया, ज़िन्दगी के दिन बढ़ गये, उमर के दिन घट गये। कभी कल की चिन्ता नहीं की। मुझे उसकी गफ़लतों पर गुस्सा भी नहीं आता। वह अनोखा चितेरा था। टेढ़ा था पर मेरा था। उसके बारे में एक दिन लिखा–

जाना

मैं जानती थी वह निकल जायेगा एक दिन
मेरी ज़िन्दगी से
दबे पाँव, बिना अपने जूते पहन।
वह अपनी किताबें, कुरते और क़लम यहीं छोड़ जायेगा।
सिर्फ़ सात क़दमों में
हमने ज़िन्दगी एक-दूसरे के नाम की
जबकि इस ढकोसले में उसका कोई यक़ीन न था।
उसने चाहा उड़ना पतंग की तरह
मैंने 'लटाई' कसकर थाम ली।
बहुत ढील देना मुझे गवारा न थी।
फिर भी वह जिया मलंग की तरह
भिड़ता रहा सबसे दबंग की तरह
निरोध उसे नापसन्द थे

बिस्तर से लेकर दफ़्तर तक,
उसने नौकरियाँ छोड़ीं धड़ाधड़
अपने धन्धे धराशायी कर कबाड़ी को दिये।
उसने सही मानों में
जीवन को धता बताई।

'तू दोस्त किसी का भी, सितमगर, न हुआ था
औरों पे है वो ज़ुल्म, कि मुझ पर न हुआ था'

ग़ालिब

31

साहित्यिक पत्रकारिता, राजनीतिक पत्रकारिता से अलग होती है। प्रायः कोई लेखक ही किसी साहित्यिक पत्र के सम्पादन का दायित्व उठा लेता है उसका समकालीन बोध और सम्पर्क पत्रिका की बुनियाद खड़ी करते हैं।

रवीन्द्र कालिया ने समय-समय पर साहित्यिक पत्रिकाओं और संकलनों का सम्पादन किया। इनमें कुछ तो समादृत हुए जैसे 'अमरकान्त : एक मूल्यांकन' और कुछ विवादास्पद रहे जैसे 'वर्तमान साहित्य' का कहानी महाविशेषांक 1991।

सन् 1990 में वर्तमान साहित्य के सम्पादक विभूति नारायण राय ने कहानी विशेषांक का प्रस्ताव रखा था। उनका विचार था कि पन्द्रह-बीस कहानियों में हिन्दी के सशक्त कथालेखन को प्रतिनिधित्व मिल सकता है। उन्होंने रवि से कहा, 'कालियाजी इसका सम्पादन आप कीजिए।'

रवि को मनचाहा काम मिल गया।

उन दिनों रवि अपने छापेख़ाने से विमुख थे। 'इलाहाबाद प्रेस' लगातार घाटे में चल रहा था। ऑफ़सेट मशीनों ने रोटरी मशीनों को चौपट कर दिया था और प्रेस में काम आना बहुत कम हो गया। रवि के पास इफ़रात समय था। रवि ने देशभर में लेखकों को फ़ोन खटखटाने शुरू किये।

जब कोई ख़ास अंक निकलने वाला होता है तो कुछ रचनाकार तो

इतने भले और भोले होते हैं कि सम्पादक के एक फ़ोन पर कहानी लिखने बैठ जाते हैं और पूरी होते ही, बिना नाज़ नख़रे के उसे पोस्ट कर देते हैं। इक्का-दुक्का लेखक-लेखिकाएँ चाहती हैं कि सम्पादक रोज़ फ़ोन कर उनकी और कहानी की तबीयत और ख़ैरियत पूछता रहे। रवि हर लेखक-लेखिका की नब्ज़ जानते थे। उन्होंने यह फ़र्ज़ नियम से निभाया।

हशमत ने कहा कि वे इसके लिए ख़ासतौर पर कहानी लिखकर देंगी, पर हाँ, कालिया उन्हें चार्ज्ड (Charged) रखे। हशमत पसन्द करती थीं कि सम्पादक उनको तवज्जो दे और उन्हें विशिष्टतम माने।

रवि को इसमें कोई एतराज़ नहीं था क्योंकि वे तो सन् 1963 से ही हशमत के प्रशंसक रहे थे। रवीन्द्र की कहानी 'त्रास' हशमत जी को इतनी पसन्द आई थी कि उन्होंने इस पर उन्हें ख़त भी लिखा था। अपनी तारीफ़ के नशे में रवि एक दिन पुराने सचिवालय जाकर हशमत से उनके दफ़्तर में मिल भी आये थे। हशमत के प्रति शुरू से उनके मन में एक पूजा-भाव बना हुआ था।

जी हाँ, बात कृष्णा सोबती की हो रही है, उनकी कहानी 'ए लड़की' की रचना प्रक्रिया की। उनसे रोज़ शाम रवि दुआ-सलाम करते, कहानी की रफ़्तार का पता करते और दोनों की लम्बी बातचीत चलती। कृष्णाजी अपनी कहानी की नोंकपलक सँवारने के लिए कभी भी फ़ोन खड़का देतीं। एक रात पौने एक बजे कृष्णाजी ने फ़ोन किया। हम दोनों सो चुके थे। बेटा अन्नू पढ़ाई की वजह से जगा हुआ था। फोन उसी ने उठाया। कृष्णाजी ने पूछा,

'रविन्दर हैं?'

'वे सो गये हैं,' अन्नू ने जवाब दिया।

'तुम कौन बोल रहे हो?'

'मैं उनका लड़का बोल रहा हूँ।'

'क्या नाम है तुम्हारा?'

'अनिरुद्ध।'

'उमर?'

'बीस साल।' अन्नू ने पूछा, 'आप कौन बोल रही हैं?'

'कृष्णा सोबती। अच्छा यह बताओ अनिरुद्ध, चाँद पर ऑक्सीजन कम होती है या ज़्यादा?' उन्होंने पूछा। 'चाँद पर ऑक्सीजन बिल्कुल नहीं

होती।' अन्नू ने बताया। लिखते समय लेखक के अन्दर कई बार बेसिक जानकारियों को लेकर भी संशय रहते हैं। कृष्णाजी आश्वस्त होना चाहती थीं कि उनकी जानकारी सही है।

इस रचनाकार के अन्दर हिन्दी व्याकरण और वर्तनी के प्रति लापरवाही, अराजकता की हद तक थी। हर पृष्ठ पर वर्तनी की असावधानी थी। पूर्णविराम, अर्द्धविराम, बिन्दु, चन्द्रबिन्दु की अनुपस्थिति अर्थ को व्यर्थ किये दे रही थी। ये सब पता चला जब कृष्णाजी ने रजिस्टर्ड डाक से कहानी रवि को भेजी। पाण्डुलिपि के रूप में उन्होंने अपनी डायरी के पृष्ठ फाड़कर भेजे थे। मोटे क़लम से बड़े-बड़े हरुफ़ों में लिखे हुए वाक्य जिनमें एक भी विरामचिह्न नहीं था। कहानी पर न लेखक का नाम था न कहानी का। रवि उनकी लिखावट पहचानते थे। रवि ने फ़ौरन फोन मिलाया, 'कृष्णाजी आपने कहानी भेजी है?'

'आहो।' उन्होंने कहा।

'आपने अपना नाम नहीं लिखा।'

'लिख लो।'

'कहानी का शीर्षक भी नहीं है।'

'अच्छा!' उन्होंने हैरानी जतायी।

'मैंने 'ऐ लड़की' सोच्या सी।'

'ठीक है यही लिख देता हूँ।' और रवि ने कहानी पर लेखक का नाम और कहानी का उनवान लिख दिया।

रवि इस बात से इतने गद्‌गद हो गये कि उन्होंने कृष्णा सोबती से कहानी हासिल कर ली।

रवि ने इस अकेली कहानी पर अपना समस्त कला-कौशल लगा दिया। जो भी घर आता उसे मुग्ध भाव से बताया जाता, 'कृष्णा सोबती ने अपनी नयी कहानी भेजी है। अब अंक जम जायेगा।' लेखक मित्र रवि की तरफ़ फ़ख्र और रश्क से देखते कि कालिया के सितारे बुलन्द हैं। रवि कहानी पढ़ते जाते और कृष्णाजी को पढ़-पढ़कर सुनाते जाते, 'कृष्णाजी यह वाक्य इस तरह ठीक होगा? यहाँ 'इनवर्टेड कॉमा' डाल दूँ?' कृष्णाजी की आवाज़, फ़ोन में किशोरियों जैसी होती थी। वे कहतीं, 'You are my youngest editor Ravinder तुम जो ठीक समझो करो।'

संशोधन लगा देने के बाद रवि ने कहानी टाइप करवायी। खुद मनमोहन पार्क जाकर उसकी कई छायाप्रतियाँ करवायीं।

शाम की बैठकों में तय किया गया कि इस कहानी को हाईलाइट किया जाय।

कृष्णा सोबती को ऐसे उत्थान की क़तई ज़रूरत नहीं थी।

उनकी पतंग पहले ही बहुत ऊपर जा चुकी थी। यह एक सम्पादक का अपने प्रिय लेखक के प्रति सूफ़ी-प्रेम था।

रवि बाहरी आभिजात्य से आकर्षित होते थे।

मैं विकर्षित।

आभिजात्य में थोड़ी शान-ओ-शौकत, शराब और लेखकीय दमखम मिला हो तो क्या कहने। रवि पर नशा तारी हो जाता। कृष्णाजी के अन्दाज़-ए-बयाँ के वे बरसों से क़ायल थे।

हमें कोई एतराज़ नहीं था।

क्यों होता। हमारी बिरादरी की सीनिंयर लेखिका।

रवि को उनका सब कुछ अच्छा लगता।

उनका टैक्सी से चलना।

उनका पंजाबी तलफ़्फ़ुज़

उनकी विनोदप्रियता।

दिल्ली जाते तो एक शाम उनके यहाँ ज़रूर बिताते।

वे मेरी भी पसन्दीदा थीं।

लेकिन मैं दीवानी नहीं थी।

उनकी कई कहानियाँ मुझे देह-क्षुधा के चौखटे में बँधी, इकहरी लगी थीं।

उनका रचना संसार 'ए लड़की' से पहले, सीमित और आत्मगुग्ध लगा मुझे।

उनकी आज़ादख़याली की मैं क़ायल थी।

सम्पादक रवि ने अपना पूर्व संचित सपना साकार किया 'ए लड़की' पर तीन अग्रिम पत्र लिखवाकर। यह एक भक्त सम्पादक का लेखिका के चरणों में अर्पित निर्माल्य था।

'स्पीड पोस्ट' शीर्षक के अन्तर्गत इन तीन पत्रों के लेखक थे सर्वश्री उपेन्द्रनाथ अश्क, मार्कण्डेय और दूधनाथ सिंह। अश्कजी का पत्र सबसे लम्बा था जिसका एक अंश इस प्रकार था—

'इतने विशाल कथा विशेषांक में मुझे सबसे पहले सिर्फ़ एक कहानी पढ़ने की इच्छा हुई–कृष्णा सोबती की 'ए लड़की'। कोई पूछ सकता है कि यही कहानी क्यों। तो साहिबो इस सिलसिले में अर्ज़ है कि 81 की उम्र को पहुँचने वाला मेरे जैसा लेखक यह तकलीफ़ इसीलिए उठाना चाहेगा यदि विश्वास हो कि उसकी यातना रायगाँ नहीं जायेगी। मुझे इस बात का सन्तोष है कि सोबती ने मुझे निराश नहीं किया। वर्षों बाद उसने ऐसी मुन्फ़रिद और बेजोड़ कहानी लिखी है जो वर्षों की सोच, तजुरबे और अनुभूतियों के सहारे प्रेरणा के सम्पुटित क्षणों में ही लिखी जा सकती थी। मैं नहीं समझता इतने विशाल कहानी विशेषांक में इसके जोड़ की कोई दूसरी कहानी होगी।

यह मैं इसलिए कहता हूँ कि मैंने अन्य सब लेखकों को पढ़ रखा है और मैं उनके सामर्थ्य और सीमाओं से बख़ूबी परिचित हूँ।'

मार्कण्डेयजी ने अपने ख़त में लिखा–

'प्रिय रवीन्द्र,

यह बधाई का पत्र मैं तुम्हें विशेषांक की तुम्हारी योजना की सफलता के लिए लिख रहा हूँ। इतनी सारी रचनाएँ जुटा लेना ही अपने में एक बड़ा काम है जिसे तुमने उस समय कर दिखाया है जब लोग रचनात्मक स्थगन की शिकायत कर रहे हैं। मुझे ऐसा नहीं लगता। नये लेखक अपने सामाजिक सन्दर्भों से गहराई से जुड़े हैं। समकालीन समस्याओं का ख़ासा-विवरण उनकी कहानियों में हमें पढ़ने को मिलता है, लेकिन कहीं कुछ ऐसा ज़रूर है जो इनकी रचनाओं को समानीकृत करता है–एक स्पष्ट पहचान नहीं बनने देता। कहानियों पर बहस के नाम पर पिछले दिनों जो लीपापोती हुई है, उसने बहुत दूर तक आलोचनात्मक परिदृश्य को धुँधला किया है।

मैं निर्मल की कहानी से शुरू करना चाहता था, लेकिन सोबती की कहानी 'ए लड़की' अनायास ही सबसे पहले पढ़नी शुरू कर दी और वहीं अटक कर रह गया। मैंने कभी उनकी कहानियों पर एक लेख 'ऐसी अनोखी रीति इस देह तन की' लिखा था। इस कहानी में उनके रचनाकार व्यक्तित्व का नया रूप मेरे सामने आया। भारतीय स्त्री की अस्मिता की ख़ोज करने वाले लोग इस कहानी में मूर्तिमान एक ऐसी नारी को पा सकते हैं जो अपने जीवन के अन्तिम दिनों में स्त्री-जीवन का शास्त्र नैरेट कर देती है। निर्विवाद

सच्चाइयों ने इस कहानी में मन्त्रों का रूप धर लिया है। अगर भाववादिता का आरोप न लगाया जाये तो मुझे शरशय्या पर पड़े भीष्म पितामह की याद आती रही।'

दूधनाथ सिंह जल्द किसी की सराहना नहीं करते थे। उन्होंने भी लिखा, 'वर्तमान साहित्य' का कहानी विशेषांक देखा। इतना बड़ा अंक निकाल लेना अपने आप में चकित करता है। यह तुम्हारी व्यक्तिगत अप्रोच का ही कमाल है। नवीनतम पीढ़ी से लेकर पितामहों तक को एक साथ इकट्ठा कर लेना तुम्हारे ही बूते का है। सूची देखकर हिन्दी कहानी की प्रौढ़ता और विविधता का अन्दाज़ा लगाया जा सकता है।

कृष्णा सोबती की कहानी 'ए लड़की' शायद इस पूरे आयोजन की सर्वश्रेष्ठ रचना साबित होगी। पढ़ते हुए बार-बार यह एहसास होता था कि टॉलस्टॉय ही ऐसी कहानी लिख सकते थे। वही क्लासिक उठान, वही उदात्त संवेदन। लेकिन यह बात तय है कि यह चालीस साल पहले की कहानी है।

बस अभी इतना ही।

तुम्हारा

दूधनाथ सिंह,

चलिए ठीक है सम्पादक ने तीन अग्रिम पत्र एक अच्छी कहानीकार पर लिखवा लिए, लेकिन क्या उसने उन 69 कहानीकारों के बारे में सोचा जिन्होंने विशेष रूप से वर्तमान साहित्य के विशेषांक के लिए कहानी लिखी और भेजी। अग्रिम प्रचार और अभिमत-संग्रह की यह पाश्चात्य प्रणाली रवि ने हिन्दी कथा विधा पर चस्पां की और बहुतों के कोप का भाजन बने। निर्मल वर्मा ने कहा, 'आपको कहानी देना मेरे जीवन की बड़ी भूल थी।'

ऊपर से अश्कजी के लिखे लेख 'महिला लेखन की अर्द्धशती' से अधिकांश लेखिकाएँ नाराज़ हो गयीं।

यह विशेषांक दो खण्डों में प्रकाशित हुआ जिसे बाद में एक पेपरबैक जिल्द में मुटल्ला-सा महाविशेषांक बनाया गया। यह कभी स्पष्ट नहीं हो पाया कि रवि ने इसे महाविशेषांक नाम क्यों दिया, यह शब्द उन्हें महाकुम्भ से मिला अथवा महामण्डलेश्वर से। बाद में इस शब्द को बाज़ारवाद ने लपक लिया जब हर चीज़ के साथ 'महा' लगने लगा—महाबचत, महाऑफ़र, महासेल और महारैली।

कृष्णाजी ने अपने शाही अन्दाज़ में एक शाम पार्टी आयोजित की, वर्तमान साहित्य महाविशेषांक के अतिथि सम्पादक रवीन्द्र कालिया की शान में। रवि दिल्ली चले गये। रवीन्द्र कालिया और कृष्णा सोबती का परस्पर संवाद वर्षों रहा। इसमें कभी व्यवधान नहीं आया। कभी साहित्य चर्चा में रहता तो कभी पंजाब की भूली-बिसरी यादें। कभी किसी खाने का आस्वाद दोनों की स्मृति की जिह्वा पर आ बैठता। रवि के आगे रखा भोजन ठण्डा हो जाता, पर स्मृतियों में ये दोनों कथाकार सांझे चूल्हे की गरम, सिंकी मक्की की रोटियों का स्वाद लेते रहते। इनका कभी-कभी पत्र-व्यवहार भी होता लेकिन ज़्यादा समय ये फ़ोन पर बिताते। उनकी लिखावट में एक पत्र आज भी रवि की फ़ाइल में सुरक्षित है। पत्र इस प्रकार है–

8, एन, रिवेरा
45, द मॉल
दिल्ली-7
24 जून, 1979

दोस्तो

ख़त तो कई बार लिखा दिल ही दिल में, पर कागज़ पर न लिखा।

अब बरात घर से रुख़सत हो चुकी। कमरा, मेज़ और मैं सभी कुछ वीरान है।

अब हर हफ़्ते ख़त लीजिए नकारा हशमत से।

इलाहाबाद दिल्ली में होता, तो आज शाम हशमत आपके साथ पीने पहुँच जाते।

चाय

दूसरी चीज़ों की मनाही है।

हाँ–मुझे एक बहुत पुरानी शाम याद हो आयी है।

ला बोहेम के सामने जनाब रवीन्द्र साहिब खड़े हैं इन्तज़ार में। आने वाली है। वह आयी–आ गयी।

दोनों अन्दर दाख़िल हुए। दुश्मनों ने सही किया–रवीन्द्र और ममता।

दोस्तो, यह बड़ी अम्मी वाली ताक-झाँक नहीं थी।

हशमत ने दिल से दुआ दी थी कि साथ-संग चल निकले तो अच्छा है।

ममता, ख़ैरियत है न, नज़र तो नहीं लगा दी। अब सारिका में से आपका पता ढूँढ़ना होगा।

आजकल हशमत आराम पर है। आराम को भी पेशा बना लो तो मज़ा ही ग़ायब हो जाता है।

कहीं पहाड़ पर जाने के इरादे तो नहीं हैं। ऐसी **कच्ची** लिखाई के लिए माफ़ी।

हशमत

कृष्णा सोबती के साथ रवि का रचनात्मक संवाद और सखा-भाव आधी शताब्दी का था। उन्होंने अनगिनत बार जाम टकराये। रवि ने कभी भूलकर भी उनकी गरिमा को ठेस पहुँचाने की नादानी नहीं दिखायी। इस दोस्ती पर रवि मन-ही-मन बहुत गर्वित रहते। इसी उमंग में उन्होंने महाविशेषांक में उनकी कहानी 'ए लड़की' को एकल फ़ोकस में डाला।

सन् 2006 में भारतीय भाषा परिषद कोलकाता में रवि के संयोजन में हिन्दी-उर्दू कथा कुम्भ आयोजित हुआ। 10,11 व 12 मार्च को हुए इस कार्यक्रम में हिन्दी और उर्दू की शीर्षस्थ से लगाकर युवा पीढ़ी तक के रचनाकारों ने भाग लिया। कलकत्ते में इसका होना एक प्रकार से इतिहास का पुनःपाठ था, क्योंकि सन् 1965 में कलकत्ते में ही भारतीय संस्कृति संसद ने टाइम्स ऑफ़ इंडिया के साथ मिलकर विशाल कथा समारोह आयोजित किया था। विस्मय की बात यह भी थी कि रवि और मैं इन दोनों आयोजनों में सम्मिलित रहे। इस कथा-समारोह में तीन पीढ़ियों के कथाकारों ने भाग लिया था। कहानी के उत्कर्ष में उस कथा-समारोह की ऐतिहासिक भूमिका थी। उसी में देवीशंकर अवस्थी ने नयी कहानी को चुनौती देते हुए साठोत्तरी पीढ़ी को नयी संवेदना की प्रतिनिधि धारा घोषित किया था। 1965 को हम साठोत्तरी पीढ़ी का जन्म-वर्ष मान सकते हैं और कलकत्ते को उसकी जन्मभूमि। वहीं पहली बार ज्ञानरंजन, काशीनाथ सिंह, गिरिराज किशोर और रवीन्द्र कालिया की कहानियों पर विधिवत चर्चा हुई।

सन् 2006 का हिन्दी-उर्दू कथा कुम्भ भी इसी उद्देश्य के नवीनीकरण के लिए आयोजित था। अच्छी कहानी पढ़ने के लिए पाठकों में हमेशा एक प्रतीक्षा-भाव रहता है। कहानी का विकास और प्रगति इस आयोजन का सर्वोपरि भाव था। कृष्णा सोबती इस महाकुम्भ की सर्वाधिक वरिष्ठ

अतिथि थीं। उन्होंने लम्बा, सारगर्भित वक्तव्य दिया। इस आयोजन में सर्वश्री गोपीचन्द नारंग, ज़ाबिर हुसैन, अब्दुस्समद मशहदी, तारिक़ छतारी, शमोएल अहमद के साथ-साथ कमलेश्वर, ज्ञानरंजन, गिरिराज किशोर, मृदुला गर्ग, चित्रा मुद्गल हिमांशु जोशी, अखिलेश, शैलेन्द्र सागर, संजीव, विभूति नारायण राय, असगर वज़ाहत और अनेक युवा रचनाकार सम्मिलित हुए।

ये ही दिन थे जब रवि ने कृष्णाजी पर एक लम्बा संस्मरण लिखा, 'हमारी कृष्णाजी।' रवि कृष्णाजी की नाजुक मिज़ाजी और तुनक तुन-तुन स्वभाव से भली-भाँति परिचित थे। उन्होंने अपना पूरा संस्मरण, कृष्णाजी को फ़ोन पर सुनाया और पूछ लिया, 'कृष्णाजी आपको इसमें लिखी किसी बात पर एतराज़ हो तो बतायें।' कृष्णाजी ने फराख़दिली से कहा, 'नहीं रविन्दर ओके है। किसी अच्छी जगह छपे।'

रवि ने संस्मरण अखिलेश को भेज दिया 'तद्भव' में छपने। बहुत दिनों से अखिलेश का आग्रह था कि रवि 'तद्भव' के लिए लिखें।

कृष्णा सोबती पर संस्मरण पाकर अखिलेश बहुत ख़ुश हुए। रवि ने बताया कि वे कृष्णाजी को संस्मरण सुना चुके हैं।

फिर भी अखिलेश ने अपनी तसल्ली के लिए कृष्णाजी को फ़ोन पर संस्मरण फिर से सुनाया और पूछ लिया, 'कृष्णाजी आपको कहीं किसी बात पर एतराज़ हो तो मैं सम्पादित कर दूँ।'

कृष्णाजी ने कहा, 'नहीं अखिलेश, कालिया ख़ुद समझदार है।'

इतने विचार-विमर्श के बाद 'तद्भव' के अप्रैल 2006 के अंक में रवीन्द्र कालिया का संस्मरण छपा, 'हमारी कृष्णाजी।'

हमें दिल्ली आये कुछ ही महीने हुए थे कि सन् 2007 आ पहुँचा। तब तक कई बार कृष्णा सोबती से इंडिया इंटरनेशनल सेंटर में मेल मुलाक़ात हुई; तमाम तरह की गप्पें हुईं। दिन में जिन, वोदका और शाम को ह्विस्की भी चली। कभी नहीं लगा कि कृष्णा सोबती कालिया से ख़फ़ा हैं।

यकायक एक सुबह कृष्णाजी ने हल्लाबोल हमले की तरह 'जनसत्ता' में लेख लिखा 'मेरे छह फुटिया एडिटर साहब' और 'कथादेश' में लेख 'संस्मरण देवकीनन्दन खत्री का फिक्शन नहीं होता।' दोनों लेख शिकायतनामा थे जिनमें कालिया को बोलने की कोई गुंजाइश न देकर, आरोप लगाकर फ़ाइल बन्द कर दी गयी थी।

रवि इस पत्थर वर्षा के लिए बिल्कुल तैयार नहीं थे। यह ऐसा प्रहार था कि भक्त जिस कलश से अपने आराध्य को जल चढ़ा रहा हो उसी को आराध्य ने पलटकर भक्त के सिर पर दे मारा। रवि अवसन्न बैठे रह गये। एक सीनियर रचनाकार की जो प्राणप्रतिष्ठा उन्होंने मन में सँजो रखी थी वह उस दिन खण्ड-खण्ड हो गयी। शाम तक रवि न किसी से बोले, न खाना खाया, न दफ़्तर गये। इतना गमगीन मैंने उन्हें माता-पिता के दिवंगत होने पर भी नहीं देखा था।

दो रचनात्मक प्रतिभाओं का सम्भाषण और सम्बन्ध अनोखे तन्तुओं से निर्मित होता है। आयु में अन्तर होने पर भी वे समान बौद्धिक धरातल पर होते हैं। एक का कहा दूसरा पूरी एकाग्रता व रुचि से सुनता है। समस्त सर्जनात्मक सम्बन्ध इसी सहृदयता पर टिके होते हैं।

इसी पृष्ठभूमि में रवि ने कृष्णाजी पर संस्मरण लिखा था। यह उनकी साफ़गोई थी कि उन्होंने वह लम्बा आलेख कृष्णाजी को फ़ोन पर सविस्तार सुनाया। रवि ने अपनी स्वाभाविक ज़िन्दादिली और ख़ुशमिज़ाजी में संस्मरण सुनाया। कृष्णाजी ने शाम की तरंग में, पूरी ख़ुशमिज़ाजी से उसे सुना, सराहा, और क़ुबूल किया कि इसके छपने में उन्हें कोई अड़चन नहीं।

अगले से अगले रोज़, सूरज उगने के बाद कृष्णाजी के अन्दर से एक औसत, बदमिज़ाज और शिकायती वृद्धा निकली जिसे लगा कि उनसे छोटे लेखक की यह मजाल कैसे हुई कि उन पर दोस्ताना लेख लिखे।

यहाँ ध्यान देने की बात है कि जब जब किसी रचनाकार ने कृष्णा सोबती पर लेख अथवा संस्मरण लिखा, कृष्णाजी को शिकायतें हुईं। राजेन्द्र यादव, नरेश महेता, कमलेश्वर, विभूति नारायण राय, सबको अपने लिखे पर सफ़ाई देनी पड़ी। रवीन्द्र कालिया बेदाग कैसे छूट जाते। बकौल कृष्णाजी वे उनके सबसे युवा सम्पादक थे। लेखक होते हुए भी उन्होंने उस दानिशमन्दी का परिचय नहीं दिया जो वे अपनी हर कहानी के पात्रों को देती थीं। रवीन्द्र कालिया के संस्मरण 'हमारी कृष्णाजी' में जिस वाक्य पर कृष्णाजी चिढ़ गयीं वह मुख्यतः यह था : 'मेरे ज़ेहन में कृष्णाजी की एक सम्पन्न, संवेदनशील, एरिस्ट्रोक्रेट, जिद्दी, झगड़ालू, तुनकमिज़ाज, पढ़ाकू, आज़ाद ख़याल महिला की छवि थी।' इसमें हर विशेषण का एक इतिहास और साक्ष्य था। हिन्दी साहित्य जगत ने अपनी आँखों से कृष्णाजी का झगड़ा भारती भण्डार से, अमृता प्रीतम से, राजेन्द्र यादव और नरेश मेहता से होते देखा। गोविन्द

चन्द्र पाण्डेय जी से शिमला-वार्ता की तनातनी; वह आधी रात में उनका रवि को फ़ोन करना कि यह ज़ुल्म एक इलाहाबादी उन पर कर रहा है कि उन्हें पहचानता नहीं और अन्य अनेक विखण्डन रवि के उक्त कथन का सत्यापन कर रहे थे, साथ ही रवि को यह शिक्षा दे रहे थे कि 'नासमझ, कोई वरिष्ठ लेखक या लेखिका अगर तुम्हें इस्तेमाल कर रही है तो जल्द ही फेंक भी देगी।' लेकिन वह रवि क्या जो सँभल जाये। कैंसर और 'छिनाल' प्रकरण से भी बड़ी ठोकर कृष्णाजी ने लगायी उस संवेदनशील रचनाकार को जिसके साथ उन्होंने चाय के अलावा और बहुत से पेय पदार्थों का आनन्द लिया हुआ था। उन्होंने अपने चारों ओर एक अभेद्य दुर्ग निर्मित किया जिसमें केवल उच्च-भ्रू व सम्राट क़िस्म के मित्रों को प्रवेश की अनुमति थी। उन्होंने रवीन्द्र कालिया और 'तद्‌भव' पत्रिका के सम्पादक अखिलेश को मध्यवर्गीय मानुष समझकर उन दोनों पर तोहमत लगायी और फ़ाइल बन्द कर दी। एक ब्यूरोक्रेट की बेदिली दिखाते हुए उन्होंने यह नहीं सोचा कि अगर रवि ने उनके स्वभाव और व्यक्तित्व को ज़रा सी धूप दिखला दी तो क्या ग़ज़ब हुआ। आख़िर वे भी तो जीवनभर अपने पात्रों को उघाड़ती रहीं, निखारती रहीं, पछाड़ती रहीं। हम रचनाकार इसी तरह एक प्रति संसार खड़ा करते हैं।

वर्षों बाद, सन् 2012 में अर्थात् ठीक 6 साल बाद कृष्णा सोबतीजी को ख़याल आया कि उन्होंने कुछ ज़्यादा ज़ालिमपना कर दिया है। तब उन्होंने रवि, विभूतिजी और अखिलेश को एक-एक किताब भेजकर सुलह की पेशकश की। उन्हीं की इबारत में लिखी हुई सतरें मैं ज्यों की त्यों यहाँ पेश कर रही हूँ। यह चिट्ठी किताब 'विन्सेंट वेन गॉ की चित्रकला' के अन्दर रखी हुई थी।

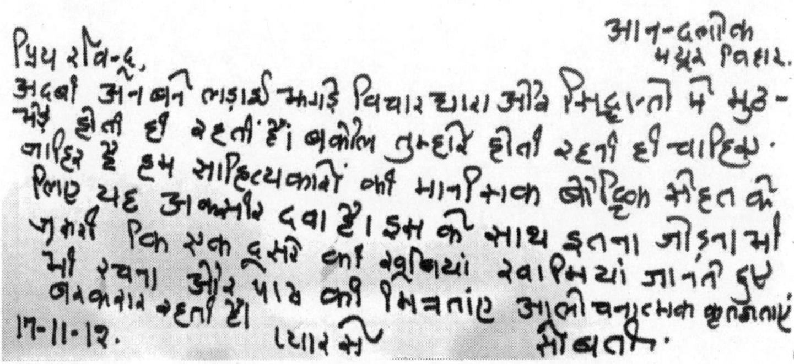

आनन्दलोक
मयूर विहार.
प्रिय रवीन्द्र,
अदबी अनबन लड़ाई झगड़े विचारधारा और सिद्धान्तों में मुठभेड़ होती ही रहती हैं। बकौल तुम्हारे होती रहनी ही चाहिए। जाहिर है हम साहित्यकारों की मानसिक बौद्धिक सेहत के लिए यह अक्सीर दवा है। इस के साथ इतना जोड़ना भी जरूरी कि एक दूसरे की खूबियां खामियां जानते हुए भी रचना और पाठ की भिन्नताएं आलोचनात्मक कुशलताएं बरकरार रहती हैं।
17-11-12. प्यार से
सोबती.

जब तक यह चिट्ठी रवि को प्राप्त हुई वे इस रिश्ते से बेनियाज़ हो चुके थे। तमन्ना और तरन्नुम का तापमान उतर चुका था। इस ख़त की सबसे बड़ी ख़ामी यह थी कि कृष्णाजी ने जो अदावत और तोहमत खुले ख़ज़ाने लगायी, उसका निपटारा वे गुपचुप, अकेले में करना चाहती रहीं।

वह किताब रवि ने युवा चित्रकार वाज़दा ख़ान को दे दी। उस दिन वे चुपचाप ग़ालिब सुनते रहे—

'हम कहाँ के दाना थे, किस हुनर में यकता थे
बेसबब हुआ ग़ालिब, दुश्मन आसमाँ अपना।'

❐❐

फ़ोटो एलबम

प्रसन्न रवि

सुबह की चाय और रवि

एक पुरानी याद हम दोनों

1965 के कथा समारोह, कलकत्ते में बोलते हुए रवि।

भालचन्द्र जोशी ने रवीन्द्र कालिया की इन्दौर कथा संगोष्ठी में खींची तस्वीर।

लक्ष्मीधर मालवीय की पत्नी अकिको सान के साथ रवि

जापान की शिन्कानसेन बुलैट रेल में ममता और रवि
छाया : सुरेश ऋतुपर्ण

सन् 2001 में रवि और ममता कालिया

कलकत्ते से विदा होते वक़्त हम दोनों

अपनी माँ विद्यावती और बड़े भाई प्रेम कालिया के साथ रवि

रवीन्द्र की माताजी विद्यावती कालिया

साढ़े तीन यार मौजूद हैं, रवीन्द्र कालिया, ज्ञानरंजन, दूधनाथ सिंह और विजयमोहन सिंह, माइक पर ममता कालिया, पीछे चन्द्रकान्त देवताले, वीरेन डंगवाल, इन्दौर संगोष्ठी

भालचन्द्र जोशी के साथ रवीन्द्र कालिया

गंगा के बाँध पर रवि

लक्ष्मीकान्त वर्मा, मार्कण्डेय, दूधनाथ सिंह, नीलाभ के साथ
रवि एक गोष्ठी में

कलकत्ता कथा-समारोह 1965

रवि के लगाये पौधों में फूल बहुत जल्द आते थे।
इलाहाबाद का अपना घर।

1980 की एक यादगार शाम/चित्र में बायें से मंगलेश डबराल, लीलाधर जगूड़ी, अकिको (लक्ष्मीधर मालवीय की जापानी पत्नी), ममता और नरेश सक्सेना, मालवीयजी आंशिक रूप से दिख रहे हैं।

वर्धा विश्वविद्यालय के कुलपति डॉ. गोपीनाथन, डॉ. मालती के साथ रवि और ममता वर्धा में।

डॉ. नामवर सिंह और रवि गोआ में।

ज्ञानरंजन के साथ रवीन्द्र कालिया कलकत्ते में।

मंच से बोलते हुए रवि।

गिरिराज किशोर और दूधनाथ सिंह के साथ रवि।

छपाई की मशीन पर रवि।

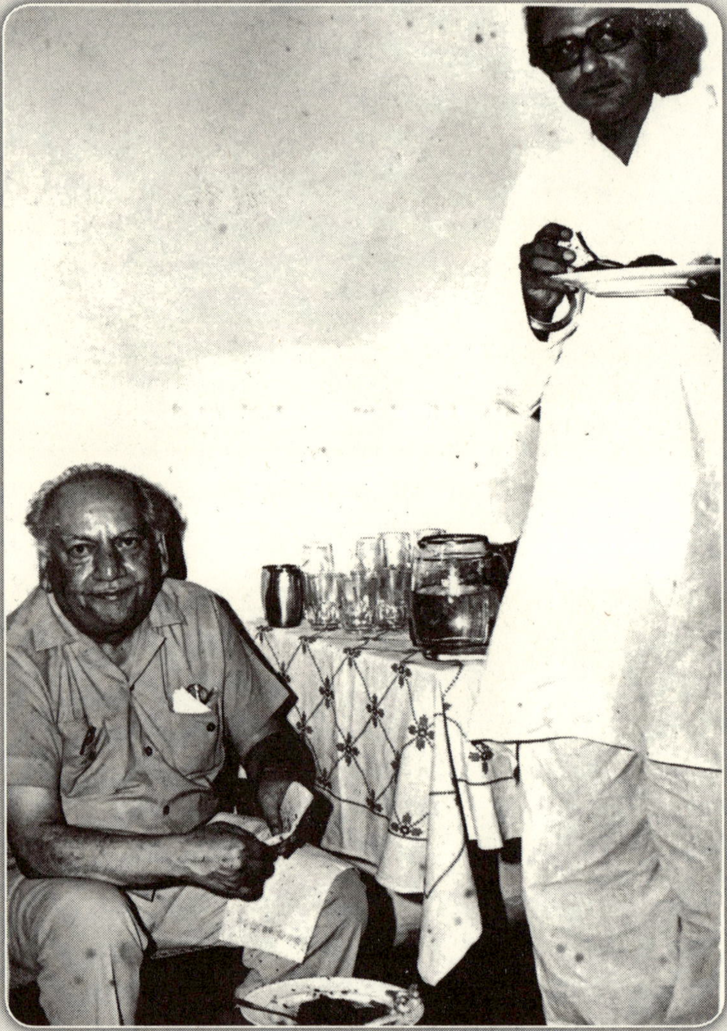

फ़ैज़ अहमद फ़ैज़ के साथ रवि
1981

साठ पार चार यार, बायें से दाऐं-काशीनाथ सिंह, ज्ञानरंजन, दूधनाथ सिंह और रवीन्द्र कालिया, छाया : कमल किशोर कमल

बासु चटर्जी, शिवमूर्ति के साथ रवि

अमरकान्त और नागार्जुन हमारे घर।

इलाहाबाद का साहित्यिक माहौल
बायें से राजेश शर्मा, लीलाधर जगूड़ी, अमरकान्त, दूधनाथ सिंह, रवीन्द्र कालिया, नरेश सक्सेना व मंगलेश डबराल।

शह्रयार को ज्ञानपीठ सम्मान के अवसर पर अमिताभ बच्चन, गुलज़ार के बीच रवि।

मेहदौरी वाले घर में अखिलेश, श्रीलाल शुक्ल, बड़े भाई प्रेम कालिया, धनंजय चोपड़ा के साथ रवि और ममता।

पुस्तक लोकार्पण समारोह भारतीय ज्ञानपीठ के मंच पर
कुँवर नारायण और अशोक वाजपेयी के साथ रवि।

हमारा परिवार : दिन 11 नवम्बर, 2015 दीपावली व
रवि का जन्मदिन
पिछली पंक्ति : छोटा बेटा प्रबुद्ध, रवि, केशव और बड़ा बेटा, अनिरुद्ध
अगली क़तार : आद्या, शिखा, मैं, प्रज्ञा और तत्सम
यह एक तरह से रवि का आख़िरी चित्र है।